QPASS
삼성직무적성검사
GSAT

5급 **고졸채용** 온라인 시험대비

e북혁명 취업연구소 저

KB213640

다락원

교재 추천 이유

1. 최신기출 완벽 대비

① 영역별로 유형을 상세히 분석하여 맞춤
  학습전략과 목표를 제공

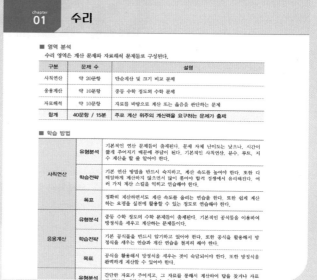

② 유형별 필수 대표문제를 통해 유형을
  정확히 파악

교재 추천 이유

③ 유형별 필수공식 및 이론
   상세 제공

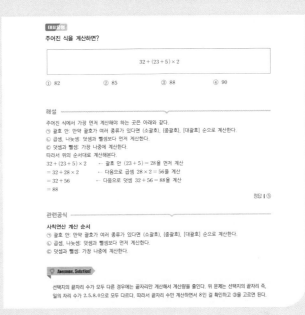

④ 유형별 맞춤 풀이방법 제시

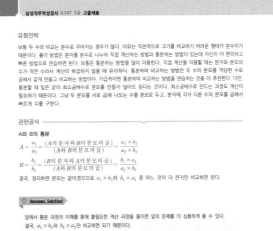

교재 추천 이유

2. 실전에 강한 기출 집중 학습

① 총 690제의 최신기출유형 문제를 완벽 습득

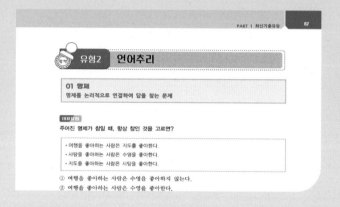

② 5회분의 충분한 실전 모의고사 구성으로 시간관리 학습에 최적화

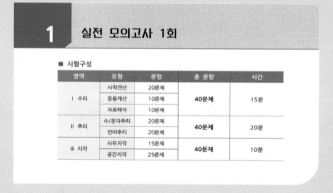

③ 상세한 해설로 이해가 어려운 공간지각 문제도 쉽게 이해

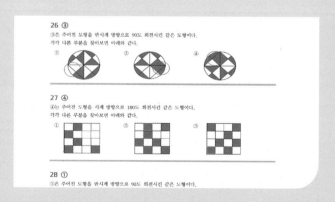

GSAT 합격 전략

1. 기출유형을 정확히 알고 익힌다.

GSAT 5급 최신기출유형 학습을 통해서 문제를 푸는 요령을 익혀야 한다. 그리고 풀이에 꼭 필요한 공식 암기 및 기본 이론을 이해하고 있어야 한다. 이 교재는 'PART1 최신기출유형'을 먼저 학습하면서 기본 유형들을 익히고 필요한 공식과 풀이 방법, 기본 이론 등을 자연스럽게 학습할 수 있다.

2. 시간이 너무 부족한 시험임을 알고 준비한다.

GSAT 5급 시험은 총 120문제를 45분 이내에 풀어야 하는 매우 촉박한 시험이다. 1분에 약 2~3문제를 풀어야 하는 시간이 주어진다. 우선은 문제를 풀 수 있는 능력을 기른 후에 그 다음 스텝으로 좀 더 빠른 시간 안에 문제를 풀 수 있는 능력을 길러야 한다. 교재의 구성에 따라서 단계를 높이면서 순차적으로 시험을 대비할 수 있다. 학습을 통해 본인이 자신이 있는 유형 또는 쉬운 유형을 먼저 풀면서 가능한 점수를 빠르게 획득하는 방식으로 전체적인 시야를 가지고 시험을 진행하는 연습이 필요하다.

3. 반복된 실전모의고사 학습을 통해 시간을 관리하는 연습을 한다.

이 시험은 짧은 시간 안에 누가 더 많이 문제를 맞히는지 판단하는 시험이다. 따라서 실전모의고사를 통해서 시간을 정확히 제한한 다음 실전과 같이 연습을 해야 한다. 이러한 과정을 통해서 풀이시간을 단축하고 좀 더 정확히 답을 맞혀서 점수를 높여야 한다. 또한 GSAT 직전에 감을 최대한 높여서 시험장에 들어가야 유리하다. 따라서 시험 전날 실전모의고사 연습을 가장 많이 하고 시험장에 들어가는 학습전략이 필요하다.

GSAT 시험 분석

1. 시험 영역

구분	문항	시간
수리	40문제	15분
추리	40문제	20분
지각	40문제	10분

* 최근 시험 기준으로 시험 영역은 변경될 수 있습니다.

2. 시험 유형

구분	유형	문제 수
수리	사칙연산	20문제
	응용계산	10문제
	자료해석	10문제
	합계	40문제
추리	수/문자추리	20문제
	언어추리	20문제
	합계	40문제
지각	사무지각	15문제
	공간지각	25문제
	합계	40문제
총합계		120문제

* 오답에 대한 감점이 존재할 수 있습니다.
* 온라인으로 시험이 진행됩니다.
* 쉬는 시간 없이 한 영역이 끝나면 바로 다음 영역이 진행됩니다.
* 시험 중에는 해당 영역의 문제만 풀 수 있습니다.

SAMSUNG 채용 절차

1. 채용 일정

삼성그룹 고졸 신입사원 채용은 주로 수시채용으로 진행된다. 계열사 별로 다르게 진행되기 때문에 시기에 따라서 각 계열사 채용공고를 잘 확인해야 한다.

2. 지원 자격 및 우대 사항

① 고등학교 졸업 또는 동등한 학력을 보유한 자
② 남자의 경우 군필 또는 면제자
③ 해외여행에 결격사유가 없는 자
④ 회사가 원하는 시기에 입사가 가능한 자

3. 채용 절차

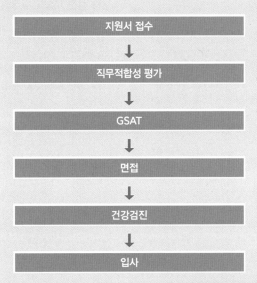

```
지원서 접수
   ↓
직무적합성 평가
   ↓
GSAT
   ↓
면접
   ↓
건강검진
   ↓
입사
```

* 면접은 인성면접과 직무면접으로 진행된다.
* 면접일에 인성검사를 진행한다.

CONTENTS

PART 1

최신기출유형

수리

■ 영역 분석

수리 영역은 계산 문제와 자료해석 문제들로 구성된다.

구분	문제 수	설명
사칙연산	약 20문항	단순계산 및 크기 비교 문제
응용계산	약 10문항	중등 수학 정도의 수학 문제
자료해석	약 10문항	자료를 바탕으로 계산 또는 옳음을 판단하는 문제
합계	40문항 / 15분	주로 계산 위주의 계산력을 요구하는 문제가 출제

■ 학습 방법

사칙연산	유형분석	기본적인 연산 문제들이 출제된다. 문제 자체 난이도는 낮으나, 시간이 짧게 주어지기 때문에 부담이 된다. 기본적인 사칙연산, 분수, 루트, 지수 계산을 할 줄 알아야 한다.
	학습전략	기본 연산 방법을 반드시 숙지하고, 계산 속도를 높여야 한다. 또한 디테일하게 계산하지 않으면서 많이 풀어야 합격 경쟁에서 유리해진다. 여러 가지 계산 스킬을 익히고 연습해야 한다.
	목표	정확히 계산하면서도 계산 속도를 올리는 연습을 한다. 또한 쉽게 계산하는 요령을 실전에 활용할 수 있는 정도로 연습해야 한다.
응용계산	유형분석	중등 수학 정도의 수학 문제들이 출제된다. 기본적인 공식들을 이용하여 방정식을 세우고 계산하는 문제들이다.
	학습전략	기본 공식들을 반드시 암기하고 있어야 한다. 또한 공식을 활용해서 방정식을 세우는 연습과 계산 연습을 철저히 해야 한다.
	목표	공식을 활용해서 방정식을 세우는 것이 숙달되어야 한다. 또한 방정식을 완벽하게 계산할 수 있어야 한다.
자료해석	유형분석	간단한 자료가 주어지고, 그 자료를 통해서 계산하여 답을 찾거나 자료의 정보를 바탕으로 옳거나, 옳지 않은 것을 판별하는 문제가 출제된다.
	학습전략	표나 그래프의 정보를 정확히 파악하는 능력이 필요하다. 문제 풀이를 통해서 충분히 연습하고 익숙해지도록 한다.
	목표	반복 연습을 통해 자료에 익숙해지고, 파악하는 시간을 단축한다.

유형1 · 사칙계산

01 단순계산
사칙연산을 활용하여 계산하고 답을 찾는 문제

대표유형

주어진 식을 계산하면?

$$32 + (23 + 5) \times 2$$

① 82   ② 85   ③ 88   ④ 90

해설

주어진 식에서 가장 먼저 계산해야 하는 곳은 아래와 같다.
㉠ 괄호 안: 만약 괄호가 여러 종류가 있다면 (소괄호), {중괄호}, [대괄호] 순으로 계산한다.
㉡ 곱셈, 나눗셈: 덧셈과 뺄셈보다 먼저 계산한다.
㉢ 덧셈과 뺄셈: 가장 나중에 계산한다.
따라서 위의 순서대로 계산해본다.

$32 + (23 + 5) \times 2$ ← 괄호 안 $(23 + 5) = 28$을 먼저 계산
$= 32 + 28 \times 2$ ← 다음으로 곱셈 $28 \times 2 = 56$을 계산
$= 32 + 56$ ← 다음으로 덧셈 $32 + 56 = 88$을 계산
$= 88$

정답 | ③

관련공식

사칙연산 계산 순서
㉠ 괄호 안: 만약 괄호가 여러 종류가 있다면 (소괄호), {중괄호}, [대괄호] 순으로 계산한다.
㉡ 곱셈, 나눗셈: 덧셈과 뺄셈보다 먼저 계산한다.
㉢ 덧셈과 뺄셈: 가장 나중에 계산한다.

Awesome, Solution!

선택지의 끝자리 수가 모두 다른 경우에는 끝자리만 계산해서 계산량을 줄인다. 위 문제는 선택지의 끝자리 즉, 일의 자리 수가 $2, 5, 8, 0$으로 모두 다르다. 따라서 끝자리 수만 계산하면서 8인 걸 확인하고 ③을 고르면 된다.

대표유형

다음 중 계산 결과가 가장 큰 것을 고르면?

① $345 - 167 + 535$

② $141 + 167 + 344$

③ $976 - 159 - 129$

④ $345 + 767 - 335$

해설

각각 계산하면 아래와 같다.

① $345 - 167 + 535 = 713$

② $141 + 167 + 344 = 652$

③ $976 - 159 - 129 = 688$

④ $345 + 767 - 335 = 777$

따라서 ④가 가장 크다.

정답 ┃ ④

유형전략

단순계산 유형은 빠른 계산능력을 요구한다. 따라서 반복 연습을 통해서 계산 속도를 높이고, 계산 실수를 줄이는 데에 집중학습해야 한다. 선택지 간에 수의 차이가 클 때는 적당한 크기로 어림계산해서 문제를 풀어가는 요령도 필요하다. 학습을 통해서 계산 실력뿐만 아니라 문제를 요령껏 풀어가는 스킬도 쌓아야 한다.

02 두 수 비교
두 수를 비교하여 답을 찾는 문제

대표유형

주어진 A와 B를 비교하여 알맞은 것을 고르면?

A	$\dfrac{2}{9}$
B	$\dfrac{1}{6}$

① A 〉 B   ② A 〈 B   ③ A = B   ④ 알 수 없다.

해설

[방법1] 직접 계산한다.

A: $\dfrac{2}{9} = 2 \div 9 = 0.222 \cdots$ B: $\dfrac{1}{6} = 1 \div 6 = 0.166 \cdots$

[방법2] 분수를 통분한다.

A: $\dfrac{2}{9} = \dfrac{2 \times 6}{9 \times 6} = \dfrac{12}{54}$ B: $\dfrac{1}{6} = \dfrac{1 \times 9}{6 \times 9} = \dfrac{9}{54}$

따라서 답은 ①이다.

정답 ▌①

유형전략

보통 두 수의 비교는 분수로 주어지는 경우가 많다. 이유는 직관적으로 크기를 비교하기 어려운 형태가 분수이기 때문이다. 풀이 방법은 분자를 분수로 나누어 직접 계산하는 방법과 통분하는 방법이 있는데 자신이 더 편리하고 빠른 방법으로 연습하면 된다. 보통은 통분하는 방법을 많이 이용한다. 직접 계산을 이용할 때는 분자와 분모의 수가 작은 수라서 계산이 복잡하지 않을 때 유리하다. 통분하여 비교하는 방법은 두 수의 분모를 적당한 수로 곱해서 같게 만들고 비교하는 방법이다. 가급적이면 통분하여 비교하는 방법을 연습하는 것을 더 추천한다. 다만, 통분할 때 팁은 굳이 최소공배수로 분모를 만들지 않아도 된다는 것이다. 최소공배수로 만드는 과정도 계산이 필요하기 때문이다. 그냥 두 분모를 서로 곱해 나오는 수를 분모로 두고, 분자에 각자 다른 수의 분모를 곱해서 빠르게 수를 구한다.

관련공식

A와 B의 통분

$$A = \frac{a_1}{a_2} = \frac{(A의\ 분자와\ B의\ 분모의\ 곱)}{(A와\ B의\ 분모의\ 곱)} = \frac{a_1 \times b_2}{a_2 \times b_2}$$

$$B = \frac{b_1}{b_2} = \frac{(B의\ 분자와\ A의\ 분모의\ 곱)}{(A와\ B의\ 분모의\ 곱)} = \frac{b_1 \times a_2}{a_2 \times b_2}$$

결국, 정리하면 분모는 같아졌으므로 $a_1 \times b_2$와 $b_1 \times a_2$ 중 어느 것이 더 큰지만 비교하면 된다.

Awesome, Solution!

앞에서 통분 과정의 이해를 통해 불필요한 계산 과정을 줄이면 앞의 문제를 더 심플하게 풀 수 있다.
결국, $a_1 \times b_2$와 $b_1 \times a_2$만 비교하면 되기 때문이다.

$$A = \frac{2}{9} \ \rightarrow 2 \times 6 = 12$$

$$B = \frac{1}{6} \ \rightarrow 1 \times 9 = 9$$

따라서 A가 더 크다.

대표유형

주어진 A와 B를 비교하여 알맞은 것을 고르면?

A	$\dfrac{2}{\sqrt{5}}$
B	$\dfrac{3}{\sqrt{10}}$

① A > B   ② A < B   ③ A = B   ④ 알 수 없다.

해설

루트가 나와도 당황할 필요는 없다. 먼저 루트를 없애야 하는데 A와 B가 양수일 때, $A > B$이면 $A^2 > B^2$이고, $A < B$ 이면 $A^2 < B^2$인 성질을 이용해서 구하면 된다.

$A = \dfrac{2}{\sqrt{5}}$ → $A^2 = \dfrac{2^2}{(\sqrt{5})^2} = \dfrac{4}{5} = \dfrac{8}{10}$

$B = \dfrac{3}{\sqrt{10}}$ → $B^2 = \dfrac{3^2}{(\sqrt{10})^2} = \dfrac{9}{10}$

따라서 B가 더 크다.

정답 | ②

관련공식

지수와 제곱근

$a, b \geq 0$일 때

$(\sqrt{a})^2 = a$

$\sqrt{a} \times \sqrt{b} = \sqrt{ab}$ $a^3 = a \times a \times a$

$a^m \times a^n = a^{m+n}$

$(a^m)^n = a^{mn}$ $(ab)^n = a^n b^n$

$\left(\dfrac{b}{a}\right)^n = \dfrac{b^n}{a^n}$

03 할푼리
어떤 수의 할푼리를 구하는 문제

대표유형

200의 3할 1푼 5리를 계산하여 고르면?

① 54   ② 58   ③ 61   ④ 63

해설

'할푼리'를 가장 많이 들었을 상황은 아마도 야구 중계를 들을 때일 것이다. 타자의 타율을 '할푼리'로 표현한다. 쉽게 생각해서 '할'은 소수 첫째 자리, '푼'은 소수 둘째 자리, '리'는 소수 셋째 자리라고 생각하고 문제를 풀어본다.
$200 \times 0.315 = 63$

정답 | ④

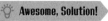 **Awesome, Solution!**

위에 문제를 암산으로 쉽게 풀 수 있는 방법이 있다.
100의 3할 1푼 5리는 $100 \times 0.315 = 31.5$이다. 이때 200의 3할 1푼 5리는 31.5의 2배이다.
따라서 63이다.

04 치환

치환 규칙에 따라 연산하는 문제

대표유형

주어진 연산 규칙을 보고, 규칙에 맞도록 계산한 것을 고르면?

연산 규칙	$A \diamondsuit B = 2A - B$ $A \square B = (A + B) \times 2$

$$(2 \square 1) \diamondsuit 2$$

① 8   ② 9   ③ 10   ④ 11

해설

계산하면 아래와 같다.

$(2 \square 1) \diamondsuit 2$ → 먼저 괄호 안의 $2 \square 1$을 풀면 $(2 + 1) \times 2 = 6$이다.

$= 6 \diamondsuit 2$ → $2 \times 6 - 2 = 12 - 2 = 10$

따라서 답은 ③이다.

■ 사칙연산 유형 익히기

[01-04] 주어진 식을 계산하여 알맞은 것을 고르시오.

01

$$150 \div 5 + 25 \times 3 + 10$$

① 105　　　② 115　　　③ 125　　　④ 135

02

$$5 \times (14 - 50 \div 10)$$

① 30　　　② 35　　　③ 40　　　④ 45

03

$$\{2 \times (2 + 5)\} \div 2$$

① 5　　　② 7　　　③ 15　　　④ 17

04

$$(2^2 + 3)^2 - 9$$

① 34　　　② 36　　　③ 38　　　④ 40

해설

01

계산하면 아래와 같다.

$150 \div 5 + 25 \times 3 + 10$ ← 가장 먼저 나눗셈 $150 \div 5 = 30$과 곱셈 $25 \times 3 = 75$를 계산한다.

$= 30 + 75 + 10$ ← 그 다음 덧셈을 계산한다.

$= 115$

정답 | ②

02

계산하면 아래와 같다.

$5 \times (14 - 50 \div 10)$ ← 가장 먼저 괄호 안의 나눗셈 $50 \div 10 = 5$를 계산한다.

$= 5 \times (14 - 5)$ ← 그 다음 괄호 안 $14 - 5 = 9$를 계산한다.

$= 5 \times 9$ ← 마지막으로 남은 5×9를 계산한다.

$= 45$

정답 | ④

03

계산하면 아래와 같다.

$\{2 \times (2 + 5)\} \div 2$ ← 가장 먼저 소괄호 안의 $2 + 5 = 7$을 계산한다.

$= (2 \times 7) \div 2$ ← 그 다음 괄호 안을 계산한다.

$= 14 \div 2$

$= 7$

정답 | ②

04

계산하면 아래와 같다.

$(2^2 + 3)^2 - 9$ ← 가장 먼저 괄호 안의 지수 $2^2 = 2 \times 2 = 4$를 계산한다.

$= (4 + 3)^2 - 9$ ← 그 다음 괄호 안을 계산한다.

$= 7^2 - 9$ ← 그 다음 지수 $7^2 = 7 \times 7 = 49$를 계산한다.

$= 49 - 9$

$= 40$

정답 | ④

05

주어진 식의 계산 결과와 같은 것을 고르면?

$$(3.4 + 2.1) \times 1.2$$

① $3.2 \times 2.5 - 2.2$

② $(4.3 - 2.8) \times 4$

③ $2.3 + 4.5 - 1.2$

④ $2.2 \times 5 - 4.4$

06

주어진 식의 계산 결과가 다른 하나를 고르면?

① $12 \times \dfrac{3}{4} - 3.5$

② $3.2 + 4.1 - 0.9 \times 2$

③ $\dfrac{2}{3} \times 9 - 3 \div 6$

④ $5.1 + 1.8 \div 2$

07

주어진 식의 계산 결과가 가장 큰 것을 고르면?

① $3^3 \div 5 + 1.5$

② $4 \div 2^3 \times 10$

③ $(2 + 1)^2 - 3.5$

④ $5.6 + 3.5 - 2^2$

08

주어진 식의 계산 결과가 가장 작은 것을 고르면?

① $156 + 347 + 212$

② $345 + 468 - 123$

③ $123 + 678 - 211$

④ $890 - 234 - 89$

해설 _____

05

계산하면 아래와 같다.

$(3.4 + 2.1) \times 1.2 = 5.5 \times 1.2 = 6.6$

① $3.2 \times 2.5 - 2.2 = 5.8$

② $(4.3 - 2.8) \times 4 = 6$

③ $2.3 + 4.5 - 1.2 = 5.6$

④ $2.2 \times 5 - 4.4 = 11 - 4.4 = 6.6$

따라서 답은 ④이다.

정답 ┃ ④

06

계산하면 아래와 같다.

① $12 \times \dfrac{3}{4} - 3.5 = \dfrac{12 \times 3}{4} - 3.5 = 9 - 3.5 = 5.5$

② $3.2 + 4.1 - 0.9 \times 2 = 7.3 - 1.8 = 5.5$

③ $\dfrac{2}{3} \times 9 - 3 \div 6 = \dfrac{2 \times 9}{3} - 0.5 = 6 - 0.5 = 5.5$

④ $5.1 + 1.8 \div 2 = 5.1 + 0.9 = 6$

따라서 답은 ④이다.

정답 ┃ ④

07

계산하면 아래와 같다.

① $3^3 \div 5 + 1.5 = (3 \times 3 \times 3) \div 5 + 1.5 = 27 \div 5 + 1.5 = 5.4 + 1.5 = 6.9$

② $4 \div 2^3 \times 10 = 4 \div (2 \times 2 \times 2) \times 10 = 4 \div 8 \times 10 = 0.5 \times 10 = 5$

③ $(2+1)^2 - 3.5 = 3^2 - 3.5 = 9 - 3.5 = 5.5$

④ $5.6 + 3.5 - 2^2 = 9.1 - 4 = 5.1$

따라서 가장 큰 수는 ①이다.

정답 ┃ ①

08

계산하면 아래와 같다.

① $156 + 347 + 212 = 715$

② $345 + 468 - 123 = 690$

③ $123 + 678 - 211 = 590$

④ $890 - 234 - 89 = 567$

따라서 가장 작은 수는 ④이다.

정답 ┃ ④

[09-12] 주어진 A와 B를 비교하여 알맞은 것을 고르시오.

09

A	$\dfrac{1}{5}$
B	$\dfrac{3}{14}$

① A 〉 B   ② A 〈 B   ③ A = B   ④ 알 수 없다.

10

A	3×2^6
B	2×4^3

① A 〉 B   ② A 〈 B   ③ A = B   ④ 알 수 없다.

11

A	$-\dfrac{1}{\sqrt{2}}$
B	$-\dfrac{\sqrt{2}}{3}$

① A 〉 B   ② A 〈 B   ③ A = B   ④ 알 수 없다.

12

A	$2\dfrac{1}{3}$
B	$1\dfrac{9}{7}$

① A 〉 B   ② A 〈 B   ③ A = B   ④ 알 수 없다.

해설

09

통분을 활용한다.

A: $\dfrac{1}{5}$　$\rightarrow$　$a_1 \times b_2 = 1 \times 14 = 14$

B: $\dfrac{3}{14}$　$\rightarrow$　$a_2 \times b_1 = 5 \times 3 = 15$

따라서 A < B이다.

정답 | ②

10

직접 계산해본다.

A: $3 \times 2^6 = 3 \times (2^3)^2 = 3 \times (2 \times 2 \times 2)^2 = 3 \times 8^2 = 3 \times 8 \times 8 = 192$

B: $2 \times 4^3 = 2 \times 4 \times 4 \times 4 = 8 \times 16 = 128$

따라서 A > B이다.

정답 | ①

11

A와 B가 양수일 때 $A > B$ 이면 $A^2 > B^2$ 이고, $A < B$ 이면 $A^2 < B^2$ 인 관계를 이용한다.

$(\dfrac{1}{\sqrt{2}})^2$과 $(\dfrac{\sqrt{2}}{3})^2$으로 변환한다.

A: $-\dfrac{1}{\sqrt{2}}$　$\rightarrow$　$-(\dfrac{1}{\sqrt{2}})^2 = -\dfrac{1^2}{\sqrt{2^2}} = -\dfrac{1}{2}$

B: $-\dfrac{\sqrt{2}}{3}$　$\rightarrow$　$-(\dfrac{\sqrt{2}}{3})^2 = -\dfrac{(\sqrt{2})^2}{3^2} = -\dfrac{2}{9}$

이 경우는 음수의 경우이므로 $-\dfrac{1}{2} < -\dfrac{2}{9}$이고, A < B이다.

정답 | ②

12

직접 계산해본다.

A: $2\dfrac{1}{3}$　　$\rightarrow$　$\dfrac{1}{3}$　$\rightarrow$　$a_1 \times b_2 = 1 \times 7 = 7$

B: $1\dfrac{9}{7} = 2\dfrac{2}{7}$　$\rightarrow$　$\dfrac{2}{7}$　$\rightarrow$　$a_2 \times b_1 = 3 \times 2 = 6$

따라서 A > B이다.

정답 | ①

13

520의 3할 5푼을 고르면?

① 175   ② 180
③ 182   ④ 188

14

600의 1할 2푼 5리를 고르면?

① 75   ② 80
③ 85   ④ 90

15

어느 야구 선수가 8타수 3안타를 기록 중이다. 이때 이 타자의 타율은?

① 2할 9푼 5리   ② 3할 2푼 5리
③ 3할 7푼 5리   ④ 4할 1푼 5리

16

정가 2,500원짜리 과자를 편의점에서 2할 할인해서 팔고 있다. 이때 판매가를 고르면?

① 1,800원   ② 2,000원
③ 2,200원   ④ 2,400원

해설

13

계산하면 아래와 같다.

$520 \times 0.35 = 182$

(다른 풀이)

곱셈을 이용하지 않고 덧셈으로 계산할 수도 있다. 아래 방법을 참고하여 더 편리한 방법을 활용한다.

520의 1할은 10%인 52이다. 5푼은 1할의 절반 즉, 26이다.

그러면 520의 3할 5푼은 $52 + 52 + 52 + 26 = 156 + 26 = 182$이다.

위 계산에서 $52 + 52 + 52 = 156$을 계산할 때 암산으로 할 수 있는데 방법은 52는 50보다 2가 더 크다. 따라서 $50 + 50 + 50 + 2 + 2 + 2 = 156$으로 암산할 수 있다.

정답 | ③

14

계산하면 아래와 같다.

$600 \times 0.125 = 75$

(다른 풀이)

100의 1할 2푼 5리는 12.5이다. 따라서 600의 1할 2푼 5리는 $12.5 \times 6 = 25 \times 3 = 75$이다.

정답 | ①

15

계산하면 아래와 같다.

$3 \div 8 = 0.375$

따라서 이 타자의 타율은 3할 7푼 5리이다.

(다른 풀이)

다른 풀이라기보다는 $\frac{1}{8}$ 은 1할 2푼 5리이다. 이것을 외워두면 편리하다. 따라서 $\frac{3}{8} = 0.125 \times 3 = 0.375$로 구할 수 있다.

정답 | ③

16

2,500원 짜리를 2할 할인하는 것은 0.2 즉, 20% 할인한다는 뜻이다.

$2,500 \times (1 - 0.2) = 2,500 \times 0.8 = 2,000$(원)

(다른 풀이)

2,500원의 1할, 10%는 250원이다. 따라서 2할 할인은 500원 할인이다. $2,500 - 500 = 2,000$(원)이다.

정답 | ②

[17-19] 주어진 연산 규칙을 보고, 규칙에 맞도록 계산한 것을 고르시오.

연산 규칙	$A \odot B = A + 2B$ $A \circledcirc B = 2A - \dfrac{3}{2}B$

17

$$3 \odot 2$$

① 6 　　　　② 7 　　　　③ 8 　　　　④ 9

18

$$4 \circledcirc 3$$

① 2.5 　　　　② 3 　　　　③ 3.5 　　　　④ 4

19

$$(1 \odot 1) \circledcirc 2$$

① 0 　　　　② 1 　　　　③ 2 　　　　④ 3

해설

17

계산하면 아래와 같다.

3 ⊙ 2 = 3 + 2(2) = 3 + 4 = 7

따라서 답은 ②이다.

정답 ❙ ②

18

계산하면 아래와 같다.

$4 ◎ 3 = 2(4) - \frac{3}{2}(3) = 8 - \frac{3 \times 3}{2} = 8 - \frac{9}{2} = 8 - 4.5 = 3.5$

따라서 답은 ③이다.

정답 ❙ ③

19

계산하면 아래와 같다.

$(1 ⊙ 1) ◎ 2 = \{1 + 2(1)\} ◎ 2 = 3 ◎ 2 = 2(3) - \frac{3}{2}(2) = 6 - 3 = 3$

따라서 답은 ④이다.

정답 ❙ ④

유형2 응용계산

01 농도
농도를 계산하여 답을 찾는 문제

대표유형

6%의 설탕물 200g이 있다. 5%의 설탕물을 만들기 위해 필요한 물의 양을 고르면?

① 40g   ② 45g   ③ 50g   ④ 55g

해설

먼저 설탕물 200g에 녹아있는 설탕의 양을 구한다.

$$농도 = \frac{(용질의 양)}{(용액의 양)} \times 100 \quad \rightarrow \quad 6 = \frac{x}{200} \times 100, \ x = 12\,(g)$$

12g의 설탕으로 5%의 설탕물을 만들기 위해서는 아래와 같다.

$$농도 = \frac{(용질의 양)}{(용액의 양)} \times 100 \quad \rightarrow \quad 5 = \frac{12}{200+x} \times 100$$

$$5(200+x) = 12 \times 100, \ 1,000 + 5x = 1,200, \ 5x = 200, \ x = 40\,(g)$$

따라서 답은 ①이다.

정답 | ①

관련공식

농도

$$농도(\%) = \frac{(용질의 양)}{(용액의 양)} \times 100$$

용질: 소금, 설탕 등
용매: 물 등
용액: 소금물, 설탕물 등

농도에 관한 유형의 문제는 용질의 양을 먼저 구한 후 계산하면 계산 과정이 쉬운 경우가 많다. 그 이유는 용질의 양은 농도나 용액의 양에 비해서 비교적 간단한 자연수로 표현되는 경우가 많기 때문에 계산이 간단해질 가능성이 높다.

Awesome, Solution!

6%의 설탕물 200g에 녹아있는 설탕의 양은 암산으로 구하자. 농도의 정의에서 6%의 설탕물 100g에는 6g의 설탕이 있음을 유추할 수 있으므로 200g의 설탕물에서 6g의 두 배인 12g의 설탕이 녹아있음을 계산할 수 있다.

02 거리, 속력, 시간
거리, 속력, 시간의 관계를 이용하여 답을 찾는 문제

대표유형

60km/h로 달리는 자동차가 쉬지 않고 같은 속도로 달릴 경우 총 540km를 완주하는 데에 걸리는 시간을 고르면?

① 7시간   ② 8시간   ③ 9시간   ④ 10시간

해설

거리, 속력, 시간 공식을 이용한다.

$$(시간) = \frac{(거리)}{(속력)} = \frac{540km}{60km/h} = 9h$$

따라서 9시간이 걸린다.

정답 | ③

관련공식

거리, 속력, 시간

$(거리) = (속력) \times (시간)$

$(시간) = \dfrac{(거리)}{(속력)}$

$(속력) = \dfrac{(거리)}{(시간)}$

03 할인율

정가 및 할인율 등을 이용하여 답을 찾는 문제

대표유형

원가가 600원인 빵을 판매하여 원가의 30%의 이익을 얻고 싶을 때 알맞은 정가를 고르면?

① 780원　　　② 800원　　　③ 820원　　　④ 840원

해설

원가가 600원일 때 이익률이 30%인 정가는 아래와 같다.

$$(정가) = (원가) \times \frac{(100 + 이익률)}{100} = 600 \times \frac{(100 + 30)}{100} = 600 \times 1.3 = 780(원)$$

따라서 답은 ①이다.

정답 | ①

관련공식

할인율

백분율 변환 → 40% = 0.4, 10% = 0.1, 1% = 0.01

원가의 20% 이익 → (원가) × (1 + 0.2) → (원가) × 1.2

정가의 35% 할인 → (정가) × (1 − 0.35) → (정가) × 0.65

[기본공식]

$$(정가) = (원가) \times \frac{(100 + 이익률)}{100}$$

$$(할인가) = (정가) \times \frac{(100 - 할인율)}{100}$$

04 배수, 약수
배수와 약수의 관계를 이용해서 계산하여 답을 찾는 문제

대표유형

12분에 한 대씩 출발하는 버스와 20분에 한 대씩 출발하는 버스가 있다. 두 버스가 오후 2시 20분에 동시에 출발하였다면 그 이후에 세 번째로 같이 출발하는 시각을 고르면?

① 3시 50분　　　　② 4시 30분　　　　③ 5시 20분　　　　④ 6시 10분

해설

우선, 12와 20의 최소공배수를 구한다.
12의 배수: 12, 24, 36, 48, 60, 72, …
20의 배수: 20, 40, 60, 80, 100, …
따라서 12와 20의 최소공배수는 60이다. 두 버스는 60분 즉 1시간 간격으로 동시에 출발한다. 따라서 세 번째로 같이 출발하는 시각은 3시간 후인 5시 20분이다.

정답 ┃ ③

관련공식

공약수, 공배수
- 약수: 어떤 정수를 나누어 떨어지게 하는 0이 아닌 정수
  예) 12의 약수: 1, 2, 3, 4, 6, 12
- 공약수: 두 수의 약수 중 공통인 약수
  예) 12와 18의 공약수: 1, 2, 3, 6
　　　 12의 약수: 1, 2, 3, 4, 6, 12
　　　 18의 약수: 1, 2, 3, 6, 9, 18
- 최대공약수: 두 수의 공약수 중 가장 큰 수
  예) 12와 18의 최대공약수: 6
- 배수: 어떤 정수의 몇 배가 되는 수
  예) 2의 배수: 2, 4, 6, 8, …
- 공배수: 두 수의 배수 중 공통인 배수
  예) 2와 3의 공배수: 6, 12, 18, 24, …
　　　 2의 배수: 2, 4, 6, 8, …
　　　 3의 배수: 3, 6, 9, 12, …
- 최소공배수: 두 수의 공배수 중 가장 작은 수
  예) 2와 3의 최소공배수: 6

05 일
일한 양을 계산하여 답을 찾는 문제

대표유형

호수 A로 물통을 채울 때, 완전히 채워지기까지 6시간이 걸린다. 호수 B는 물통을 채울 때, 완전히 채워지기까지 9시간이 걸린다. 두 호수로 물통을 동시에 채울 때 완전히 채우는 데 얼마나 걸리는지 올바른 것을 고르면?

① 2시간   ② 3시간   ③ 4시간   ④ 5시간

해설

물통의 용량을 1이라고 하면 호수 A는 전부 채우는 데 6시간이 걸리므로 1시간에는 $\frac{1}{6}$ 을 채울 수 있다.

호수 B는 물통을 전부 채우는 데 9시간이 걸리므로 1시간에는 $\frac{1}{9}$ 을 채울 수 있다.

두 호수를 모두 사용하면 1시간에 $\frac{1}{6}+\frac{1}{9}$ 을 채울 수 있다.

두 호수로 1시간 동안 물통을 채우는 양: $\frac{1}{6}+\frac{1}{12}=\frac{1\times2}{6\times2}+\frac{1}{12}=\frac{2}{12}+\frac{1}{12}=\frac{3}{12}=\frac{1}{4}$

따라서 1시간 동안 물통을 채우는 양은 $\frac{1}{4}$ 이므로 총 4시간이 걸린다.

정답 | ③

관련공식

약분, 통분

약분은 분수에서 분자와 분모를 간단히 하는 것을 말한다.

예) $\frac{6}{15}=\frac{2\times3}{5\times3}=\frac{2}{5}$

위처럼 분자와 분모에 공통 성분 3은 서로 소거할 수 있다.

통분은 분수끼리 서로 더하거나 빼기 위해 분모를 같은 수로 만들어 주는 것을 말한다.

예) $\frac{1}{4}+\frac{1}{6}=\frac{1\times3}{4\times3}+\frac{1\times2}{6\times2}=\frac{3}{12}+\frac{2}{12}=\frac{5}{12}$

위처럼 두 분수의 분모 4와 6의 최소공배수 12를 만들어서 통분한다.

06 비
비례식을 이용하여 답을 찾는 문제

대표유형

A지역과 B지역을 오가는 기차의 대인과 소인 요금의 비율은 7 : 3이다. 대인의 요금이 2,100원일 때, 소인의 요금을 계산하여 고르면?

① 800원　　　　　② 900원　　　　　③ 1,000원　　　　　④ 1,100원

해설

비례식을 이용하여 계산한다.

(대인 요금) : (소인 요금) = 7 : 3

소인 요금을 x라 한다.

$2,100 : x = 7 : 3$

$7x = 2,100 \times 3, \quad 7x = 6,300, \quad x = 900$

정답 ▮ ②

관련공식

비례식

$a : b = x : y$와 같은 비례식을 세울 수 있을 때, 내항의 곱은 외항의 곱과 같다.

따라서 $a \times y = b \times x$와 같이 계산할 수 있다.

07 방정식
방정식을 세우고 계산하여 답을 찾는 문제

대표유형

현재 아버지의 나이는 45세이고, 아들의 나이는 13세이다. 아버지의 나이가 아들 나이의 3배가 되는 때는 몇 년 후인가?

① 3년 후 　　　　　② 4년 후 　　　　　③ 5년 후 　　　　　④ 6년 후

해설

아버지 나이가 아들 나이의 3배가 되는 때를 x년 후라고 하면 아래와 같이 식을 세울 수 있다.
$(45+x) = 3 \times (13+x)$
따라서 방정식을 풀면 해를 구할 수 있다.
$(45+x) = 3 \times (13+x)$, $45+x = 39+3x$, $45-39 = 3x-x$, $6 = 2x$, $x = 3$
따라서 3년 후 아버지의 나이는 아들의 나이의 3배가 된다.

정답 | ①

관련공식

방정식
- 보통 구하려는 양을 x로 한다.
- 문제에서 제시하고 있는 값을 미지수 x를 사용하여 나타낸다.
- x를 이용하여 방정식을 만든다.
- 그 방정식을 풀어 해를 구한다.
- 그 해가 문제의 답으로 맞는지 확인한다.

08 경우의 수
경우의 수를 계산하여 답을 찾는 문제

대표유형

쇼핑몰에서 마음에 드는 모자 3개와 신발 5개를 발견했다. 마음에 드는 것 중에서 모자와 신발을 각각 2개씩 구매했다고 할 때, 구매 가능한 경우의 수를 고르면?

① 20가지　　　　② 24가지　　　　③ 30가지　　　　④ 32가지

해설

모자 3개 중 2개를 고르는 경우의 수: $_3C_2 = \dfrac{3 \times 2 \times 1}{2 \times 1} = 3$(가지)

신발 5개 중 2개를 고르는 경우의 수: $_5C_2 = \dfrac{5 \times 4}{2 \times 1} = 10$(가지)

따라서 가능한 경우의 수는 아래와 같다.
(모자를 고르는 경우의 수)×(신발을 고르는 경우의 수)$= 3 \times 10 = 30$(가지)

정답 ┃ ③

관련공식

경우의 수
순열: n명을 일렬로 세우는 경우의 수
$n! = n \times (n-1) \times (n-2) \times \cdots \times 2 \times 1$
예: 5명을 일렬로 세울 경우 → $5! = 5 \times 4 \times 3 \times 2 \times 1 = 120$(가지)
조합: n명 중에서 r명을 뽑는 경우의 수

$_nC_r = \dfrac{n!}{r!(n-r)!}$

예: 7명 중에서 4명을 뽑는 경우 → $_7C_4 = \dfrac{7!}{4!3!} = \dfrac{7 \times 6 \times 5 \times 4 \times 3 \times 2 \times 1}{(4 \times 3 \times 2 \times 1)(3 \times 2 \times 1)} = 35$(가지)

09 확률
확률을 계산하여 답을 찾는 문제

대표유형

한 개의 주사위를 두 번 연속 던져서 나온 눈이 모두 짝수일 확률을 고르면?

① $\dfrac{1}{4}$　　　　② $\dfrac{1}{5}$　　　　③ $\dfrac{1}{6}$　　　　④ $\dfrac{2}{5}$

해설

주사위를 던져서 짝수가 나올 확률은 1부터 6까지 6개 중 2, 4, 6 총 3개이므로 $\dfrac{1}{2}$이다.

연속으로 짝수가 두 번 나올 확률은 아래와 같다.

$\dfrac{1}{2} \times \dfrac{1}{2} = \dfrac{1}{4}$

따라서 한 개의 주사위를 두 번 연속 던져서 나온 눈이 모두 짝수일 확률은 $\dfrac{1}{4}$이다.

정답 ❙ ①

관련공식

확률
① 사건 A가 일어날 확률 = 1 - (사건 A가 일어나지 않을 확률)
② 사건 A와 사건 B가 동시에 일어날 확률(곱의 법칙)
　 (사건 A가 일어날 확률) × (사건 B가 일어날 확률)
③ 사건 A 또는 사건 B가 일어날 확률(합의 법칙)
　 (사건 A가 일어날 확률) + (사건 B가 일어날 확률)

■ 응용계산 유형 익히기

6%의 소금물 200g과 10%의 소금물 300g을 섞으면 몇 %의 소금물이 되는지 고르면?

① 7.5%   ② 8%   ③ 8.4%   ④ 8.8%

해설

6%의 소금물 100g에는 소금이 6g 있다. 따라서 6%의 소금물 200g에는 소금이 12g 있다.

10%의 소금물 100g에는 소금이 10g 있다. 따라서 10%의 소금물 300g에는 소금이 30g 있다.

따라서 두 소금물에는 총 $12+30=42(g)$의 소금이 있다.

$\text{농도}(\%) = \dfrac{(\text{용질의 양})}{(\text{용액의 양})} \times 100$을 이용한다.

$\text{농도}(\%) = \dfrac{42}{500} \times 100 = \dfrac{42}{5} = 8.4\%$

정답 ▎③

시속 30km인 배가 상류에서 하류로 갈 때의 시간이 하류에서 상류로 갈 때보다 1.5배 더 빠르다.
강물의 속도는?

① 4km/h   ② 5km/h   ③ 6km/h   ④ 7km/h

해설

강물의 속도를 x라 가정한다.
상류에서 하류로 갈 때: (배의 속도)+(강물의 속도)$= 30 + x$(km/h)
하류에서 상류로 갈 때: (배의 속도)+(강물의 속도)$= 30 - x$(km/h)
따라서 $1.5(30-x) = 30 + x$를 얻을 수 있다.
$1.5(30-x) = 30 + x$, $45 - 1.5x = 30 + x$, $45 - 30 = x + 1.5x$, $15 = 2.5x$, $x = 6$km/h

정답 ┃ ③

원가에 25%의 이윤을 붙여 그것을 정가로 한 제품을 30개 판매한 총금액이 187,500원이라면 이 제품의 정가는 얼마인가?

① 3,500 원   ② 4,000 원   ③ 4,500 원   ④ 5,000 원

해설

먼저 정가를 구하면 아래와 같다.

$187,500 \div 30 = 6,250$(원)

(정가)＝(원가)×1.25이므로 $6,250 = 1.25x$를 얻을 수 있다.

$6,250 = 1.25x$, $625,000 = 125x$, $x = 5,000$(원)

따라서 원가는 5,000원이다.

정답 ▎④

가로 120 cm, 세로 160 cm인 정사각형 외벽에 가로, 세로 40 cm인 대리석을 빈틈없이 모두 붙이려고 한다. 이때 필요한 대리석의 수를 고르면?

① 9장   ② 12장   ③ 15장   ④ 20장

해설

대리석을 빈틈없이 붙이려면 가로 40cm인 대리석을 3장 이어 붙이면 120cm가 된다.

$120 \div 40 = 3$(배)

대리석을 빈틈없이 붙이려면 세로 40cm인 대리석을 4장 이어 붙이면 160cm가 된다.

$160 \div 40 = 4$(배)

즉, 가로로 3장이 필요하고 세로로 4장이 필요하다. 따라서 총 12장이 필요하다.

$3 \times 4 = 12$(장)

1	2	3
4	5	6
7	8	9
10	11	12

빨간색 주사위와 파란색 주사위를 동시에 던져서 빨간색 주사위 눈의 수가 파란색 주사위 눈의 수의 배수가 될 확률은?

① $\dfrac{3}{18}$　　　　　② $\dfrac{5}{18}$　　　　　③ $\dfrac{7}{18}$　　　　　④ $\dfrac{9}{18}$

해설

빨간색 주사위와 파란색 주사위는 각각 1부터 6까지 나올 수 있다. 따라서 두 주사위를 던지는 경우의 수는 $6 \times 6 = 36$(가지)이다.
(파란색 주사위 숫자, 빨간색 주사위 숫자)라고 하면
파란색 주사위가 1인 경우 빨간색 주사위 1, 2, 3, 4, 5, 6은 모두 배수가 된다.
(1, 1), (1, 2), (1, 3), (1, 4), (1, 5), (1, 6) 총 6가지
같은 방법으로 파란색 주사위가 2인 경우
(2, 2), (2, 4), (2, 6) 총 3가지
파란색 주사위가 3인 경우
(3, 3), (3, 6) 총 2가지
파란색 주사위가 4인 경우
(4, 4) 총 1가지
파란색 주사위가 5인 경우
(5, 5) 총 1가지
파란색 주사위가 6인 경우
(6, 6) 총 1가지
따라서 총 6+3+2+1+1+1=14(가지)가 된다.

확률을 구하면 총 36가지 중 14가지가 성립하므로 $\dfrac{14}{36} = \dfrac{7}{18}$ 이다.

정답 | ③

남학생과 여학생이 각각 3명씩 있다. 일렬로 세울 때 같은 성별이 붙어서 서지 않도록 세우는 방법은 몇 가지인가?

① 60가지   ② 64가지   ③ 68가지   ④ 72가지

해설

총 6개 자리 중에서 첫 번째 자리는 남녀 총 6명 모두 올 수 있다고 생각하고 시작한다.
그 다음 자리는 첫 번째 자리와 다른 성별 3명이 올 수 있다. 그럼 이제 남자, 여자 각각 2명이 남는다. 세 번째 자리는 두 번째 자리와 다른 성별 2명이 올 수 있다. 그 다음 네 번째 자리는 세 번째 자리와 다른 성별 2명이 올 수 있다. 그러면 남녀는 각각 1명씩 남는다. 그 다음 다섯 번째 자리는 네 번째 자리와 다른 성별 1명이 오고, 그 다음은 남은 1명이 온다. 각 자리 별로 올 수 있는 사람의 수를 순서대로 곱하면 아래와 같다.

1번째 자리	2번째 자리	3번째 자리	4번째 자리	5번째 자리	6번째 자리
6명	3명	2명	2명	1명	1명

$6 \times 3 \times 2 \times 2 \times 1 \times 1 = 18 \times 4 = 72$(가지)
따라서 총 72가지 경우가 가능하다.

정답 | ④

어느 반 30명 전체 수학 평균은 70점이다. 이때 여학생은 평균 75점, 남학생은 평균 60점이었다. 이때 남학생의 수는 몇 명인가?

① 10명 ② 12명 ③ 15명 ④ 18명

해설

이 반 학생들의 총점은 $70 \times 30 = 2{,}100$(점)이다.

남학생의 수를 x라 하면 남학생 총점은 $60x$점, 여학생 총점은 $75(30-x)$점이다.

따라서 $60x + 75(30-x) = 2{,}100$을 얻는다.

$60x + 75(30-x) = 2{,}100$

$60x + 2{,}250 - 75x = 2{,}100$

$-15x + 2{,}250 = 2{,}100$

$2{,}250 - 2{,}100 = 15x$

$150 = 15x$

$x = 10$

따라서 남학생의 수는 10명이다.

시계가 2시 20분을 가리키고 있다. 작은 쪽의 각도(°)를 고르면?

① 35° ② 40° ③ 45° ④ 50°

해설

시계에는 1에서 12까지 숫자가 있고, 360°를 12로 나누면 $360 \div 12 = 30°$이므로 숫자 사이의 간격은 각각 30°이다. 분침은 한 시간에 360°를 회전하므로 1분에 6°씩 회전한다. 시침은 한 시간에 30° 회전하므로 1분에 0.5° 회전한다. 2시 20분은 분침이 정확히 숫자 4를 가리키고, 시침은 숫자 2에서 20분 동안 회전하였으므로 $0.5 \times 20 = 10°$만큼 숫자 2에서 회전한 상태이다.

따라서 숫자 2에서 4까지의 각도는 $30 + 30 = 60°$인데 시침이 10° 숫자 4쪽으로 가까워졌으므로 시침과 분침 사이의 각도는 $60 - 10 = 50°$이다.

정답 | ④

관련공식

시침과 분침의 각도

- 시침

  12시간 동안 360°를 움직인다.

  1시간 → 30°, 1분 → 0.5°

- 분침

  1시간 동안 360°를 움직인다.

  1분 → 6°

강아지와 닭이 모두 27마리 있는데 이들의 다리를 합치면 모두 84개이다. 이때 강아지의 수를 고르면?

① 12마리   ② 13마리   ③ 14마리   ④ 15마리

해설

강아지의 수를 x, 닭의 수를 y라고 하면 아래와 같이 식을 세울 수 있다.

$x + y = 27$ ---- ㉠

$4x + 2y = 84$, $2x + y = 42$ ---- ㉡

두 식을 연립한다.(㉡ - ㉠)

$x = 15$

따라서 강아지의 수는 15마리이다.

정답 ▮ ④

톱니가 32개인 A와 톱니가 24개인 B는 맞물려 돌고 있다. 이때 A와 B의 처음 맞물린 톱니가 다시 맞물리기 위해서는 A가 몇 바퀴를 돌아야 하는지 고르면?

① 2바퀴   ② 3바퀴   ③ 4바퀴   ④ 5바퀴

해설

처음 맞물린 A의 톱니는 32번째마다 B의 톱니와 맞물린다. 또한 처음 맞물린 B의 톱니는 24번째마다 A의 톱니와 맞물린다. 따라서 A와 B의 최소공배수를 찾으면 답을 찾을 수 있다.

A → 32 = $2 \times 2 \times 2 \times 2 \times 2 = 2^5$

B → 24 = $2 \times 2 \times 2 \times 3 = 2^3 \times 3$

A와 B의 최소공배수는 A와 B의 소인수를 모두 포함하는 가장 작은 수이다.

A와 B의 최소공배수 → $2^5 \times 3 = 96$

따라서 A와 B가 96 톱니만큼 돌면 서로 처음 맞물린 톱니들이 만난다.

따라서 A의 톱니는 32개이므로 $96 \div 32 = 3$(바퀴) 돌게 된다.

정답 | ②

관련공식

소인수분해

소인수분해: 1보다 큰 자연수를 그 수의 소인수(소수인 약수)의 곱으로 나타내는 것

예) $24 = 2 \times 2 \times 2 \times 3$, $18 = 2 \times 3 \times 3$

이때 24와 18의 공통 소인수들을 모두 곱하면 최대공약수가 된다.

24와 18의 최대공약수: $2 \times 3 = 6$

이때 24와 18의 공통 소인수들을 모두 포함하는 가장 작은 수를 최소공배수라 한다.

24와 18의 최소공배수: $2 \times 2 \times 2 \times 3 \times 3 = 72$

100m 길이의 도로 한 변에 4m 간격으로 나무를 심는다면 총 몇 그루가 필요한가?

① 23그루   ② 24그루   ③ 25그루   ④ 26그루

100m 길이의 도로 한 변에 4m 간격으로 나무를 심는다면 $100 \div 4 = 25$(그루)가 필요하다. 또한 시작점에도 1그루를 심어야 해서 총 $25 + 1 = 26$(그루)가 필요하게 된다.

정답 ┃ ④

유형3   자료해석

01 자료계산
자료를 바탕으로 계산하여 답을 찾는 문제

대표유형

여성 소방관 비중이 가장 높은 해의 총인구 수를 계산하여 고르면?

[표] 우리나라 소방관 현황

(단위: 명, %)

구분	소방관 수		소방관 1인당 담당 인구*
	여성 소방관 수	여성 소방관 비중	
2018	4,336	8.3	987
2019	5,325	9.4	914
2020	5,672	9.3	850
2021	6,475	10.0	800

*소방관 1인이 담당하는 인구의 수로 (총인구 ÷ 소방관 수)이다.

① 47,600,000명
② 49,200,000명
③ 50,600,000명
④ 51,800,000명

해설

표에서 여성 소방관의 비중이 가장 높은 해는 10.0%로 2021년이다.
2021년 전체 소방관의 수를 x라 하면 $x \times 0.1 = 6,475$를 얻을 수 있다.
따라서 $x \times 0.1 = 6,475$, $0.1x = 6,475$, $x = 64,750$(명)이다.
2021년 소방관 1인당 담당 인구는 800명이므로 2021년 전체 인구는
$64,750 \times 800 = 51,800,000$(명)이다.

정답 | ④

02 옳은 것, 옳지 않은 것 찾기
자료를 바탕으로 옳은 것과 옳지 않은 것을 판단하는 문제

대표유형

주어진 자료를 보고 해석한 내용으로 옳지 않은 것을 고르면?

[표] 2023년 5월~9월 주유소 평균 판매 가격

(단위: 원)

제품별	5월	6월	7월	8월	9월
보통휘발유	1,629	1,581	1,585	1,717	1,769
실내등유	1,378	1,336	1,318	1,340	1,389
자동차용 경유	1,472	1,394	1,396	1,573	1,667

① 이 기간 실내등유 가격은 자동차용 경유 가격보다 저렴하다.

② 이 기간 보통휘발유 판매 가격이 두 번째로 높은 달은 실내등유와 자동차용 경유의 판매 가격 차이가 200원 이상 난다.

③ 2023년 5월의 실내등유와 자동차용 경유의 가격 차이는 100원 이하다.

④ 실내등유와 자동차용 경유 가격 차이가 가장 적은 달의 보통휘발유 가격은 1,600원을 넘었다.

해설

④ ✕

실내등유와 자동차용 경유 가격 차이가 가장 적은 달은 $1,394 - 1,336 = 58$(원)으로 6월이다. 6월의 보통휘발유 가격은 1,581원으로 1,600원을 넘지 않았다.

① ○

표를 보면 2023년 5월부터 9월까지 실내등유 판매 가격은 자동차용 경유 판매 가격보다 저렴하다.

② ○

이 기간 보통휘발유 판매 가격이 두 번째로 높은 달은 8월이다. 8월의 실내등유 가격과 자동차용 경유의 가격 차이는 $1,573 - 1,340 = 233$(원)이다.

③ ○

2023년 5월 실내등유의 가격은 1,378원이고, 자동차용 경유는 1,472원이다. 따라서 가격 차이는 $1,472 - 1,378 = 94$(원)이다.

정답 | ④

■ 자료해석 유형 익히기

[01-02] 주어진 자료를 보고 물음에 답하시오.

[표] 항공운송업 주요 지표   (단위: 개, 명, 십억 원)

업종	기업체수		종사자수		매출액	
	2020년	2021년	2020년	2021년	2020년	2021년
항공 운송업	55	68	35,455	36,119	12,678	14,804
항공 여객	35	46	30,174	30,179	5,472	3,752
항공 화물	20	22	5,281	5,940	7,206	11,052

01

주어진 자료에 대한 설명으로 바르지 못한 것을 고르면?

① 2021년 항공 운송업의 전년 대비 매출액 증가액은 20,000억 원 이상이다.
② '항공 여객' 회사는 2021년 전년 대비 기업체 수가 늘었고, 매출도 늘었다.
③ 2020년 '항공 여객'의 종사자수는 '항공 화물'의 종사자수의 6배가 넘지 않는다.
④ 2020년 '항공 화물'의 업체당 종사자수는 평균 250명을 넘는다.

02

'항공 화물'의 2021년의 기업체당 종사자수를 계산하여 고르면?

① 240명   ② 250명
③ 260명   ④ 270명

해설

01

② ×

'항공 여객' 회사는 2021년 전년 대비 기업체 수가 35개에서 46개로 늘었고, 매출액은 5,472(십억 원)에서 3,752(십억 원)으로 줄었다.

① ○

2021년 전년 대비 매출액 증가액은 14,804 − 12,678 = 2,126(십억 원)이다. 환산하면 21,260억 원이다. 따라서 20,000억 원 이상이다.

③ ○

2020년 항공 여객의 종사자수는 30,174명이고, 항공 화물의 종사자수는 5,281명이다. 항공 화물의 종사자수를 대략 보수적으로 5,200명으로 잡아도 6배는 5,200 × 6 = 31,200(명)으로 30,174명을 넘는다. 따라서 2020년 항공 여객의 종사자수는 항공 화물의 종사자수의 6배가 넘지 않는다.

④ ○

2020년 '항공 화물'은 20개의 업체가 있다. 이때 종사자수는 5,281명이다. 만약 20개의 업체가 종사자수 평균이 250명이라고 가정하면 총 20 × 250 = 5,000(명)의 종사자수가 존재한다. 실제로는 5,281명이므로 2020년 '항공 화물'의 업체당 종사자수는 250명을 넘는다.

정답 | ②

02

'항공 화물'의 2021년의 기업체당 종사자수

$$\frac{5,940}{22} = 270(명)$$

정답 | ④

[03-05] 주어진 자료를 보고 물음에 답하시오.

[표] 기관유형별 여성 과학기술연구개발 인력 승진 현황   (단위: 명)

연도	전체	이공계 대학	공공 연구기관	민간기업 연구기관
2017	1,926	278	255	1,393
2018	1,806	268	227	1,311
2019	1,666	303	267	1,096
2020	1,383	344	290	749
2021	1,444	346	391	707

03

2017년부터 2021년까지 5년 평균 여성 과학기술연구개발 승진자 수를 계산하여 고르면?

① 1,526명　　　　　　　　　　② 1,595명
③ 1,645명　　　　　　　　　　④ 1,723명

04

주어진 자료에 대한 설명으로 옳은 것을 고르면?

① '공공 연구기관'의 여성 승진자 수가 가장 적은 해의 전체 여성 승진자 수는 1,800명보다 적었다.
② 전체 여성 승진자 수가 가장 적은 해의 '공공 연구기관'의 여성 승진자 수는 300명을 넘었다.
③ 이 기간 2020년 이전 연도들에서 항상 '민간기업 연구기관' 여성 승진자 수는 1,000명을 넘었다.
④ 이 기간 여성 승진자 수는 '이공계 대학'이 '공공 연구기관'보다 항상 많았다.

05

전체 여성 승진자 중 이공계 대학 승진자 비중이 가장 높은 해를 고르면?

① 2018년　　　　　　　　　　② 2019년
③ 2020년　　　　　　　　　　④ 2021년

해설 ──

03

아래와 같이 여성 과학기술연구개발 승진자의 평균을 구할 수 있다.

$$\frac{1,926+1,806+1,666+1,383+1,444}{5}=\frac{8,225}{5}=1,645(명)$$

정답 ┃ ③

04

③ ○

이 기간 2020년 이전 연도들은 2017년, 2018년, 2019년이고, '민간기업 연구기관'의 여성 승진자 수는 1,393명, 1,311명, 1,096명으로 항상 1,000명이 넘었다.

① ×

'공공 연구기관'의 여성 승진자 수가 가장 적은 해는 227명으로 2018년이다. 이때 전체 여성 승진자 수는 1,806명으로 1,800명보다 많았다.

② ×

전체 여성 승진자가 가장 적은 해는 1,383명으로 2020년이다. 이때 '공공 연구기관'의 여성 승진자 수는 290명으로 300명을 넘지 못했다.

④ ×

2021년에는 여성 승진자 수가 '이공계 대학'이 346명, '공공 연구기관'이 391명으로 '공공 연구기관'이 더 많았다.

정답 ┃ ③

05

2020년을 기준으로 보면 전체 여성 승진자 수는 1,383명이고 이공계 대학 승진자 수는 344명이다. 그런데 여성 승진자 수가 1,383명을 넘으면서 이공계 대학 승진자 수가 344명 이하면 2020년보다 이공계 대학 승진자 비중이 높을 수 없다. 따라서 2017년, 2018년, 2019년은 2020년보다 이 비중이 높을 수 없다.

2020년 전체 여성 승진자 중 이공계 대학 승진자 비중: $\frac{344}{1,383}=0.2487\cdots$

2021년 전체 여성 승진자 중 이공계 대학 승진자 비중: $\frac{346}{1,444}=0.2396\cdots$

따라서 2020년이 전체 여성 승진자 중 이공계 대학 승진자 비중이 가장 높다.

정답 ┃ ③

[06-08] 주어진 자료를 보고 물음에 답하시오.

[표] 우리나라 흡연율 및 음주율 (단위: %)

구분	흡연율			음주율		
	전체	남자	여자	전체	남자	여자
2017	21.1	37.0	5.2	59.2	73.1	45.4
2018	21.1	35.8	6.5	57.8	70.0	45.7
2019	20.2	34.7	5.9	57.7	72.4	43.2
2020	19.2	33.0	5.5	55.2	68.7	41.7
2021	18.2	30.7	5.8	53.5	67.1	39.9

06

2019년 우리나라 전체 인구가 5,000만 명이라고 가정할 때, 우리나라의 흡연 인구를 계산하여 고르면?

① 9,600,000명
② 10,100,000명
③ 10,600,000명
④ 11,100,000명

07

주어진 표를 보고 옳지 않은 것을 고르면?

① 여자의 흡연율이 가장 낮은 해의 남녀 전체 음주율은 60%가 되지 않는다.
② 남자의 음주율이 두 번째로 낮은 해는 남자의 흡연율도 두 번째로 낮은 해이다.
③ 여자의 흡연율이 6%를 넘긴 해는 남자의 음주율도 70% 이상이다.
④ 남자의 음주율이 70% 이상인 해는 모두 남자의 흡연율이 35% 이상이다.

08

2017년부터 2021년까지 5년간 남자의 음주율 평균을 계산하여 고르면?(소수점 첫째 자리에서 반올림 한다.)

① 69%
② 70%
③ 71%
④ 72%

해설 ━━━━━━━━━━━━━━━━━━━━━━━━━━⌄━━━━━━━━━━━━━━━━━━━━━━━━━━━

06

2019년 우리나라 전체 흡연율은 20.2%이다. 만약 전체 인구가 5,000만 명이라고 가정 아래와 같이 계산할 수 있다.

$5,000 \times 0.202 = 1,010$(만 명) $\rightarrow$ $10,100,000$명

정답 ┃ ②

07

④ ×

남자의 음주율이 70% 이상인 해는 2017년, 2018년, 2019년이고, 2019년에는 남자의 흡연율이 34.7%로 35% 이상이 아니었다.

① ○

여자의 흡연율이 가장 낮은 해는 2017년이고, 그 해 남녀 전체 음주율은 59.2%로 60%가 되지 않는다.

② ○

남자의 음주율이 두 번째로 낮은 해는 2020년이고, 그 해 남자의 흡연율도 33.0%로 두 번째로 낮았다.

③ ○

여자의 흡연율이 6%를 넘긴 해는 유일하게 2018년이고, 그 해 남자의 음주율은 70.0%로 70% 이상이다.

정답 ┃ ④

08

2017년부터 2021년까지 5년간 남자의 음주율 평균은 아래와 같다.

$$\frac{73.1 + 70.0 + 72.4 + 68.7 + 67.1}{5} = \frac{351.3}{5} = 70.26 (\%)$$

따라서 소수점 첫째 자리에서 반올림하면 70%이다.

정답 ┃ ②

[09-10] 주어진 자료를 보고 물음에 답하시오.

[표] OECD 주요국 성별 기대수명 변화 (단위: 년)

구분	2015	2016	2017	2018	2019	2020
전체	82.1	82.4	82.7	82.7	83.3	83.5
남자(A)	79.0	79.3	79.7	79.7	80.3	80.5
여자(B)	85.2	85.4	85.7	85.7	86.3	86.5

*기대수명: 0세 출생자가 향후 생존할 것으로 기대되는 평균 생존년수로 '0세의 기대여명'을 말함

09

주어진 자료를 보고 옳지 않은 것을 고르면?

① 2017년부터 2020년까지 이때 태어난 남자와 여자의 기대수명의 차이는 6년이다.

② 전체 기대수명이 처음으로 83년 이상인 해의 남자의 기대수명은 80년이 넘는다.

③ 여자의 기대수명이 처음으로 86년이 넘는 해의 전체 기대수명은 3년 전보다 1년 이상 증가하였다.

④ 2020년에 태어난 남자는 기대수명대로 산다면 생존하여 2100년을 맞이할 것이다.

10

2015년부터 2020년까지 여자의 평균 기대수명을 계산하여 고르면?

① 85.8년   ② 85.9년
③ 86.0년   ④ 86.1년

해설

09

③ ×

여자의 기대수명이 처음으로 86년이 넘는 해는 2019년이고, 이때의 전체 기대수명은 83.3년이다. 3년 전인 2016년에는 전체 기대수명이 82.4년이다. 따라서 두 기간의 전체 기대수명의 차이는 1년이 되지 않는다.

① ○

표를 통해서 2017년~2020년까지 이때 태어난 남녀의 기대수명 차이가 모두 정확히 6년인 것을 확인할 수 있다.

② ○

전체 기대수명이 처음으로 83년 이상인 해는 2019년이고, 이때 남자의 기대수명은 80.3년으로 80년이 넘는다.

④ ○

2020년에 태어난 남자(0세)의 기대수명은 80.5년으로 2021년에 1세가 되고 2100년에는 80세가 된다. 따라서 생존하여 2100년을 맞이할 것이다.

정답 ┃ ③

10

2015년부터 2020년까지 여자의 평균 기대수명을 계산하면 아래와 같다.

$$\frac{85.2+85.4+85.7+85.7+86.3+86.5}{6}=\frac{514.8}{6}=85.8(년)$$

정답 ┃ ①

추리

■ 영역 분석

추리 영역은 수/문자추리 문제와 언어추리 문제들로 구성된다.

구분	문제 수	설명
수/문자추리	약 20문항	수와 문자의 배열 규칙을 찾아 답을 찾는 문제
언어추리	약 20문항	명제, 조건 등을 고려하여 참, 거짓 등을 찾는 문제
합계	40문항 / 20분	주어진 정보를 통해 추리력을 이용해서 답을 찾는 문제가 출제

■ 학습 방법

수/문자추리	유형분석	수나 문자의 배열이 주어지고 배열 규칙을 바탕으로 빈 곳의 수나 문자를 찾는 문제이다. 배열 규칙은 등차, 등비, 피보나치 등의 수열이 주로 쓰이고, 가끔 다른 복잡한 규칙이 활용되기도 한다.
	학습전략	기본적인 등차수열, 등비수열, 피보나치 수열에 대해 알고 시작해야 한다. 또한, 문자의 순서를 미리 외워두면 풀이시간 단축에 도움이 된다. 이를 통해서 반복 연습으로 시간 단축에 포인트를 두어야 한다.
	목표	30초에 한 문제씩 풀 수 있도록 연습하고, 풀리지 않는 문제가 생기면 너무 오래 붙잡지 않는다. 전체적인 시야에서 맞힐 수 있는 문제를 최대한 많이 맞히는 것을 목표로 하는 것이 중요하다.
언어추리	유형분석	명제 문제, 조건 추리 문제가 복합적으로 출제된다. 다소 문제 형식이 다양한 형태로 출제되지만, 크게 명제를 이용한 논리 문제 유형과 조건을 바탕으로 옳은 것과 그렇지 않은 것을 판별하는 조건 추리 문제로 구별할 수 있다.
	학습전략	명제에 대해 파악하고 문제를 풀 수 있도록 한다. 명제, 대우, 삼단논법에 대해 이해할 수 있도록 한다. 조건 문제는 표나 그림을 통한 도식화 풀이법을 익혀서 좀 더 직관적으로 정보를 파악할 수 있도록 연습한다.
	목표	비교적 쉬운 명제 문제는 빠르게 풀고 넘어갈 수 있도록 속도를 높여서 연습한다. 다만 조건 문제는 문제에 따라서 풀이 시간이 오래 걸리기 때문에 시간관리를 하면서 쉬운 문제부터 가능한 많은 문제를 풀도록 연습한다.

유형1   수/문자추리

---

01 수추리
수의 배열 규칙을 찾아서 답을 찾는 문제

[01~03] 주어진 배열 규칙을 보고 빈칸에 들어갈 알맞은 것을 고르시오.

01

| 1   5   9   13   17   21   ( ) |

① 23　　　② 25　　　③ 27　　　④ 29

02

| 2   6   18   54   162   486   ( ) |

① 729　　　② 972　　　③ 1,458　　　④ 1,944

03

| 3   4   7   11   18   29   ( ) |

① 35　　　② 40　　　③ 47　　　④ 58

해설

01

+4씩 증가하는 등차수열이다.

	+4		+4		+4		+4		+4		+4	
1	→	5	→	9	→	13	→	17	→	21	→	25

정답 | ②

02

×3씩 증가하는 등비수열이다.

	×3		×3		×3		×3		×3		×3	
2	→	6	→	18	→	54	→	162	→	486	→	1,458

정답 | ③

03

앞의 두 항의 합으로 이루어지는 피보나치수열이다.

			+3		+4		+7		+11		+18	
3	→	4	→	7	→	11	→	18	→	29	→	47

정답 | ③

관련공식

등차수열, 등비수열, 피보나치수열

• 등차수열: 전후 수의 규칙이 일정한 수로 더해지거나, 빼지는 관계의 수열
  (예) 2, 5, 8, 11, 14, 17(3 증가)   50, 46, 42, 38, 34, 30(4 감소)
• 등비수열: 전후 수의 규칙이 일정한 수로 곱해지거나 나누어지는 관계의 수열
  (예) 2, 4, 8, 16, 32, 64(×2 증가)   512, 256, 128, 64, 32, 16(÷2)
• 피보나치수열: 전항의 수를 더하면서 배열되는 관계의 수열
  (예) 3, 4, 7, 11, 18, 29, 47, 76, 123(앞의 두 항의 합으로 이루어 짐)

유형전략

수열의 증가 또는 감소 폭이 완만하면 등차수열을, 수열의 증가 또는 감소 폭이 드라마틱하게 크면 등비수열을 의심하고 시작한다.

02 문자추리
문자의 배열 규칙을 찾아서 답을 찾는 문제

[01~03] 주어진 배열 규칙을 보고 빈칸에 들어갈 알맞은 것을 고르시오.

01

| A D G J M P ( ) |

① R   ② S   ③ T   ④ U

02

| B C F G N O ( ) |

① D   ② H   ③ L   ④ R

03

| 가 가 나 다 마 아 ( ) |

① 차   ② 카   ③ 타   ④ 파

해설

01

+3씩 증가하는 등차수열이다.

$$A(1) \xrightarrow{+3} D(4) \xrightarrow{+3} G(7) \xrightarrow{+3} J(10) \xrightarrow{+3} M(13) \xrightarrow{+3} P(16) \xrightarrow{+3} S(19)$$

정답 | ②

02

+1, ×2가 반복되는 수열이다.

$$B(2) \xrightarrow{+1} C(3) \xrightarrow{\times 2} F(6) \xrightarrow{+1} G(7) \xrightarrow{\times 2} N(14) \xrightarrow{+1} O(15) \xrightarrow{\times 2} D(30)$$

한 사이클을 돌아서 다시 A(27), B(28), C(29), D(30)가 된다.

정답 | ①

03

앞의 두 항의 합으로 이루어지는 피보나치수열이다.

$$가(1) \to 가(1) \xrightarrow{+1} 나(2) \xrightarrow{+2} 다(3) \xrightarrow{+3} 마(5) \xrightarrow{+5} 아(8) \to 파(13)$$

정답 | ④

관련공식

문자의 순서

문자의 순서를 암기하면 풀이 속도가 빨라진다.

• 알파벳 순서

A	B	C	D	E	F	G	H	I	J	K	L	M
1	2	3	4	5	6	7	8	9	10	11	12	13
N	O	P	Q	R	S	T	U	V	W	X	Y	Z
14	15	16	17	18	19	20	21	22	23	24	25	26

• 한글 순서

가	나	다	라	마	바	사	아	자	차	카	타	파	하
ㄱ	ㄴ	ㄷ	ㄹ	ㅁ	ㅂ	ㅅ	ㅇ	ㅈ	ㅊ	ㅋ	ㅌ	ㅍ	ㅎ
1	2	3	4	5	6	7	8	9	10	11	12	13	14

유형전략

위의 문자의 순서를 암기하면 풀이속도를 높일 수 있으니 암기할 수 있도록 한다. 만약 암기하지 못했다면 우선 문자표를 적어 놓고 그 다음 문제 풀이를 시작한다.

■ 수/문자추리 유형 익히기

[01~04] 주어진 배열 규칙을 보고 빈칸에 들어갈 알맞은 것을 고르시오.

01

| 6   11   8   13   10   15   (   ) |

① 12   ② 15   ③ 18   ④ 20

02

| 5   7   21   23   69   71   (   ) |

① 158   ② 183   ③ 213   ④ 245

03

| 8   4   12   6   18   9   (   ) |

① 18   ② 21   ③ 24   ④ 27

04

| 2   2   2   6   10   18   (   ) |

① 28   ② 30   ③ 32   ④ 34

해설

01

+5, -2가 반복되는 수열이다.

$$6 \xrightarrow{+5} 11 \xrightarrow{-3} 8 \xrightarrow{+5} 13 \xrightarrow{-3} 10 \xrightarrow{+5} 15 \xrightarrow{-3} 12$$

정답 | ①

02

+2, ×3이 반복되는 수열이다.

$$5 \xrightarrow{+2} 7 \xrightarrow{×3} 21 \xrightarrow{+2} 23 \xrightarrow{×3} 69 \xrightarrow{+2} 71 \xrightarrow{×3} 213$$

정답 | ③

03

÷2, ×3이 반복되는 수열이다.

$$8 \xrightarrow{÷2} 4 \xrightarrow{×3} 12 \xrightarrow{÷2} 6 \xrightarrow{×3} 18 \xrightarrow{÷2} 9 \xrightarrow{×3} 27$$

정답 | ④

04

앞의 세 수의 합으로 이루어지는 수열이다.

$$2 \rightarrow 2 \rightarrow 2 \xrightarrow[2+2+6]{2+2+2} 6 \rightarrow 10 \xrightarrow[6+10+18]{2+6+10} 18 \rightarrow 34$$

정답 | ④

[05~08] 주어진 배열 규칙을 보고 빈칸에 들어갈 알맞은 것을 고르시오.

05

| A C F H P R ( ) |

① J   ② X   ③ F   ④ T

06

| A D B H D P ( ) |

① C   ② E   ③ H   ④ K

07

| ㄴ ㅅ ㄹ ㅈ ㅂ ㅋ ( ) |

① ㅇ   ② ㅋ   ③ ㅎ   ④ ㄴ

08

| 하 타 자 사 라 ( ) |

① 하   ② 나   ③ 차   ④ 아

해설

05

+2, ×2가 반복되는 수열이다.

A	B	C	D	E	F	G	H	I	J	K	L	M
1	2	3	4	5	6	7	8	9	10	11	12	13
N	O	P	Q	R	S	T	U	V	W	X	Y	Z
14	15	16	17	18	19	20	21	22	23	24	25	26

A(1)　→　C(3)　→　F(6)　→　H(8)　→　P(16)　→　R(18)　→　J(36)

J(26+10=36)이다.

정답 | ①

06

×4, ÷2가 반복되는 수열이다.

　　　　　×4　　　　　÷2　　　　　×4　　　　　÷2　　　　　×4　　　　　÷2
A(1)　→　D(4)　→　B(2)　→　H(8)　→　D(4)　→　P(16)　→　H(8)

정답 | ③

07

+5, -3이 반복되는 수열이다.

가	나	다	라	마	바	사	아	자	차	카	타	파	하
ㄱ	ㄴ	ㄷ	ㄹ	ㅁ	ㅂ	ㅅ	ㅇ	ㅈ	ㅊ	ㅋ	ㅌ	ㅍ	ㅎ
1	2	3	4	5	6	7	8	9	10	11	12	13	14

　　　　　+5　　　　　-3　　　　　+5　　　　　-3　　　　　+5　　　　　-3
ㄴ(2)　→　ㅅ(7)　→　ㄹ(4)　→　ㅈ(9)　→　ㅂ(6)　→　ㅋ(11)　→　ㅇ(8)

정답 | ①

08

-2, -3이 반복되는 수열이다.

　　　　　-2　　　　　-3　　　　　-2　　　　　-3　　　　　-2
하(14)　→　타(12)　→　자(9)　→　사(7)　→　라(4)　→　나(2)

정답 | ②

유형2 언어추리

01 명제
명제를 논리적으로 연결하여 답을 찾는 문제

대표유형

주어진 명제가 참일 때, 항상 참인 것을 고르면?

- 여행을 좋아하는 사람은 지도를 좋아한다.
- 사탕을 좋아하는 사람은 수영을 좋아한다.
- 지도를 좋아하는 사람은 사탕을 좋아한다.

① 여행을 좋아하는 사람은 수영을 좋아하지 않는다.
② 여행을 좋아하는 사람은 수영을 좋아한다.
③ 지도를 좋아하는 사람은 수영을 좋아하지 않는다.
④ 사탕을 좋아하지 않는 사람은 수영을 좋아한다.

해설

아래와 같이 명제를 연결할 수 있다.

명제1	여행을 좋아하는 사람은 지도를 좋아한다.	A(여행) → B(지도)
명제2	지도를 좋아하는 사람은 사탕을 좋아한다.	B(지도) → C(사탕)
명제3	사탕을 좋아하는 사람은 수영을 좋아한다.	C(사탕) → D(수영)
결론	여행을 좋아하는 사람은 수영을 좋아한다.	A(여행) → B(지도) → C(사탕) → D(수영)

정답 ┃ ②

관련공식

명제, 대우, 삼단논법
명제, 역, 이, 대우

명제는 그 내용이 참인지 거짓인지 명확하게 판별할 수 있는 문장이나 식을 말한다.
명제: p이면 q이다.(p → q)
역: q이면 p이다.(q → p)
이: ~p이면 ~q이다.(~p → ~q)
대우: ~q이면 ~p이다.(~q → ~p)
~p는 p의 부정형이다.

여기서 중요한 건 대우이다. 이유는 명제가 참이면 반드시 대우도 참이고, 명제가 거짓이면 대우도 반드시 거짓인 관계 때문이다.

예) 명제: 커피를 좋아하면 하늘을 좋아한다. (참)
    대우: 하늘을 좋아하지 않으면 커피를 좋아하지 않는다. (참)

삼단논법

대전제, 소전제, 결론을 얻는 방법
명제 p → q가 참이고, 명제 q → r이 참이면 p → r도 참이다.

예) 커피를 좋아하면 하늘을 좋아한다. 하늘을 좋아하면 비를 좋아한다.
    → 커피를 좋아하면 비를 좋아한다.

유형전략

명제 문제는 명제의 시작과 끝부분을 서로 같은 것으로 맞추어 이어 붙인다고 생각하고 풀어본다.

02 조건추리
주어진 조건을 보고 논리적으로 답을 찾는 문제

대표유형

A, B, C, D, E 5명은 달리기 시합을 하였다. 이때 주어진 조건을 보고 옳은 것을 고르면?

조건

- A는 최소한 1, 2등 안으로 들어왔다.
- B는 A보다 먼저 들어왔다.
- C는 E보다 늦게 들어왔고, D보다는 빨리 들어왔다.

① 2등은 A이다. ② 3등은 C이다.
③ 4등은 D이다. ④ 1등은 E이다.

해설

우선, 표를 만들어서 생각한다.

1등	2등	3등	4등	5등

- A는 최소한 1, 2등 안으로 들어왔다.
- B는 A보다 먼저 들어왔다.

1등	2등	3등	4등	5등
B	A			

위에 두 조건에 따라 A는 1등 아니면 2등인데, B보다는 늦게 들어왔으므로 2등이고, 1등은 B이다.
- C는 E보다 늦게 들어왔고, D보다는 빨리 들어왔다.

1등	2등	3등	4등	5등
B	A	E	C	D

남은 조건을 적용하면 3등, 4등, 5등을 가려낼 수 있다. 조건을 통해 E > C > D를 알 수 있고 최종 결과를 추론할 수 있다.
따라서 옳은 것은 ①이다.

정답 ❘ ①

유형전략

조건추리 문제는 머릿속으로 풀지 말고 반드시 표나 그림을 그리면서 푸는 습관을 들인다. 그것이 훨씬 쉽게 문제를 풀면서 실수를 줄일 수 있는 방법이기 때문이다.

■ 언어추리 유형 익히기

[01-03] 주어진 명제가 참일 때, 항상 참인 것을 고르시오.

01

> • 수학을 잘하면 영어를 잘하지 못한다.
> • 사회를 잘하지 못하면 국어를 잘한다.
> • 사회를 잘하면 영어를 잘한다.

① 수학을 잘하면 사회를 잘한다.
② 영어를 잘하면 국어를 잘한다.
③ 수학을 잘하면 국어를 잘한다.
④ 국어를 잘하면 수학을 잘한다.

02

> • 가재를 좋아하면 시금치를 좋아하지 않는다.
> • 가재를 좋아하지 않으면 새우를 좋아하지 않는다.
> • 시금치를 좋아하지 않으면 김치를 좋아하지 않는다.

① 새우를 좋아하면 김치를 좋아하지 않는다.
② 가재를 좋아하면 김치를 좋아한다.
③ 시금치를 좋아하지 않으면 새우를 좋아하지 않는다.
④ 김치를 좋아하지 않으면 새우를 좋아한다.

03

> • 야구를 싫어하지 않으면 배구를 싫어한다.
> • 농구를 싫어하지 않으면 배구를 싫어하지 않는다.
> • 축구를 싫어하면 농구를 싫어하지 않는다.

① 농구를 싫어하지 않으면 야구를 싫어하지 않는다.
② 야구를 싫어하지 않으면 농구를 싫어하지 않는다.
③ 배구를 싫어하지 않으면 축구를 싫어한다.
④ 축구를 싫어하면 야구를 싫어한다.

해설

01

아래와 같이 명제를 연결할 수 있다.

명제1	수학을 잘하면 영어를 잘하지 못한다.	A(수학) → B(영어×)
명제2	사회를 잘하면 영어를 잘한다. [대우] 영어를 잘하지 못하면 사회를 잘하지 못한다.	B(영어×) → C(사회×)
명제3	사회를 잘하지 못하면 국어를 잘한다.	C(사회×) → D(국어)
결론	수학을 잘하면 국어를 잘한다.	A(수학) → B(영어×) → C(사회×) → D(국어)

정답 | ③

02

아래와 같이 명제를 연결할 수 있다.

명제1	가재를 좋아하지 않으면 새우를 좋아하지 않는다. [대우] 새우를 좋아하면 가재를 좋아한다.	A(새우) → B(가재)
명제2	가재를 좋아하면 시금치를 좋아하지 않는다.	B(가재) → C(시금치×)
명제3	시금치를 좋아하지 않으면 김치를 좋아하지 않는다.	C(시금치×) → D(김치×)
결론	새우를 좋아하면 김치를 좋아하지 않는다.	A(새우) → B(가재) → C(시금치×) → D(김치×)

정답 | ①

03

아래와 같이 명제를 연결할 수 있다.

명제1	축구를 싫어하면 농구를 싫어하지 않는다.	A(축구) → B(농구×)
명제2	농구를 싫어하지 않으면 배구를 싫어하지 않는다.	B(농구×) → C(배구×)
명제3	야구를 싫어하지 않으면 배구를 싫어한다. [대우] 배구를 싫어하지 않으면 야구를 싫어한다.	C(배구×) → D(야구)
결론	축구를 싫어하면 야구를 싫어한다.	A(축구) → B(농구×) → C(배구×) → D(야구)

정답 | ④

[04-06] 주어진 조건을 보고, 알맞은 답을 고르시오.

조건

- 나는 오늘 헬스장에 가서 총 5개의 운동을 했다.
- 가장 먼저 한 운동은 가볍게 몸을 풀기 위해 '런닝' 또는 '리버스크런치'를 하였다.
- '시티드로우'를 하는 날은 '리버스크런치'도 같이 한다.
- '벤치프레스'는 몸이 풀린 시점에 하기 위해서 3번째 운동을 한 이후에 하였다.
- '풀업' 후 팔에 힘이 빠져서 바로 다리 운동인 '런지'를 하였다.
- 마지막 운동은 가볍게 '런지' 또는 '시티드로우'를 하였다.

04

두 번째로 한 운동은 무엇인지 고르면?

① 시티드로우
② 풀업
③ 리버스크런치
④ 런지

05

세 번째로 한 운동은 무엇인지 고르면?

① 시티드로우
② 풀업
③ 리버스크런치
④ 런지

06

주어진 진술의 진위를 판별하여 고르면?

진술

시티드로우를 런지보다 먼저 하였다.

① 참
② 거짓
③ 알 수 없다.

해설

첫 번째 조건으로 총 5개의 운동을 했다는 것을 알 수 있고, 이것을 바탕으로 표를 작성하여 조건들을 연결해 본다. 우선, 처음과 마지막에 한 운동으로 가능한 경우를 기입한다.

1	2	3	4	5
런닝 or 리버스크런치				런지 or 시티드로우

'벤치프레스'는 3번째 운동 후에 하였기 때문에 고정할 수 있다.

1	2	3	4	5
런닝 or 리버스크런치			벤치프레스	런지 or 시티드로우

'풀업' 후 너무 힘들어서 바로 다리 운동인 '런지'를 하였다고 했으므로 2, 3번째 운동이 고정된다. 이때 마지막 운동은 런지가 될 수 없으므로 시티드로우가 된다.

1	2	3	4	5
런닝 or 리버스크런치	풀업	런지	벤치프레스	시티드로우

'시티드로우'를 하는 날은 '리버스크런치'도 같이 하기 때문에 아래와 같은 결론을 얻는다.

1	2	3	4	5
리버스크런치	풀업	런지	벤치프레스	시티드로우

따라서 위와 같은 결론을 얻는다.

04

표를 통해서 두 번째로 한 운동은 풀업인 것을 알 수 있다.

정답 | ②

05

표를 통해서 세 번째로 한 운동은 런지인 것을 알 수 있다.

정답 | ④

06

시티드로우는 다섯 번째, 런지는 세 번째로 했으므로 거짓임을 판별할 수 있다.

정답 | ②

지각

■ 영역 분석

지각 영역은 사무지각과 공간지각 문제들로 구성된다.

구분	문제 수	설명
사무지각	약 15문항	문자, 숫자, 기호 등을 비교하여 답을 찾는 문제
공간지각	약 25문항	도형에 관한 공간지각력을 이용하여 답을 찾는 문제
합계	40문항 / 10분	비교 또는 공간지각력을 이용하여 답을 찾는 문제가 출제

■ 학습 방법

사무지각	유형분석	단순비교 문제로 비교적 쉬운 유형이다. 하지만 이 유형이 까다로운 이유는 풀이시간을 매우 촉박하게 주기 때문에 시간이 매우 부족하다. 따라서 빠른 시간 안에 문제를 풀어내는 능력이 필요하다.
	학습전략	반복학습을 통해서 풀이시간 단축에 집중해야 한다. 반복할수록 풀이시간을 단축할 수 있기 때문에 학습을 계속해서 반복한다. 단, 시간을 타이트하게 정해놓고 연습해야 효과가 있다. 따라서 시간을 정확히 통제하여 반복연습을 하고 이를 통해서 풀이시간을 단축하는 데에 집중한다.
	목표	가능하면 10초에 1문제씩 풀 수 있을 정도까지 풀이속도를 높이는 데에 집중하여 연습한다.
공간지각	유형분석	쌓아진 블록의 수를 세거나, 주어진 도형의 회전 또는 같음을 판단하거나, 그림 조각을 정확히 맞추는 등의 문제들이 출제된다. 공간지각력과 관찰력이 많이 필요한 유형이다.
	학습전략	블록 쌓기 문제 학습을 통해서 블록의 쌓아진 모양에 익숙해져야 한다. 또한 도형의 회전 및 반전, 도형의 같음과 다름을 관찰하는 연습이 필요하다. 그리고 그림 조각을 맞추는 연습을 통해 유형에 익숙해져야 한다.
	목표	전체적인 모양보다는 부분적인 특징을 찾아내서 비교하고 유추하는 연습이 필요하다. 이를 통해서 좀 더 빠르고 효율적으로 문제를 풀어 갈 수 있다.

유형1 **사무지각**

---

01 좌우비교
좌우의 비교를 통해 같음과 다름을 판단하는 문제

대표유형

주어진 좌우의 문자 배열을 비교하여 같은지, 다른지 판단하여 고르면?

sadfdsahfdd	sadfdsahfdd

① 같음　　　　　　　　　　　　② 다름

해설

주어진 문자 배열의 좌와 우는 같다.

정답 | ①

유형공략

좌우비교 문제는 오른손 검지와 왼손 검지를 이용해서 같은 부분을 짚으면서 비교하고 확인해 본다. 그렇게 하면 좀 더 정확하고 빠르게 다른 부분을 가려낼 수 있다.

대표유형

주어진 좌우의 문자 배열을 보고 서로 다른 것을 고르면?

① 3454325435 - 3454325435

② asdfdsaoouwq - asdfdsaoouwq

③ ㄱㅈㄴㅁㅇㄹㅁ - ㄱㅈㄴㅁㅇㄹㅁ

④ $#%$^%$^^ - $#%$!%$^^

해설

좌우가 서로 다른 것은 ④이다.
$#%$^%$^^ - $#%$!%$^^

정답 | ④

02 같은 것, 다른 것 찾기
주어진 배열이나 기호와 비교하여 판단하는 문제

대표유형

주어진 배열과 다른 것을 고르면?

$%$%$&^***@@#

① $%$%$&^***@@#　　　　　② $%$%$&^***@@#
③ $%$%$&^***@@#　　　　　④ $%$%$^^***@@#

해설

다른 하나는 ④이다.
$%$%$^^***@@#　　(& → ^)

대표유형

왼쪽에 주어진 도형이 몇 번 나오는지 고르면?

@	##^%&&$%^@#$#@#$%#!@#$#$@

① 4번   ② 5번   ③ 6번   ④ 7번

해설

개수를 세어 보면 아래와 같다.

##^%&&$%^@#$#@#$%#!@#$#$@

03 치환
수나 문자의 치환을 통해 답을 찾는 문제

대표유형

주어진 기준에 따를 때, 숫자가 속하는 범위를 고르면?

구분	①	②	③	④
기준	10,333~23,578	55,433~65,399	67,775~81,654	35,345~46,455

58,335

①   ②   ③   ④

해설

58,335는 ② 55,433~65,399 안에 속한다.

대표유형

주어진 기준에 따를 때, 문자가 속하는 범위를 고르면?

구분	①	②	③	④
기준	반~사	감~단	오~차	루~머

자두

①   ②   ③   ④

해설

한글의 순서는 아래와 같다.

가	나	다	라	마	바	사	아	자	차	카	타	파	하

자두는 '③ 오~차' 사이에 속한다.

정답 | ③

유형2 | 공간지각

01 블록
블록의 수를 세어 답을 찾는 문제

대표유형

주어진 모양과 같이 블록이 빈틈없이 쌓여져 있을 때 블록의 개수를 고르면?

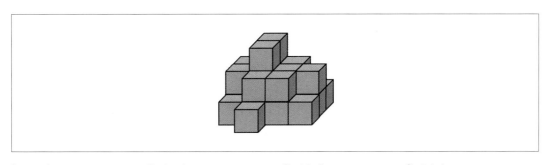

① 21개　　　　　② 22개　　　　　③ 23개　　　　　④ 24개

해설

층별로 블록의 수를 세면 아래와 같다.
3층 2개, 2층 9개, 1층 13개이다.
따라서 총 2 + 9 + 13 = 24(개)이다.

정답 | ④

유형전략

블록의 수를 셀 때는 층별로 나누어 세면 더 쉽게 구할 수 있다.

대표유형

주어진 모양과 같이 블록이 빈틈없이 쌓여져 있을 때 2개의 블록과 접촉하고 있는 블록의 수를 고르면?

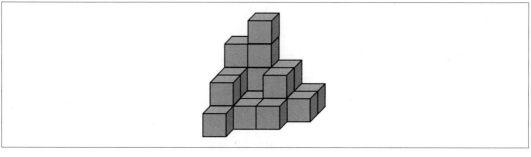

① 5개   ② 6개   ③ 7개   ④ 8개

해설

2개의 블록과 접촉하고 있는 블록은 아래와 같다.

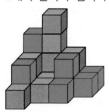

따라서 모두 6개이다.

02 같은 도형
주어진 도형과 같거나 틀린 도형을 찾는 문제

대표유형

주어진 도형과 같은 것을 고르면?(단, 도형은 회전할 수 있다.)

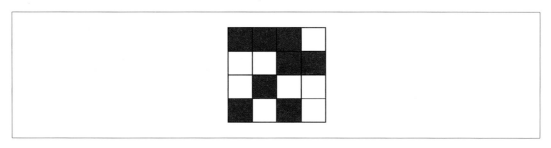

① 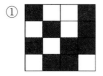　② 　③ 　④

해설

②는 주어진 도형을 시계 방향으로 90도 회전시킨 같은 도형이다.
각각 다른 부분을 찾아보면 아래와 같다.

① 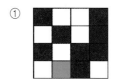　③ 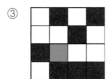　④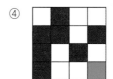

정답 ┃ ②

대표유형

주어진 4개의 도형 중 다른 1개를 고르면?(단, 도형은 회전할 수 있다.)

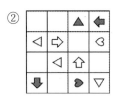 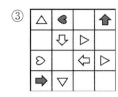 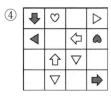

해설

모양이 다른 1개는 ③이다.

붉은색 부분의 삼각형 안에 색이 있어야 한다.
①을 기준으로 ②는 반시계 방향으로 90도 회전, ④는 180도 회전한 모양이다.

정답 | ③

유형전략

한 번에 잘 보이지 않을 때는 부분적으로 특징을 찾아서 비교해본다.

03 그림 조각 맞추기
그림 조각을 맞춰서 답을 찾는 문제

대표유형

주어진 그림 조각을 알맞게 배열한 것을 고르면?

ㄱ

ㄴ

ㄷ

ㄹ

① ㄱ - ㄹ - ㄷ - ㄴ ② ㄴ - ㄱ - ㄹ - ㄷ
③ ㄷ - ㄴ - ㄱ - ㄹ ④ ㄹ - ㄷ - ㄴ - ㄱ

해설

완성된 그림은 아래와 같다.

따라서 답은 ①이다.

정답 ▎①

유형전략

우선 확실하게 연결된 부분이라고 생각하는 부분을 먼저 찾고 그것에서부터 연결해본다.

PART 2

GSAT 실전 모의고사

실전 모의고사 1회

■ 시험구성

영역	유형	문항	총 문항	시간
I 수리	사칙연산	20문제	40문제	15분
	응용계산	10문제		
	자료해석	10문제		
II 추리	수/문자추리	20문제	40문제	20분
	언어추리	20문제		
III 지각	사무지각	15문제	40문제	10분
	공간지각	25문제		

실전과 같은 마음으로 시각을 정확히 준수하여 학습하시기 바랍니다.

- 수리(15분)   시작 _____시 _____분   ~   종료 _____시 _____분
- 추리(20분)   시작 _____시 _____분   ~   종료 _____시 _____분
- 지각(10분)   시작 _____시 _____분   ~   종료 _____시 _____분

다음 페이지부터 시작!

I 수리

40문제 / 15분

[01-10] 주어진 식을 계산하여 알맞은 것을 고르시오.

01

$$439 + 234 + 235$$

① 844　　　　② 868　　　　③ 884　　　　④ 908

02

$$772 - 344 + 244$$

① 631　　　　② 653　　　　③ 672　　　　④ 698

03

$$494 - 143 - 154$$

① 182　　　　② 197　　　　③ 202　　　　④ 217

04

$$17 \times (8 + 2) - 5$$

① 160　　　　② 165　　　　③ 170　　　　④ 175

05

$$45 \div (7 + 8)$$

① 2.2　　　　　② 2.5　　　　　③ 2.8　　　　　④ 3

06

$$4.5 \div 3 + 3.2$$

① 4.7　　　　　② 4.9　　　　　③ 5.1　　　　　④ 5.3

07

$$0.5 \times 8 \div 2$$

① 2　　　　　② 3　　　　　③ 4　　　　　④ 5

08

$$\frac{3}{10} + \frac{6}{5} \times \frac{2}{3} - \frac{2}{5}$$

① 0.7　　　　　② 0.8　　　　　③ 0.9　　　　　④ 1

09

$$120 \times \frac{7}{6} + 12$$

① 125　　　　　② 132　　　　　③ 145　　　　　④ 152

10

$$2^2 \times 3^2 \times 4$$

① 124   ② 134   ③ 144   ④ 154

[11-13] 주어진 A와 B를 비교하여 알맞은 것을 고르시오.

11

A	$\dfrac{7}{6}$
B	$\dfrac{15}{13}$

① A > B   ② A < B   ③ A = B   ④ 알 수 없다.

12

A	$\dfrac{3}{7}$
B	0.4

① A > B   ② A < B   ③ A = B   ④ 알 수 없다.

13

A	11^3
B	3^6

① A > B   ② A < B   ③ A = B   ④ 알 수 없다.

[14-16] 주어진 연산 규칙을 보고, 규칙에 맞도록 계산한 것을 고르시오.

연산 규칙	A ◇ B = 4A - 2B
	A ◎ B = 2A - B

14

5 ◇ 3

① 13   ② 14   ③ 15   ④ 16

15

12 ◎ 8

① 15   ② 16   ③ 17   ④ 18

16

(2 ◇ 3) ◎ 2

① 2   ② 3   ③ 4   ④ 5

17

400의 3할 7푼 5리를 고르면?

① 120   ② 130   ③ 140   ④ 150

18

800의 8할 7푼 5리를 고르면?

① 700   ② 720   ③ 740   ④ 760

19

42km의 6할을 고르면?

① 25.2km   ② 26.5km   ③ 28.5km   ④ 30.5km

20

어느 야구 선수가 12타수 3안타를 기록 중이다. 이때 이 타자의 타율은?

① 2할 5푼   ② 2할 7푼 5리
③ 2할 8푼   ④ 2할 9푼 5리

21

3%의 소금물 300g과 5%의 소금물 200g을 섞으면 몇 %의 소금물이 되는지 고르면?

① 3.5%　　　　　② 3.8%　　　　　③ 4.2%　　　　　④ 4.5%

22

늘 같은 속도인 시속 4km로 회사에 출근하던 A가 어느 날, 집을 나선 지 6분 후 열쇠를 두고 온 것을 깨닫고 그 이후 두 배 빠른 속도로 집으로 다시 돌아갔다가 그 속도로 다시 회사에 출근하니 평소와 같은 시간이 걸렸다. 이때 집에서 회사까지의 거리를 고르면?(단, 집에 도착했을 때 열쇠를 바로 찾아 나왔고, 시간 딜레이는 없었다고 가정한다.)

① 1.2km　　　　　② 1.5km　　　　　③ 1.8km　　　　　④ 2.1km

23

원가가 3,000원인 제품 50개를 팔아서 10만 원 이익을 보았다. 이때 정가를 고르면?

① 3,500원　　　　② 4,000원　　　　③ 4,500원　　　　④ 5,000원

24

15분에 한 대씩 출발하는 마을버스와 24분에 한 대씩 출발하는 마을버스가 있다. 두 버스가 오후 3시에 동시에 출발하였다면 그 이후에 첫 번째로 같이 출발하는 시각을 고르면?

① 오후 4시 40분　　② 오후 5시　　　　③ 오후 5시 20분　　④ 오후 5시 40분

25

A와 B의 나이를 합하면 46이고, A는 B의 나이의 두 배에서 11을 뺀 것과 같다. A의 나이를 고르면?

① 25살   ② 27살   ③ 29살   ④ 31살

26

A가 혼자 하면 10일 걸리고, B가 혼자 하면 15일 걸리는 일이 있다. 만약 A와 B가 같이 일을 한다면 며칠이 걸리는지 고르면?

① 6일   ② 7일   ③ 8일   ④ 9일

27

나는 하루 용돈에서 $\frac{1}{3}$은 식사에 사용하고, 남은 돈의 $\frac{2}{5}$는 교통비에 사용하였으며, 다시 남은 돈의 $\frac{1}{2}$은 음료 구매에 사용하였다. 그러자 남은 돈은 총 4,000원이었다. 이때 나의 하루 용돈은 얼마인지 고르면?

① 14,000원　　　　② 16,000원　　　　③ 18,000원　　　　④ 20,000원

28

5시 30분을 가리키고 있는 시계에서 시침과 분침이 이루는 각도는 몇 도(°)인지 고르면?

① 15°　　　　② 20°　　　　③ 25°　　　　④ 30°

29

여학생 A, B, C, D와 남학생 a, b, c, d 총 8명이 있다. 이중 남학생 2명과 여학생 2명을 이번 주 당번으로 정하려 한다. 이때 가능한 경우의 수를 고르면?

① 24가지   ② 32가지   ③ 36가지   ④ 42가지

30

A와 B가 주사위를 던질 때 A가 던진 주사위가 B가 던진 주사위의 수보다 더 클 확률을 고르면?

① $\dfrac{3}{8}$ ② $\dfrac{4}{9}$ ③ $\dfrac{3}{10}$ ④ $\dfrac{5}{12}$

[31-32] 주어진 자료를 보고 물음에 답하시오.

[표] 우리나라 임금근로자 월급 평균소득 및 중위소득

(단위: 만 원)

항목	2017년	2018년	2019년	2020년	2021년
평균소득	287	297	309	320	333
중위소득*	210	220	234	242	250

*소득을 크기 순으로 줄 세웠을 때 정중앙에 위치한 값

31

2017년~2021년 5년간 평균 '평균소득'과 '중위소득'의 차이를 계산하여 고르면?

① 76만 원　　　　　　　　② 77만 원
③ 78만 원　　　　　　　　④ 79만 원

32

주어진 자료를 바탕으로 옳지 않은 것을 고르면?

① '평균소득'은 항상 '중위소득'보다 높다.
② '평균소득'과 '중위소득'은 매년 증가하였다.
③ '평균소득'이 두 번째로 높은 해의 '중위소득'은 전년 대비 10만 원 이상 증가하였다.
④ '평균소득'은 매년 10만 원 이상 증가하였다.

[33-35] 주어진 자료를 보고 물음에 답하시오.

[표] 주요 어종별 kg당 가격

(단위: 원)

품종	2018년	2019년	2020년	2021년	2022년
넙치류	13,302	9,936	12,307	15,845	15,336
참돔	13,346	11,072	8,702	10,085	12,667
조피볼락	8,480	7,641	7,937	12,551	12,423
숭어류	8,496	7,718	6,870	8,647	11,967
가자미류	10,274	10,247	10,979	10,788	11,957

33

참돔 1kg과 숭어류 1kg을 구매한다고 할 때 가장 저렴하게 살 수 있는 연도를 고르면?

① 2018년
② 2019년
③ 2020년
④ 2021년

34

주어진 자료를 바탕으로 옳은 것을 고르면?

① 숭어류의 가격이 세 번째로 높은 연도의 kg당 넙치류의 가격은 참돔의 가격보다 높다.
② 가자미류의 가격이 가장 낮은 연도의 넙치류와 참돔의 kg당 가격 차이는 1,000원 이상이다.
③ 넙치류의 kg당 가격은 항상 1만 원 이상이다.
④ 2022년 조피볼락의 kg당 가격은 4년 전과 비교하여 4,000원 이상 올랐다.

35

2018년부터 2022년까지 5년간 평균 kg당 가자미류의 가격을 계산하여 고르면?

① 10,244원
② 10,649원
③ 10,709원
④ 10,849원

[36-37] 주어진 자료를 보고 물음에 답하시오.

[표] 2015, 2020 전체 및 1인 가구 현황   (단위: 천 가구)

구분	2015년		2020년	
	전체	1인	전체	1인
계	19,112	5,211	20,927	6,643
남자	13,445	2,315	14,081	3,304
여자	5,666	2,896	6,845	3,339

36

주어진 자료를 바탕으로 옳지 않은 것을 고르면?

① 2020년 1인 가구 수는 5년 전에 비해 백만 가구 이상 늘었다.

② 2020년 전체 가구 중 1인 가구의 비중은 남자보다 여자가 높다.

③ 2015년 전체 가구 중 1인 가구의 비중은 25%가 되지 않는다.

④ 2020년 전체 여자 가구 중 1인 가구의 비중은 50%가 되지 않는다.

37

2015년 1인 가구 중 남자 가구의 비중을 계산하여 고르면?(단, 소수점 첫째 자리에서 반올림한다.)

① 44%   ② 48%

③ 52%   ④ 56%

[38-40] 주어진 자료를 보고 물음에 답하시오.

[표] 지역별 학생 1인당 월평균 사교육비   (단위: 만 원)

구분		전국	서울	광역시	중소도시	읍면지역
2021		37	53	36	36	25
2022		41	60	40	40	28
	초등학교	37	54	36	36	28
	중학교	44	61	43	43	30
	고등학교	46	70	43	45	28

38

2022년 전년 대비 학생 1인당 사교육비 증가율이 가장 높은 항목을 고르면?

① 전국   ② 서울
③ 광역시   ④ 읍면지역

39

주어진 자료를 바탕으로 옳은 것을 고르면?

① 2021년과 광역시와 중소도시의 학생 1인당 월평균 사교육비는 다르다.
② 2022년 중학생 1인당 월평균 사교육비는 중소도시가 전국 평균보다 높다.
③ 2022년 고등학생의 경우 학생 1인당 월평균 사교육비는 서울과 중소도시가 25만 원 차이가 난다.
④ 2022년 중학생의 경우 광역시와 읍면지역의 학생 1인당 월평균 사교육비의 차이는 15만 원 이상이다.

40

2021년과 2022년 전국 학생 1인당 연평균 사교육비의 차이를 계산하여 고르면?

① 48만 원   ② 52만 원
③ 56만 원   ④ 60만 원

실전 모의고사 1회

I 수리 완료

다음 페이지
II 추리 시작

Ⅱ 추리

40문제 / 20분

[01-05] 주어진 배열 규칙을 보고 빈칸에 들어갈 알맞은 것을 고르시오.

01

2　14　26　38　50　62　(　　)

① 70　　　　　　② 72　　　　　　③ 74　　　　　　④ 76

02

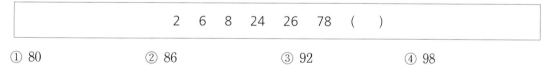

32　40　20　28　14　22　(　　)

① 11　　　　　　② 12　　　　　　③ 13　　　　　　④ 14

03

2　6　8　24　26　78　(　　)

① 80　　　　　　② 86　　　　　　③ 92　　　　　　④ 98

04

2　3　5　7　9　11　(　　)

① 13　　　　　　② 15　　　　　　③ 17　　　　　　④ 21

05

10　7　21　18　54　51　(　　)

① 75　　　　　　② 108　　　　　　③ 134　　　　　　④ 153

[06-10] 주어진 배열 규칙을 보고 빈칸에 들어갈 알맞은 것을 고르시오.

06

| 1   5   13   29   61   125   (   ) |

① 183　　　　② 213　　　　③ 233　　　　④ 253

07

| 1   4   9   16   25   36   (   ) |

① 42　　　　② 49　　　　③ 55　　　　④ 74

08

| 2   4   6   18   21   84   (   ) |

① 88　　　　② 94　　　　③ 180　　　　④ 254

09

| 3   8   18   35   61   98   (   ) |

① 104　　　　② 123　　　　③ 148　　　　④ 167

10

| 234   239   229   244   224   249   (   ) |

① 219　　　　② 227　　　　③ 287　　　　④ 325

[11-15] 주어진 배열 규칙을 보고 빈칸에 들어갈 알맞은 것을 고르시오.

11

B E C G E J ( )

① H   ② K   ③ N   ④ R

12

A B D H J T ( )

① U   ② V   ③ W   ④ Z

13

나 다 마 사 카 파 ( )

① 다   ② 라   ③ 마   ④ 바

14

ㄱ ㄱ ㄴ ㄷ ㅁ ㅇ ( )

① ㅊ   ② ㅋ   ③ ㅌ   ④ ㅍ

15

가 마 사 카 파 다 ( )

① 나   ② 마   ③ 자   ④ 하

[16-20] 주어진 배열 규칙을 보고 빈칸에 들어갈 알맞은 것을 고르시오.

16

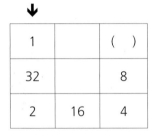

( )		3
73		5
43	23	11

① 98　　② 103
③ 109　　④ 115

17

1		( )
32		8
2	16	4

① 6　　② 8
③ 10　　④ 12

18

( )		15
195		35
143	99	63

① 231　　② 255
③ 289　　④ 312

19

↓

8		( )
13		17
12	16	14

① 3   ② 10
③ 14   ④ 18

20

↓

( )		1
-3	.	0
0	-1	1

① -2   ② -1
③ 0   ④ 1

[21-23] 주어진 명제가 참일 때, 항상 참인 것을 고르시오.

21

- 노랑이면 주황이다.
- 파랑이면 노랑이다.
- 주황이면 초록이 아니다.

① 파랑이면 주황이 아니다.
② 초록이면 파랑이 아니다.
③ 주황이면 노랑이다.
④ 주황이면 파랑이다.

22

- 랩이면 힙팝이 아니다.
- 랩이 아니면 발라드가 아니다.
- 힙팝이 아니면 락이다.

① 발라드이면 락이다.
② 락이 아니면 발라드이다.
③ 락이 아니면 랩이다.
④ 힙팝이 아니면 발라드다.

23

- 사탕을 좋아하지 않으면 엿을 좋아한다.
- 사탕을 좋아하면 설탕을 좋아하지 않는다.
- 탕후루를 좋아하면 설탕을 좋아한다.

① 엿을 좋아하지 않으면 사탕을 좋아하지 않는다.
② 설탕을 좋아하면 엿을 좋아하지 않는다.
③ 탕후루를 좋아하면 엿을 좋아한다.
④ 엿을 좋아하면 탕후루를 좋아한다.

[24-26] 주어진 명제가 참일 때, 각각 문제의 진위를 판별하여 고르시오.

> **명제**
>
> • 수학을 잘하면 영어를 잘한다.
> • 국어를 잘하면 체육을 잘하지 못한다.
> • 영어를 잘하면 체육을 잘한다.
> • 사회를 잘하면 영어를 잘하지 못한다.
> • 사회를 잘하지 못하면 과학을 잘한다.

24

수학을 잘하면 과학을 잘한다.

① 참　　　　　② 거짓　　　　　③ 알 수 없다.

25

영어를 잘하면, 과학을 잘하고 국어를 잘하지 못한다.

① 참　　　　　② 거짓　　　　　③ 알 수 없다.

26

수학을 잘하면 사회를 잘한다.

① 참　　　　　② 거짓　　　　　③ 알 수 없다.

27

A, B, C, D, E 5명이 달리기 시합을 하였다. 주어진 조건을 보고 옳은 것을 고르면?

> **조건**
>
> - A는 E와 C보다 먼저 들어왔다.
> - E는 B와 D보다 먼저 들어왔다.
> - C는 가장 늦게 들어왔다.
> - B는 D보다 먼저 들어왔다.

① E가 2등으로 들어왔다.
② D는 3등으로 들어왔다.
③ D는 2등으로 들어왔다.
④ B는 4등으로 들어왔다.

28

A, B, C, D, E는 같은 5층 건물 각 층에 산다. 주어진 조건을 보고 옳지 않은 것을 고르면?(단, 지하층은 없다.)

> **조건**
>
> - D는 E보다 3층 더 위에 산다.
> - A는 B보다 높은 층에 산다.
> - C는 D보다 높은 층에 산다.

① 5층에는 C가 산다.
② D는 B보다 높은 층에 산다.
③ 3층에는 D가 살지 않는다.
④ E는 2층에 산다.

29

원탁에 A, B, C, D, E, F가 일정한 간격으로 앉아 있다. 주어진 조건을 보고 옳은 것을 고르면?

조건

- A와 F는 마주보고 있고, A의 옆에는 C가 앉지 않았다.
- D의 왼쪽에는 B가 앉아 있다.
- C의 오른쪽에는 E가 앉아 있다.

① E와 B는 마주보고 앉는다.

② B의 옆자리에는 E가 앉는다.

③ A와 C 사이에는 E가 앉는다.

④ D는 F와 떨어져 앉아 있다.

[30-32] A, B, C, D, E, F, G 7명은 달리기 시합을 하였다. 주어진 조건을 보고, 문제의 진위를 판별하여 고르시오.

> **조건**
>
> • B는 A보다 먼저 들어왔고, 이 둘 사이에 누군가 3명이 들어 왔다.
> • E가 들어오고, 그 뒤로 바로 A가 들어오고, 그 뒤로 바로 F가 들어왔다.
> • 가장 마지막에 들어온 사람은 C이다.
> • 같은 순위는 없다.

30

D는 2등을 하였다.

① 참
② 거짓
③ 알 수 없다.

31

G는 3등 안에 들어왔다.

① 참
② 거짓
③ 알 수 없다.

32

B는 1등을 하였다.

① 참
② 거짓
③ 알 수 없다.

[33-36] 새로 입사한 신입직원 A, B, C, D, E, F, G, H 8명이 새 기숙사를 배정받았다. 각자 배정받은 기숙사 숙소에 대한 주어진 조건을 보고 물음에 답하시오.

조건

기숙사 구조(4층)	
401호	402호
301호	302호
201호	202호
101호	102호

- A, B, D는 각각 다른 층에 거주한다.
- A, E는 같은 층에 거주한다.
- B는 C와 같은 층에 거주하지 않는다.
- B는 E보다는 낮은 층에 살고, D보다는 높은 층에 산다.
- G, H는 같은 층에 거주한다.

33

주어진 조건을 보고 항상 옳은 것을 고르면?

① A는 3층 아니면 4층에 산다.
② B는 3층 아니면 4층에 산다.
③ C는 2층 아니면 3층에 산다.
④ D는 1층 아니면 3층에 산다.

34

F가 사는 층으로 가능성이 있는 층을 모두 고르면?

① 1층, 2층
② 2층, 3층
③ 3층, 4층
④ 1층, 4층

35

G가 1층에 살지 않는다면 D는 몇 층에 사는지 고르면?

① 1층
② 2층
③ 3층
④ 4층

36

G가 4층에 살지 않는다면 E는 몇 층에 사는지 고르면?

① 1층
② 2층
③ 3층
④ 4층

[37-40] 새로 입사한 신입직원 A, B, C, D, E 5명이 새로운 1인 1실 기숙사를 배정받았다. 각자 배정받은 기숙사 숙소에 대한 주어진 조건을 보고 진위를 판별하시오.

조건

기숙사 구조(4층)	
401호	402호
301호	302호
201호	202호
101호	102호

- E는 B보다 높은 층에 거주한다.
- A, C, D의 숙소는 끝자리 호수가 같다.
- B, E의 숙소는 끝자리 호수가 같다.
- A와 E는 서로 같은 층에 거주한다.
- B는 C, D보다 높은 층에 거주한다.

37

신입직원 중 3층에 사는 사람은 없다.

① 참   ② 거짓   ③ 알 수 없다.

38

신입직원 중 201호에 사는 사람은 없다.

① 참   ② 거짓   ③ 알 수 없다.

39

신입직원 중 401호에 사는 사람이 있다.

① 참   .   ② 거짓   ③ 알 수 없다.

40

신입직원 중 1층에 사는 사람은 없다.

① 참   ② 거짓   ③ 알 수 없다.

실전 모의고사 1회

Ⅱ 추리 완료

다음 페이지

Ⅲ 지각 시작

III **지각**   40문제 / 10분

[01~03] 주어진 좌우의 문자 배열을 비교하여 같은지, 다른지 판단하여 고르시오.

01

34544354354	34544334354

① 같음   ② 다름

02

#$#%@^^^&$!!	#$#%@^^^&$!!

① 같음   ② 다름

03

ㅅㅈㅅㅈㄷㅅㄷㄱㄹ	ㅅㅈㅅㅈㄷㅅㄷㄱㄹ

① 같음   ② 다름

[04~06] 주어진 좌우의 문자 배열을 보고 서로 다른 것을 고르시오.

04

① 8083102343 - 8083100343
② 48934733994 - 48934733994
③ 8939487872 - 8939487872
④ 10032029373 - 10032029373

05

① ★☆◎◇◆○●◎ - ★☆◎◇◆○●◎
② ☆★☆★○◇●◎ - ☆★☆★○◇●◎
③ ☆○◎◆◇○★☆ - ☆○○◆◇○★☆
④ ○●○◎◇◎●□ - ○●○◎◇◎●□

06

① つじざたぎくぐげ - つじざたぎくぐげ
② あぁかうぇぉこけ - あぁかうぇぉこけ
③ ゆるんゐろらわり - ゆるんゐろらわり
④ しじずぜせでへひ - しじずぜぜでへひ

[07~09] 주어진 배열과 다른 것을 고르시오.

07

435345342454343214

① 435345342454343214
② 435345342444343214
③ 435345342454343214
④ 435345342454343214

08

ጉ3ԵՆ2ጢՁበՆゴ

① ጉ3ԵՆ2ጢՁበՆゴ
② ጉ3ԵՆ2ጢՁበՆゴ
③ ጉ3ԵԵ2ጢՁበՆゴ
④ ጉ3ԵՆ2ጢՁበՆゴ

09

ちぢづってでねすしじち

① ちぢづってでねすしじち
② ちぢづってでねすしじち
③ ちぢづってでねすしじち
④ ちぢづっででねすしじち

[10~12] 왼쪽에 주어진 도형이 몇 번 나오는지 고르시오.

10

3	34983126493624639864

① 4번   ② 5번   ③ 6번   ④ 7번

11

F	ASFASDGHFKLSDAFHGISA

① 2번   ② 3번   ③ 4번   ④ 5번

12

#	#$!#!$^%&^%#$*@$#

① 2번   ② 3번   ③ 4번   ④ 5번

[13~15] 주어진 기준에 따를 때, 숫자와 문자가 속하는 범위를 고르시오.

구분	①	②	③	④
숫자	32,093~54,223	71,344~92,483	12,324~31,234	55,822~70,134
문자	Pr~Ru	Ar~Df	Ea~Hi	Ja~Mt

13

28,776

① ② ③ ④

14

68,877

① ② ③ ④

15

Quiz

① ② ③ ④

[16-18] 주어진 블록을 보고 물음에 답하시오.

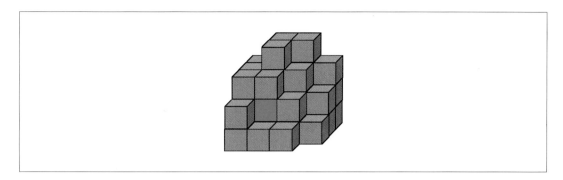

16

블록이 빈틈없이 쌓여져 있을 때 블록의 개수를 고르면?

① 38개   ② 39개   ③ 40개   ④ 41개

17

블록이 빈틈없이 쌓여져 있을 때 3층에 있는 블록 중 다른 블록과 2개의 면이 접촉하는 블록의 수를 고르면?

① 0개   ② 1개   ③ 2개   ④ 3개

18

색칠한 블록과 접하고 있는 블록의 수를 고르면?

① 2개   ② 3개   ③ 4개   ④ 5개

[19-21] 주어진 블록을 보고 물음에 답하시오.

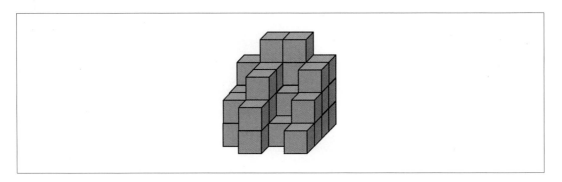

19

블록이 빈틈없이 쌓여져 있을 때 블록의 개수를 고르면?

① 35개   ② 36개   ③ 37개   ④ 38개

20

블록이 빈틈없이 쌓여져 있을 때 3층에 있는 블록 중 다른 블록과 2개의 면이 접촉하는 블록의 수를 고르면?

① 2개   ② 3개   ③ 4개   ④ 5개

21

블록을 더 쌓아 직육면체를 만든다고 할 때, 필요한 최소의 블록 수를 고르면?

① 29개   ② 30개   ③ 31개   ④ 32개

[22-24] 주어진 블록을 보고 물음에 답하시오.

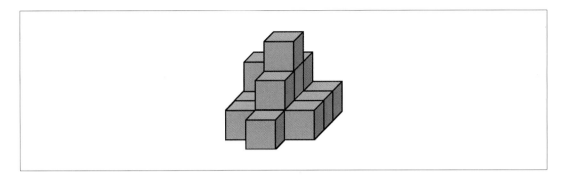

22

블록이 빈틈없이 쌓여져 있을 때 블록의 개수를 고르면?

① 15개　　　　　② 16개　　　　　③ 17개　　　　　④ 18개

23

색칠한 블록과 접하고 있는 블록의 수를 고르면?

① 2개　　　　　② 3개　　　　　③ 4개　　　　　④ 5개

24

블록을 더 쌓아 직육면체를 만든다고 할 때, 필요한 최소의 블록 수를 고르면?

① 21개　　　　　② 22개　　　　　③ 23개　　　　　④ 24개

[25-29] 주어진 도형과 같은 것을 고르시오.(단, 도형은 회전할 수 있다.)

25

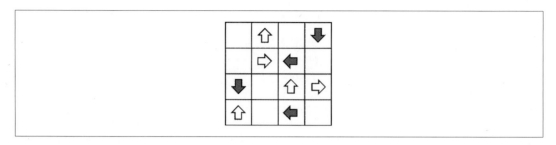

①    ② 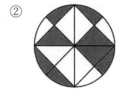   ③    ④

26

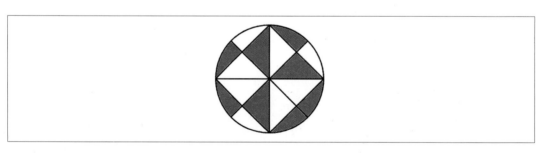

27

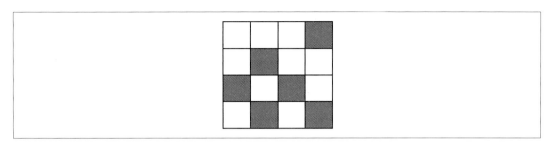

①  ② 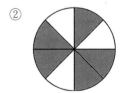 ③ 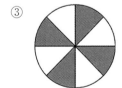 ④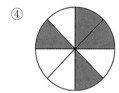

28

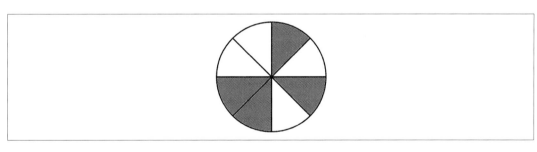

① ② ③ ④

29

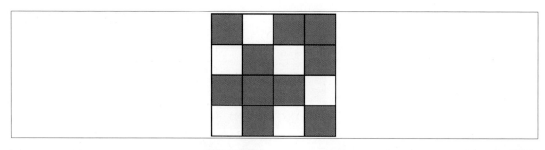

① 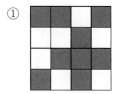 ② 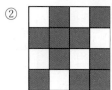 ③ 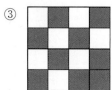 ④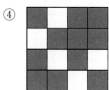

[30-34] 주어진 4개의 도형 중 다른 1개를 고르시오.(단, 도형은 회전할 수 있다.)

30

① 　② 　③ 　④

31

① 　② 　③ 　④

32

① 　② 　③ 　④

33

①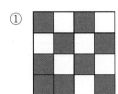
②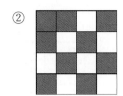
③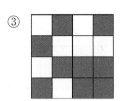
④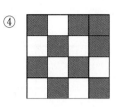

34

①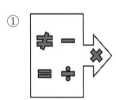
②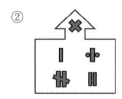
③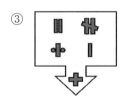
④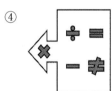

[35~40] 주어진 그림 조각을 알맞게 배열한 것을 고르시오.

35

㉠

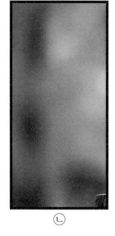

㉡

㉢

㉣

① ㉠ - ㉣ - ㉢ - ㉡

② ㉡ - ㉣ - ㉠ - ㉢

③ ㉢ - ㉣ - ㉠ - ㉡

④ ㉣ - ㉠ - ㉡ - ㉢

36

ㄱ　　　　　ㄴ　　　　　ㄷ　　　　　ㄹ

① ㄱ - ㄷ - ㄹ - ㄴ　　　② ㄴ - ㄹ - ㄱ - ㄷ
③ ㄷ - ㄱ - ㄴ - ㄹ　　　④ ㄹ - ㄱ - ㄷ - ㄴ

37

ㄱ　　　　　ㄴ　　　　　ㄷ　　　　　ㄹ

① ㄱ - ㄷ - ㄴ - ㄹ　　　② ㄴ - ㄹ - ㄱ - ㄷ
③ ㄷ - ㄱ - ㄴ - ㄹ　　　④ ㄹ - ㄴ - ㄱ - ㄷ

38

ㄱ   ㄴ   ㄷ   ㄹ

① ㄱ - ㄴ - ㄷ - ㄹ   ② ㄴ - ㄱ - ㄷ - ㄹ

③ ㄷ - ㄹ - ㄴ - ㄱ   ④ ㄹ - ㄷ - ㄴ - ㄱ

39

   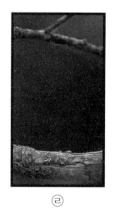

ㄱ   ㄴ   ㄷ   ㄹ

① ㄱ - ㄷ - ㄹ - ㄴ   ② ㄴ - ㄹ - ㄷ - ㄱ

③ ㄷ - ㄹ - ㄱ - ㄴ   ④ ㄹ - ㄱ - ㄷ - ㄴ

40

⊙

ⓛ

ⓒ

ⓔ

① ㉠ - ㉣ - ㉢ - ㉡

② ㉡ - ㉣ - ㉢ - ㉠

③ ㉢ - ㉠ - ㉣ - ㉡

④ ㉣ - ㉠ - ㉢ - ㉡

실전 모의고사 1회 완료

수고하셨습니다.

■ 시험구성

영역	유형	문항	총 문항	시간
Ⅰ 수리	사칙연산	20문제	40문제	15분
	응용계산	10문제		
	자료해석	10문제		
Ⅱ 추리	수/문자추리	20문제	40문제	20분
	언어추리	20문제		
Ⅲ 지각	사무지각	15문제	40문제	10분
	공간지각	25문제		

실전과 같은 마음으로 시각을 정확히 준수하여 학습하시기 바랍니다.

- 수리(15분)　　시작 _____시 _____분　~　종료 _____시 _____분
- 추리(20분)　　시작 _____시 _____분　~　종료 _____시 _____분
- 지각(10분)　　시작 _____시 _____분　~　종료 _____시 _____분

다음 페이지부터 시작!

I   수리

40문제 / 15분

[01-10] 주어진 식을 계산하여 알맞은 것을 고르시오.

01

$$312 + 188 + 353$$

① 793　　　　② 813　　　　③ 833　　　　④ 853

02

$$323 - 234 + 346$$

① 435　　　　② 440　　　　③ 445　　　　④ 450

03

$$791 - 134 - 424$$

① 224　　　　② 233　　　　③ 246　　　　④ 259

04

$$13 \times 3 + 5 \times 21$$

① 144　　　　② 149　　　　③ 154　　　　④ 159

05

$$50 \times 3 \div (34 - 9)$$

① 6　　　　② 7　　　　③ 8　　　　④ 9

06

$$(1.2 + 1.5) \times 3$$

① 8.1   ② 8.4   ③ 9.1   ④ 9.4

07

$$1.5 \div 0.5 \times 1.2$$

① 3.2   ② 3.6   ③ 4.2   ④ 4.6

08

$$\frac{3}{10} \div \frac{2}{5} + \frac{2}{3} \times \frac{9}{4}$$

① $\frac{3}{4}$ ② $\frac{9}{2}$ ③ $\frac{9}{4}$ ④ $\frac{11}{2}$

09

$$123 - 12 \times \frac{7}{2}$$

① 71   ② 81   ③ 91   ④ 101

10

$$(2^3 + 3^2) \times 3$$

① 36   ② 41   ③ 46   ④ 51

[11-13] 주어진 A와 B를 비교하여 알맞은 것을 고르시오.

11

A	$\dfrac{3}{11}$
B	$\dfrac{5}{17}$

① A > B   ② A < B   ③ A = B   ④ 알 수 없다.

12

A	$3\dfrac{2}{3}$
B	$\dfrac{24}{7}$

① A > B   ② A < B   ③ A = B   ④ 알 수 없다.

13

A	$\dfrac{2}{\sqrt{5}}$
B	$\dfrac{3}{2\sqrt{2}}$

① A > B   ② A < B   ③ A = B   ④ 알 수 없다.

[14-16] 주어진 연산 규칙을 보고, 규칙에 맞도록 계산한 것을 고르시오.

연산 규칙	$A \diamond B = (A - B) \times 2$
	$A \odot B = A + 2B$

14

$15 \diamond 7$

① 13　　　　　② 14　　　　　③ 15　　　　　④ 16

15

$12 \odot 6$

① 21　　　　　② 22　　　　　③ 23　　　　　④ 24

16

$(5 \odot 3) \diamond 4$

① 13　　　　　② 14　　　　　③ 15　　　　　④ 16

17

250의 3할 5푼을 고르면?

① 87.5   ② 88   ③ 88.5   ④ 89

18

150의 8할 2푼을 고르면?

① 121   ② 122   ③ 123   ④ 124

19

30m의 2할 5푼을 고르면?

① 7.5m   ② 8.5m   ③ 9.5m   ④ 10.5m

20

어느 야구 선수가 15타수 6안타를 기록 중이다. 이때 이 타자의 타율은?

① 3할 5푼   ② 3할 7푼 5리
③ 4할   ④ 4할 2푼 5리

21

8%의 소금물 300g을 가열하여 10%의 소금물을 만들려고 한다. 1분에 15g씩 물이 증발한다면 몇 분 동안 가열해야 하는지 알맞은 것을 고르면?

① 4분   ② 5분   ③ 6분   ④ 7분

22

서로 마주 보며 달려오는 기차 A, B가 터널에 동시에 진입하여 5분 후에 만났다. 터널의 길이는 60km이고, 기차 A의 속력은 300km/h이며, 기차 B의 길이가 3km일 때, 기차 B가 처음 터널에 들어가서 완전히 통과하는 데에 걸리는 시간을 고르면?

① 7분   ② 8분   ③ 9분   ④ 10분

23

원가가 7,500원인 옷을 판매하여 원가의 45%의 이익을 얻고 싶을 때 알맞은 정가를 고르면?

① 10,875원   ② 10,925원   ③ 11,075원   ④ 11,225원

24

가로 120cm, 세로 150cm인 큰 종이가 있다. 이 종이를 남김없이 오려서 정사각형을 만들려고 한다. 이때 가능한 큰 정사각형을 만들고자 할 때 정사각형을 몇 개 만들 수 있는지 고르면?

① 15개   ② 18개   ③ 20개   ④ 24개

25

현재 아버지의 나이는 45세이고, 아들의 나이는 13세이다. 아버지의 나이가 아들 나이의 3배가 되는 때는 몇 년 후인지 고르면?

① 3년   ② 4년   ③ 5년   ④ 6년

26

호수 A로 큰 물통을 채울 때, 완전히 채워지기까지 6시간이 걸리고, 호수 B로 큰 물통을 채울 때, 완전히 채워지기까지 12시간이 걸린다. 만약 두 호수를 동시에 사용하면 큰 물통을 완전히 채울 때까지 얼마가 걸리는지 고르면?

① 3시간   ② 4시간   ③ 5시간   ④ 6시간

27

1,600L의 기름이 들어있는 통 A와 1,300L의 기름이 들어있는 통 B가 있다. 그런데 A는 0.5L/s씩, B는 0.2L/s씩 기름이 새고 있을 때 A에 들어있는 기름이 B에 들어있는 기름의 50%가 되는 데 걸리는 시간을 고르면?

① 2,175초   ② 2,225초   ③ 2,375초   ④ 2,425초

28

연속하는 네 개의 자연수가 있다. 이들을 모두 더한 수가 98일 때 가장 작은 수를 고르면?

① 23   ② 24   ③ 25   ④ 26

29

숫자 1~5까지 중 세 가지 숫자를 한 번만 사용해서 만들 수 있는 세 자리 수는 몇 개인지 고르면?

① 24가지   ② 32가지   ③ 48가지   ④ 60가지

30

오늘 서울에 비가 올 확률은 $\frac{1}{5}$이고, 부산에 비가 올 확률은 $\frac{1}{4}$이다. 이때 오늘 서울과 부산에 모두 비가 오지 않을 확률을 고르면?

① $\frac{1}{3}$ ② $\frac{2}{5}$ ③ $\frac{3}{5}$ ④ $\frac{3}{7}$

[31-32] 주어진 자료를 보고 물음에 답하시오.

[표] 우리나라 임금근로자 월급 소득구간별 분포   (단위: 만 원, %)

구분	85 미만	85~150	150~250	250~350	350~450	450~550	550~650	650~800	800~1,000	1,000 이상
2020년	13.9	10.2	27.9	17.1	10.0	6.6	4.6	4.6	2.6	2.6
2021년	13.8	9.7	26.3	17.8	10.3	6.8	4.7	4.7	2.9	3.1

31

2021년 우리나라 임금근로자가 2,000만 명이라고 가정하면 연봉 4,000만 원인 사람의 소득구간에 속하는 사람의 수를 계산하여 고르면?

① 342만 명
② 356만 명
③ 362만 명
④ 374만 명

32

주어진 자료를 바탕으로 옳지 않은 것을 고르면?

① 2020년 월소득 '800만 원 이상'인 사람의 비율은 5%가 넘는다.
② 2021년 월소득 '150만 원 미만'인 사람의 비율은 20%가 넘는다.
③ 2020년 소득 구간별 비중이 네 번째로 높은 구간은 '350만 원 이상~450만 원 미만'이다.
④ 월소득 '450만 원 이상~550만 원 미만'인 사람의 비율은 2020년보다 2021년이 더 높다.

[33-35] 주어진 자료를 보고 물음에 답하시오.

[표] 우리나라 전체 취업자 종사상 지위별 비중

(단위: 천 명, %)

구분	계	비중	임금근로자			비임금근로자
				상용	임시·일용	
2019	27,509	100.0	75.4	52.5	22.9	24.6
2020	27,088	100.0	75.5	53.4	22.1	24.5
2021	27,741	100.0	76.1	54.3	21.8	23.9

33

2019년부터 2021년까지 3년간 우리나라 평균 전체 취업자의 수를 계산하여 고르면?

① 26,042,000명
② 27,446,000명
③ 28,165,000명
④ 29,562,000명

34

주어진 자료를 바탕으로 옳은 것을 고르면?

① 전체 취업자 수는 2019년이 가장 적다.
② 2021년 비임금근로자의 수는 임시일용직 근로자의 수보다 많다.
③ 임시일용직 근로자의 수는 2020년이 2019년보다 많다.
④ 상용직 근로자와 임시일용직 근로자의 비율 차이는 항상 30% 이상 난다.

35

2020년 우리나라 비임금근로자의 수를 계산하여 고르면?(단, 소수점 첫째 자리에서 반올림한다.)

① 6,637,000명
② 6,832,000명
③ 7,047,000명
④ 7,252,000명

[36-37] 주어진 자료를 보고 물음에 답하시오.

[그래프] 남성 과학기술연구개발 인력 승진 현황 (단위: 명)

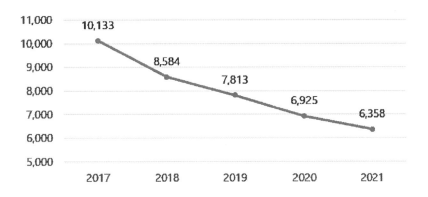

36

주어진 자료를 바탕으로 옳지 않은 것을 고르면?

① 그래프를 보면 2017년과 2021년 승진자의 차이는 4,000명 이상이다.
② 그래프를 보면 2018년과 2020년 승진자의 차이는 1,500명 이상이다.
③ 그래프를 보면 2019년과 2021년 승진자의 차이는 1,500명 이하이다.
④ 그래프를 보면 2017년과 2018년 승진자의 차이는 1,500명 이상이다.

37

2017년 대비 2021년 남성 인력 승진자는 몇 % 감소했는지 계산하여 고르면?(단, 소수점 첫째 자리에서 반올림한다.)

① 31%   ② 34%   ③ 37%   ④ 40%

[38-40] 주어진 자료를 보고 물음에 답하시오.

[표] 2020 성별, 연령별 경제활동상태별 1인 가구

(단위: 천 가구)

구분	남자			여자		
	계	일함	일하지 않음	계	일함	일하지 않음
계	3,304	2,354	950	3,339	1,756	1,583
29세 이하	686	453	233	657	457	200
30~39세	715	637	77	401	339	62
40~49세	572	490	82	332	258	74
50~59세	595	456	138	445	302	143
60~69세	451	249	202	588	256	332
70세 이상	286	68	218	917	145	772

38

자료에서 일하는 남자 1인 가구의 비율이 가장 높은 연령대를 고르면?

① 29세 이하　　　② 30~39세　　　③ 40~49세　　　④ 50~59세

39

주어진 자료를 바탕으로 옳은 것을 고르면?

① 여자 1인 가구가 남자 1인 가구보다 일하는 비율이 높다.
② 70세 이상 1인 가구는 남자가 여자보다 많다.
③ 남자 1인 가구가 세 번째로 많은 연령은 50~59세이다.
④ 여자 1인 가구가 두 번째로 적은 연령은 50~59세이다.

40

남자 70세 이상 1인 가구의 일하는 비율을 계산하여 고르면?(단, 소수점 첫째 자리에서 반올림한다.)

① 20%　　　　　　　　② 22%
③ 24%　　　　　　　　④ 26%

실전 모의고사 2회

I 수리 완료

다음 페이지
II 추리 시작

II 추리

40문제 / 20분

[01-05] 주어진 배열 규칙을 보고 빈칸에 들어갈 알맞은 것을 고르시오.

01

| 1   4   9   16   25   36   (   ) |

① 45　　　　　　② 49　　　　　　③ 55　　　　　④ 61

02

| 128   64   32   16   8   4   (   ) |

① 3　　　　　　② 2　　　　　　③ 0　　　　　④ -1

03

| 3   9   36   108   432   1,296   (   ) |

① 2,452　　　　② 3,542　　　　③ 3,888　　　④ 5,184

04

| 5   15   20   60   80   240   (   ) |

① 300　　　　　② 320　　　　　③ 340　　　　④ 360

05

| 4,200   2,100   1,860   930   690   345   (   ) |

① 245　　　　　② 186　　　　　③ 105　　　　④ 55

[06-10] 주어진 배열 규칙을 보고 빈칸에 들어갈 알맞은 것을 고르시오.

06

1 3 7 15 31 63 (   )

① 67   ② 87   ③ 107   ④ 127

07

1 3 6 9 18 22 (   )

① 26   ② 34   ③ 44   ④ 56

08

15 5 30 10 60 20 (   )

① 40   ② 60   ③ 80   ④ 120

09

4 8 9.5 19 20.5 41 (   )

① 42.5   ② 82   ③ 123   ④ 164

10

20 14 28 23 46 42 (   )

① 36   ② 56   ③ 74   ④ 84

[11-15] 주어진 배열 규칙을 보고 빈칸에 들어갈 알맞은 것을 고르시오.

11

C D F I M R ( )

① S   ② U   ③ W   ④ X

12

B D G N Q H ( )

① H   ② K   ③ O   ④ V

13

T Q R O P M ( )

① I   ② J   ③ N   ④ R

14

아 자 사 차 바 카 ( )

① 타   ② 아   ③ 마   ④ 사

15

다 사 라 자 바 타 ( )

① 바   ② 사   ③ 아   ④ 자

[16-20] 주어진 배열 규칙을 보고 빈칸에 들어갈 알맞은 것을 고르시오.

16

↓

( )		4
34		6
22	14	9

① 39   ② 45
③ 51   ④ 63

17

↓

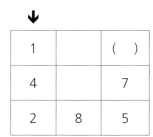

1		( )
4		7
2	8	5

① 1   ② 3
③ 7   ④ 11

18

↓

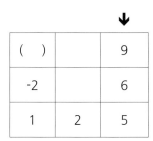

( )		9
-2		6
1	2	5

① -3   ② -1
③ 0   ④ 2

19

11		( )
9		11
12	10	13

① 11   ② 14
③ 17   ④ 21

20

( )		1
8		1
5	3	2

① 9   ② 11
③ 13   ④ 15

[21-23] 주어진 명제가 참일 때, 항상 참인 것을 고르시오.

21

> • 신맛을 좋아하면 독서를 좋아한다.
> • 신맛을 좋아하지 않으면 향을 좋아하지 않는다.
> • 양초를 좋아하면 향을 좋아한다.

① 향을 좋아하면 독서를 좋아하지 않는다.
② 양초를 좋아하면 독서를 좋아한다.
③ 독서를 좋아하지 않으면 향을 좋아한다.
④ 신맛을 좋아하면 향을 좋아한다.

22

> • 고양이를 무서워하면 호랑이를 무서워하지 않는다.
> • 사자를 무서워하면 호랑이를 무서워한다.
> • 고양이를 무서워하지 않으면 강아지를 무서워한다.

① 호랑이를 무서워하면 강아지를 무서워하지 않는다.
② 고양이를 무서워하지 않으면 사자를 무서워한다.
③ 호랑이를 무서워하면 사자를 무서워한다.
④ 사자를 무서워하면 강아지를 무서워한다.

23

> • 코스모스를 좋아하지 않으면 국화를 좋아한다.
> • 장미를 좋아하면 코스모스를 좋아하지 않는다.
> • 민들레를 좋아하면 국화를 좋아하지 않는다.

① 장미를 좋아하면 민들레를 좋아한다.
② 장미를 좋아하면 국화를 좋아하지 않는다.
③ 민들레를 좋아하면 장미를 좋아하지 않는다.
④ 민들레를 좋아하면 코스모스를 좋아하지 않는다.

[24-26] 주어진 명제가 참일 때, 각각 문제의 진위를 판별하여 고르시오.

> 명제
>
> • 참치를 잡으면 고등어를 잡는다.
> • 꽁치를 잡으면 대구를 잡지 못한다.
> • 꽁치를 잡지 못하면 고등어를 잡지 못한다.
> • 정어리를 잡으면 대구를 잡는다.

24

대구를 잡으면 참치를 잡지 못한다.

① 참
② 거짓
③ 알 수 없다.

25

참치를 잡으면 정어리를 잡는다.

① 참
② 거짓
③ 알 수 없다.

26

정어리를 잡지 못하면 고등어를 잡는다.

① 참
② 거짓
③ 알 수 없다.

27

A, B, C, D, E는 테마파크에서 활쏘기 시합을 하였다. 주어진 조건을 보고 옳지 않은 것을 고르면?

> **조건**
>
> • A는 C보다 점수가 높았고, 둘의 점수 사이에는 누군가 한 명이 있다.
> • E는 B보다 점수가 높고, 3번째로 높은 점수를 얻었다.
> • 동점자는 없다.

① A는 최소한 2등 안에 든다.

② D는 1등을 하지 못했다.

③ C는 가장 점수가 낮지 않다.

④ E는 D보다 점수가 낮다.

28

친구인 A, B, C, D, E는 같은 5층 건물에 산다. 주어진 조건을 보고 옳지 않은 것을 고르면?(단, 지하층은 없다.)

> **조건**
>
> • C는 B보다 두 층 위에 살고 그 사이 층은 친구 중 아무도 살지 않는다.
> • A는 D의 바로 위층에 살고, D의 층에는 C가 산다.
> • 친구 중 아무도 살지 않는 층의 2층 아래에는 E가 산다.

① A는 가장 높은 층에 살지 않는다.

② 3층에는 친구 중 아무도 살지 않는다.

③ B는 2층에 산다.

④ E는 가장 아래층에 산다.

29

6개의 의자가 일정한 간격으로 배치된 원탁에 A, B, C, D, E가 앉아 있다. 주어진 조건을 보고 옳은 것을 고르면?

조건

• B의 맞은 편에는 빈의자가 있고 빈의자의 오른쪽 자리에는 A가 앉아 있다.
• C의 맞은 편에는 D가 앉아 있고, D의 오른쪽 자리에는 B가 앉아 있다.

① B의 옆에는 C가 앉는다.
② E는 A의 맞은편에 앉는다.
③ A의 옆에는 C가 앉는다.
④ B와 A 사이에는 E가 앉는다.

[30-32] A, B, C, D, E, F, G, H 8명은 같은 아파트에 살고 각각 다른 집에 산다. 주어진 조건을 보고, 문제의 진위를 판별하여 고르시오.

조건

[아파트 구조]		
4층	401	402
3층	301	302
2층	201	202
1층	101	102

- A와 D, E는 끝자리 호수가 같고, A는 D와 C보다 높은 층에 산다.
- G는 402호에 살고 그 아래층에는 D가 산다.
- C는 H와 같은 층에 살고 아래층에는 E가 산다.

30

B는 2층에 살고 있지 않다.

① 참
② 거짓
③ 알 수 없다.

31

C의 집의 끝자리 숫자는 2이다.

① 참
② 거짓
③ 알 수 없다.

32

E는 2층에 산다.

① 참
② 거짓
③ 알 수 없다.

삼성직무적성검사 GSAT 5급 고졸채용

[33-36] 2023년 아시안컵 축구 대회에서 한국, 호주, 일본, 이란, 카타르, 사우디아라비아 축구팀은 1위부터 6위를 차지했다. 이 대회의 순위에 대한 조건을 보고 문제의 진위를 판별하시오.(단, 축구 대회는 동일 순위가 존재하지 않는다.)

조건

- 호주는 이란보다 좋은 성적을 거두었다.
- 일본과 이란의 순위 차이는 3이다.
- 카타르와 사우디아라비아의 순위는 바로 붙어 있다.
- 이란은 카타르보다 순위가 앞서 있다.
- 일본은 우승하지 못했다.
- 한국과 카타르는 준결승에 올랐다.

33

한국은 1등을 하였다.

① 참   ② 거짓   ③ 알 수 없다.

34

호주는 1등을 하였다.

① 참   ② 거짓   ③ 알 수 없다.

35

이란은 3등을 하였다.

① 참   ② 거짓   ③ 알 수 없다.

36

사우디아라비아는 4등을 하였다.

① 참   ② 거짓   ③ 알 수 없다.

[37-40] 연간 평가를 위해 부서장 면담을 진행하고자 직원 A~F 총 6명이 미팅룸 앞에 대기하고 있다. 먼저 온 순서대로 원탁에 12시 방향을 시작으로 시계 방향으로 하여 일정한 간격으로 모두 앉았다. 주어진 조건을 보고 진위를 판별하시오.

조건

- C와 F는 마주보고 앉아 있다.
- A는 3번째로 도착하였다.
- C와 E는 연달아 도착하였다.
- B와 F는 이웃하여 앉지 않았다.
- D는 E보다 먼저 도착하였다.

37

A와 C 사이에 앉는 사람은 B이다.

① 참 　　　　　 ② 거짓 　　　　　 ③ 알 수 없다.

38

A와 D 사이에 앉는 사람은 F이다.

① 참 　　　　　 ② 거짓 　　　　　 ③ 알 수 없다.

39

C와 D 사이에 앉는 사람은 E이다.

① 참 　　　　　 ② 거짓 　　　　　 ③ 알 수 없다.

40

B와 E 사이에 앉는 사람은 A이다.

① 참 　　　　　 ② 거짓 　　　　　 ③ 알 수 없다.

실전 모의고사 2회

‖추리 완료

다음 페이지

‖‖지각 시작

III 지각   40문제 / 10분

[01-03] 주어진 좌우의 문자 배열을 비교하여 같은지, 다른지 판단하여 고르시오.

01

EWRTRETDFSGF	EWRTRETDFSGF

① 같음   ② 다름

02

■△▽▼→↔★○◎＝▲	■△▽▼→↔★◎◎＝▲

① 같음   ② 다름

03

◀▶♠♥♧♣▶▷▥▧▥▩♤	◀▶♠♥♧♣▶◁▥▧▨▩♤

① 같음   ② 다름

[04-06] 주어진 좌우의 문자 배열을 보고 서로 다른 것을 고르시오.

04

① ▼▽■△★●◎○ - ▼▽■△★●◎○   ② ▽▲■◎◇○● - ▽▲■◎◎○○●

③ ★☆◇◎●○□◇ - ★☆◇◎●○□◇   ④ ▼▽■■●○○◎ - ▼▽■■●○○◎

05

① В С Т Ф Х Ц Ч Ш Щ И - В С Т Ф Х Ц Ч Ш Щ И

② з й к л в Т б р с т - з й к л в Т б р с т

③ Ф д Х Т Д Г Б Р Т в - Ф д Х Т Д Г Г Р Т в

④ З Ц Х Ф Т Р П Т б в - З Ц Х Ф Т Р П Т б в

06

① 土士十匸イ儿入冂 - 土士十匸イ儿入冂

② 舌臼羊冗至自行衣 - 舌臼羊冗至自行衣

③ 阜門阝里釆酉邑谷 - 阜門阝里釆酉邑谷

④ 日曰月斤木无方牛 - 日曰月斤木月方牛

[07-09] 주어진 배열과 같은 것을 고르시오.

07

チビヒナクネサカクヌ

① チビヒナサネサカクヌ

② チビヒナナネサカクヌ

③ チビヒナクネサカカヌ

④ チビヒナクネサカクヌ

08

★☆●◎◆◇◎●▼▽△■

① ★☆●◎◆◆◎●▼▽△■

② ★☆●◎◎◇◎●▼▽△■

③ ★☆●◎◆◇◎●▼▽△■

④ ★☆●◎◆◇◎●▽▽△■

09

サザタチギアワラルビヒ

① サザタチギワワラルビヒ

② サザタチギアワラルビヒ

③ サザタチギアワラチビヒ

④ ザザタチギアワラルビヒ

[10-12] 왼쪽에 주어진 도형이 몇 번 나오는지 고르시오.

10

フ	テ デ フ ウ ビ ッ フ ペ ナ ブ コ ヂ ピ

① 1번   ② 2번   ③ 3번   ④ 4번

11

IV	V VI VII IV IX IV III X IV XI V VI IV

① 1번   ② 2번   ③ 3번   ④ 4번

12

€	£ € ¥ € ¢ ₧ Å € € ₥ £ F

① 2번   ② 3번   ③ 4번   ④ 5번

[13-15] 주어진 기준에 따를 때, 숫자와 문자가 속하는 범위를 고르시오.

구분	①	②	③	④
숫자	19,324~34,564	35,343~56,324	57,343~78,444	79,323~96,223
문자	간~단	락~반	앗~참	칵~팍

13

55,737

①   ②   ③   ④

14

83,222

①   ②   ③   ④

15

자두

①   ②   ③   ④

[16-18] 주어진 블록을 보고 물음에 답하시오.

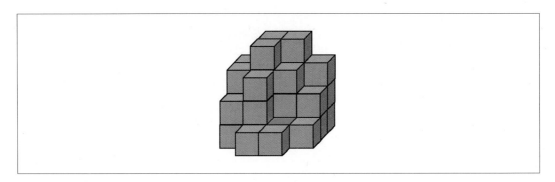

16

블록이 빈틈없이 쌓여져 있을 때 블록의 개수를 고르면?

① 33개 　　　　② 34개 　　　　③ 35개 　　　　④ 36개

17

블록이 빈틈없이 쌓여져 있을 때 3층에 있는 블록 중 다른 블록과 2개의 면이 접촉하는 블록의 수를 고르면?

① 0개 　　　　② 1개 　　　　③ 2개 　　　　④ 3개

18

색칠한 블록과 접하고 있는 블록의 수를 고르면?

① 2개 　　　　② 3개 　　　　③ 4개 　　　　④ 5개

[19-21] 주어진 블록을 보고 물음에 답하시오.

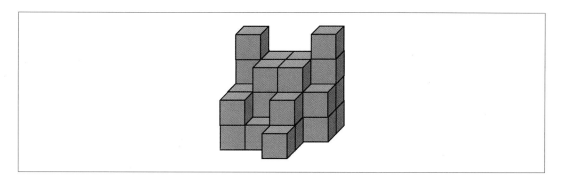

19

블록이 빈틈없이 쌓여져 있을 때 블록의 개수를 고르면?

① 30개   ② 31개   ③ 32개   ④ 33개

20

블록이 빈틈없이 쌓여져 있을 때 3층에 있는 블록 중 다른 블록과 2개의 면이 접촉하는 블록의 수를 고르면?

① 0개   ② 1개   ③ 2개   ④ 3개

21

블록을 더 쌓아 직육면체를 만든다고 할 때, 필요한 최소의 블록 수를 고르면?

① 32개   ② 33개   ③ 34개   ④ 35개

[22-24] 주어진 블록을 보고 물음에 답하시오.

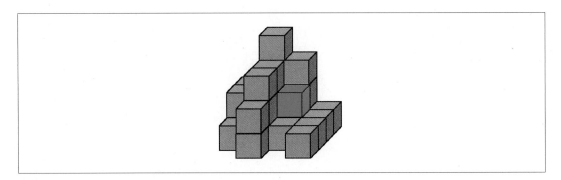

22

블록이 빈틈없이 쌓여져 있을 때 블록의 개수를 고르면?

① 26개   ② 27개   ③ 28개   ④ 29개

23

색칠한 블록과 접하고 있는 블록의 수를 고르면?

① 2개   ② 3개   ③ 4개   ④ 5개

24

블록을 더 쌓아 직육면체를 만든다고 할 때, 필요한 최소의 블록 수를 고르면?

① 34개   ② 35개   ③ 36개   ④ 37개

[25-29] 주어진 도형과 같은 것을 고르시오.(단, 도형은 회전할 수 있다.)

25

①   ②   ③   ④

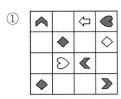 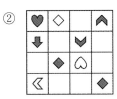 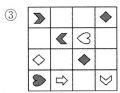

26

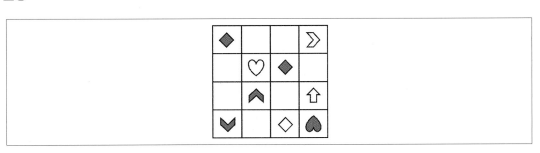

27

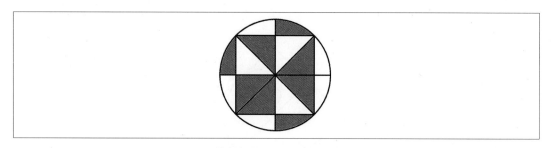

① 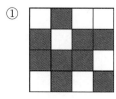 ② 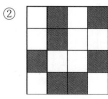 ③ 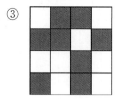 ④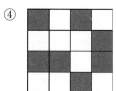

28

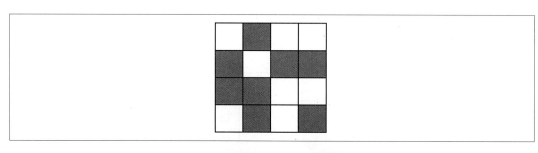

29

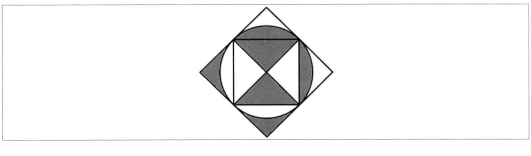

①  ②  ③  ④

[30-34] 주어진 4개의 도형 중 다른 1개를 고르시오.(단, 도형은 회전할 수 있다.)

30

①    ②    ③   ④

31

①    ② 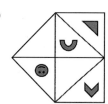   ③ 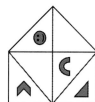   ④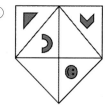

32

①    ②    ③   ④

33

① 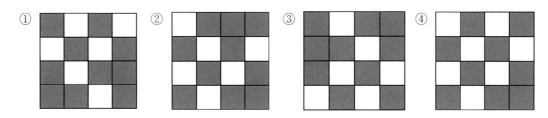 ② ③ ④

34

① 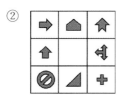 ② 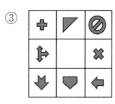 ③ ④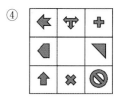

[35-40] 주어진 그림 조각을 알맞게 배열한 것을 고르시오.

35

ㄱ   ㄴ   ㄷ   ㄹ

① ㄱ - ㄹ - ㄷ - ㄴ   ② ㄴ - ㄹ - ㄷ - ㄱ

③ ㄷ - ㄴ - ㄹ - ㄱ   ④ ㄹ - ㄱ - ㄴ - ㄷ

36

ㄱ   ㄴ   ㄷ   ㄹ

① ㄱ - ㄹ - ㄷ - ㄴ   ② ㄴ - ㄱ - ㄷ - ㄹ

③ ㄷ - ㄴ - ㄱ - ㄹ   ④ ㄹ - ㄱ - ㄷ - ㄴ

37

㉠ ㉡ ㉢ ㉣

① ㉠ - ㉣ - ㉢ - ㉡
③ ㉢ - ㉡ - ㉣ - ㉠
② ㉡ - ㉢ - ㉣ - ㉠
④ ㉣ - ㉠ - ㉢ - ㉡

38

㉠ ㉡ ㉢ ㉣

① ㉠ - ㉡ - ㉣ - ㉢
③ ㉢ - ㉣ - ㉡ - ㉠
② ㉡ - ㉠ - ㉣ - ㉢
④ ㉣ - ㉢ - ㉡ - ㉠

39

① ㉠ - ㉢ - ㉢ - ㉡
② ㉡ - ㉠ - ㉢ - ㉢
③ ㉢ - ㉡ - ㉠ - ㉢
④ ㉢ - ㉢ - ㉡ - ㉠

40

① ㉠ - ㉢ - ㉡ - ㉢
② ㉡ - ㉢ - ㉢ - ㉠
③ ㉢ - ㉠ - ㉢ - ㉡
④ ㉢ - ㉡ - ㉢ - ㉠

실전 모의고사 2회 완료

수고하셨습니다.

■ 시험구성

영역	유형	문항	총 문항	시간
Ⅰ 수리	사칙연산	20문제	40문제	15분
	응용계산	10문제		
	자료해석	10문제		
Ⅱ 추리	수/문자추리	20문제	40문제	20분
	언어추리	20문제		
Ⅲ 지각	사무지각	15문제	40문제	10분
	공간지각	25문제		

실전과 같은 마음으로 시각을 정확히 준수하여 학습하시기 바랍니다.

- 수리(15분)   시작 _____시 _____분   ~   종료 _____시 _____분
- 추리(20분)   시작 _____시 _____분   ~   종료 _____시 _____분
- 지각(10분)   시작 _____시 _____분   ~   종료 _____시 _____분

다음 페이지부터 시작!

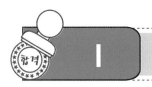

수리

40문제 / 15분

[01-10] 주어진 식을 계산하여 알맞은 것을 고르시오.

01

$$211 + 181 + 390$$

① 762　　　　　② 772　　　　　③ 782　　　　　④ 792

02

$$722 - 517 + 202$$

① 407　　　　　② 412　　　　　③ 417　　　　　④ 422

03

$$919 - 244 - 409$$

① 236　　　　　② 246　　　　　③ 256　　　　　④ 266

04

$$(5 + 7) \div 4 \times 15$$

① 45　　　　　② 50　　　　　③ 55　　　　　④ 60

05

$$(8 \div 2 + 6) \times 12$$

① 90　　　　　② 100　　　　　③ 110　　　　　④ 120

06

$$2.5 \times 3 + 4.4$$

① 11.9   ② 12.4   ③ 12.9   ④ 13.4

07

$$(3.7 - 2.2) \div 3$$

① 0.5   ② 1   ③ 1.5   ④ 2

08

$$\frac{15}{6} \times \frac{2}{3} - \frac{2}{3} \div \frac{1}{2}$$

① $\frac{1}{3}$ ② $\frac{2}{3}$ ③ $\frac{4}{3}$ ④ $\frac{5}{3}$

09

$$5 + 12 \div \frac{4}{3}$$

① 8   ② 10   ③ 12   ④ 14

10

$$4^2 - 3^3 + 2^4$$

① 5   ② 7   ③ 9   ④ 11

[11-13] 주어진 A와 B를 비교하여 알맞은 것을 고르시오.

11

A	$\dfrac{9}{4}$
B	$\dfrac{25}{11}$

① A > B   ② A < B   ③ A = B   ④ 알 수 없다.

12

A	$\dfrac{7}{11}$
B	0.6

① A > B   ② A < B   ③ A = B   ④ 알 수 없다.

13

A	$\sqrt{2}$
B	$\dfrac{3\sqrt{2}}{4}$

① A > B   ② A < B   ③ A = B   ④ 알 수 없다.

[14-16] 주어진 연산 규칙을 보고, 규칙에 맞도록 계산한 것을 고르시오.

연산 규칙	$A \diamondsuit B = \dfrac{A}{2} + 2B$
	$A \odot B = 4A - B$

14

24 ◇ 3

① 15   ② 16   ③ 17   ④ 18

15

12 ◎ 6

① 42   ② 43   ③ 44   ④ 45

16

(6 ◇ 1) ◎ 2

① 15   ② 16   ③ 17   ④ 18

17

500의 7할 7푼 2리를 고르면?

① 368   ② 375   ③ 386   ④ 394

18

320의 2푼 5리를 고르면?

① 8   ② 15   ③ 65   ④ 125

19

12L의 4할 2푼 5리를 고르면?

① 5L   ② 5.1L   ③ 5.2L   ④ 5.3L

20

어느 야구 선수가 8타수 1안타를 기록 중이다. 이때 이 타자의 타율은?

① 1할 2푼 5리   ② 1할 5푼   ③ 1할 7푼 5리   ④ 2할

21

10%의 설탕물 350g과 5%의 설탕물을 섞은 후, 50g의 설탕물을 증발시켰더니 9%의 설탕물이 만들어졌다. 이때 5% 설탕물의 양은 얼마인지 고르면?

① 200g   ② 250g   ③ 300g   ④ 350g

22

서울을 출발하여 부산으로 가는 시속 80km/h인 기차가 있다. 일정한 속력으로 중간 경유지인 대구에 도착하였다. 대구에서 부산까지 남은 거리가 120km일 때, 예정시간보다 30분 일찍 부산에 도착하려면 대구에서부터 부산까지의 기차 속력은 얼마가 되어야 하는지 고르면?

① 100km   ② 120km   ③ 140km   ④ 160km

23

원가에 40%의 이익을 붙여 정가를 정한 다음 500원을 할인하여 판매하려고 한다. 이익이 20% 이상이려면 원가는 최소 얼마 이상이어야 하는가?

① 2,500원　　　　② 3,000원　　　　③ 3,500원　　　　④ 4,000원

24

두 톱니바퀴 A, B가 서로 맞물려 돌고 있다. A의 톱니는 18개, B의 톱니는 24개다. 이 두 톱니바퀴가 같은 톱니에서 처음으로 다시 맞물릴 때, 톱니바퀴 B는 몇 번 돈 것인가?

① 3번　　　　② 4번　　　　③ 5번　　　　④ 6번

25

현재 어머니와 아들의 나이의 합이 55세이고, 16년 후 어머니의 나이는 아들 나이의 2배가 된다면 현재 아들의 나이를 고르면?

① 10살   ② 11살   ③ 12살   ④ 13살

26

호수 A로 큰 물통을 채울 때, 완전히 채워지기까지 6시간이 걸린다. 호수 B는 큰 물통을 채울 때, 완전히 채워지기까지 9시간이 걸린다. 완전히 비운 이 물통에 먼저 호수 A로 4시간을 채운 후, 호수 B로 나머지 양을 완전히 채울 때, 호수 B가 물을 채운 시간을 고르면?

① 2시간   ② 3시간   ③ 4시간   ④ 5시간

27

현재 똑같이 정각 6시를 가리키고 있는 A, B 두 개의 시계가 있는데, A시계는 한 시간에 1초씩 빨라지고 B시계는 한 시간에 1.5초씩 느려진다. 이 두 개의 시계가 가리키는 시간이 처음으로 다시 같아지는 것은 며칠 후인지 고르면?

① 660일 ② 680일 ③ 700일 ④ 720일

28

태경이는 자신을 포함한 같은 반 친구들과 사탕을 나눠 먹으려고 한다. 그런데 2개씩 나누면 6개가 남고, 3개씩 나누면 9개가 모자란다. 이때 사탕의 개수에서 나눠 먹은 사람의 수를 뺀 값을 고르면?

① 15 ② 18 ③ 21 ④ 24

29

남자 3명과 여자 2명이 한 줄로 설 때, 여자끼리 서로 이웃하지 않는 경우의 수를 고르면?

① 36가지   ② 42가지   ③ 58가지   ④ 72가지

30

어느 공장의 A기계의 생산률은 60%, B기계의 생산률은 40%이다. 한편 A기계의 불량률은 10%, B기계의 불량률은 5%라고 한다면, 생산된 불량품이 A기계의 생산품일 확률은 얼마인가?

① $\dfrac{1}{4}$ ② $\dfrac{1}{2}$ ③ $\dfrac{3}{4}$ ④ $\dfrac{3}{5}$

[31-32] 주어진 자료를 보고 물음에 답하시오.

[표] 2015, 2020 주택종류별 빈집 현황 (단위: 천 호, %)

구분	2015년	2020년
계	1,070	1,500
구성비	100.0	100.0
단독주택	24.4	22.5
아파트	53.4	55.0
연립주택	5.2	5.0
다세대주택	15.5	16.0
비거주용 건물 내 주택	1.5	1.5

31

2020년 빈집 중 아파트의 수를 계산하여 고르면?

① 775,000호　　　② 800,000호　　　③ 825,000호　　　④ 850,000호

32

주어진 자료를 바탕으로 옳지 않은 것을 고르면?

① 빈 아파트의 수는 2015년에 비해 2020년 더 증가했다.
② 2020년 빈 연립주택의 수는 50,000호가 넘는다.
③ 주택 종류별 빈집 항목에서 3번째로 많은 것은 다세대주택이다.
④ 2015년 대비 2020년 빈집의 수는 500,000호 이상 증가하였다.

[33-35] 주어진 자료를 보고 물음에 답하시오.

[표] 우리나라 기업규모별 무역액

(단위: 억 불)

구분		수출			수입		
		2020	2021	2022	2020	2021	2022
전체		5,110	6,435	6,820	4,600	6,060	7,235
	대기업	3,210	4,195	4,447	2,603	3,555	4,545
	중견기업	930	1,110	1,240	780	1,020	1,133
	중소기업	970	1,130	1,133	1,217	1,485	1,557

*무역수지 = 수출액 − 수입액

33

무역수지 적자를 기록한 해의 적자액을 계산하여 고르면?

① 415억 불   ② 425억 불   ③ 435억 불   ④ 445억 불

34

주어진 자료를 바탕으로 옳은 것을 고르면?

① 2021년 대기업은 무역 적자였다.
② 2020년 중소기업은 무역 흑자였다.
③ 수출액은 중소기업이 중견기업보다 항상 높다.
④ 수입액은 중소기업이 중견기업보다 항상 높다.

35

2020년~2022년 우리나라 전체 기업 수입액의 연간 평균을 계산하여 고르면?

① 5,860억 불   ② 5,965억 불   ③ 6,165억 불   ④ 6,260억 불

[36-37] 주어진 자료를 보고 물음에 답하시오.

[표] 2021~2022 우리나라 1인당 연간 보건지출비 (단위: 천 원, %)

항목	금액			
	'21	구성비	'22	구성비
합계	233	100.0	231	100.0
의약품	63	27.0	62	26.8
의료용소모품	9	3.9	9	3.9
외래의료서비스	73	31.3	75	32.5
치과서비스	37	15.9	37	16.0
입원서비스	38	16.3	35	15.2
기타	13	5.6	13	5.6

36

2021년 우리나라 월간 평균 의약품 및 의료용소모품비의 합을 계산하여 고르면?

① 6,000원
③ 10,000원
② 8,000원
④ 12,000원

37

주어진 자료를 바탕으로 옳은 것을 고르면?

① 2021년과 2022년 보건지출비 중 입원서비스 비중은 15%가 넘지 않는다.
② 2021년과 2022년 보건지출비 중 치과서비스 비중은 같다.
③ 2021년 대비 2022년 외래의료서비스 지출은 2만 원 증가했다.
④ 2022년 외래의료서비스 지출은 월 평균 6,000원을 넘는다.

[38-40] 주어진 자료를 보고 물음에 답하시오.

[표] 2023년 4월~8월 3국 고용률과 실업률

(단위: %)

구분		4월	5월	6월	7월	8월
한국	고용률	69.0	69.9	69.9	69.6	69.6
	실업률	2.8	2.7	2.7	2.7	1.9
미국	고용률	72.0	72.0	72.4	72.4	72.1
	실업률	3.1	3.4	3.8	3.8	3.9
일본	고용률	78.9	78.8	79.2	79.1	79.1
	실업률	2.7	2.7	2.6	2.6	2.6

38

한국과 일본의 고용률 차이가 가장 큰 달을 계산하여 고르면?

① 4월   ② 5월   ③ 6월   ④ 7월

39

주어진 자료를 바탕으로 옳지 않은 것을 고르면?

① 일본의 실업률이 2.6% 이하인 달은 모두 고용률이 79% 이상이다.
② 미국의 고용률이 72% 이하인 달은 모두 실업률이 3.5% 이하이다.
③ 한국의 실업률이 가장 낮은 달은 고용률이 가장 높다.
④ 한국의 실업률이 2.7%인 달의 고용률 평균은 69.8%이다.

40

2023년 4월~8월 일본의 평균 고용률을 계산하여 고르면?(단, 소수점 첫째 자리에서 반올림한다.)

① 78%   ② 79%   ③ 80%   ④ 81%

실전 모의고사 3회

Ⅰ 수리 완료

다음 페이지

Ⅱ 추리 시작

II　추리　　　　　　　　　40문제 / 20분

[01-05] 주어진 배열 규칙을 보고 빈칸에 들어갈 알맞은 것을 고르시오.

01

3　36　56　672　692　8,304　（ 　 ）

① 8,324　　　　　② 10,024　　　　　③ 16,582　　　　　④ 28,052

02

4　8　24　12　24　72　（ 　 ）

① 24　　　　　② 30　　　　　③ 36　　　　　④ 42

03

20　32　24　28　40　32　（ 　 ）

① 36　　　　　② 40　　　　　③ 44　　　　　④ 48

04

1　2　3　5　8　13　（ 　 ）

① 15　　　　　② 18　　　　　③ 21　　　　　④ 25

05

2　3　6　18　108　1,944　（ 　 ）

① 2,512　　　　　② 20,250　　　　　③ 100,300　　　　　④ 209,952

[06-10] 주어진 배열 규칙을 보고 빈칸에 들어갈 알맞은 것을 고르시오.

06

2 16 23 138 143 572 ( )

① 575　　　　　② 588　　　　　③ 1,144　　　　④ 2,288

07

3 15 35 63 99 143 ( )

① 165　　　　　② 195　　　　　③ 215　　　　　④ 245

08

1 32 2 16 4 8 ( )

① 8　　　　　　② 16　　　　　③ 24　　　　　　④ 40

09

5 5 6.5 13 15.5 46.5 ( )

① 50　　　　　② 55.5　　　　③ 95.5　　　　④ 133.5

10

15 20 19 23 21 24 ( )

① 18　　　　　② 21　　　　　③ 24　　　　　④ 27

[11-15] 주어진 배열 규칙을 보고 빈칸에 들어갈 알맞은 것을 고르시오.

11

	E	H	F	I	G	J	( )	

① H   ② J   ③ L   ④ N

12

	B	F	C	H	E	K	( )	

① F   ② H   ③ K   ④ N

13

	J	P	K	O	L	N	( )	

① D   ② J   ③ M   ④ Q

14

	가	라	나	라	사	마	( )	

① 차   ② 카   ③ 타   ④ 파

15

	나	마	라	사	바	자	( )	

① 나   ② 라   ③ 바   ④ 아

[16-20] 주어진 배열 규칙을 보고 빈칸에 들어갈 알맞은 것을 고르시오.

16

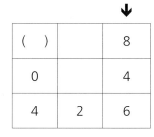

2		( )
3		107
9	25	56

① 124   ② 144

③ 169   ④ 183

17

( )		8
0		4
4	2	6

① 2   ② 4

③ 6   ④ 8

18

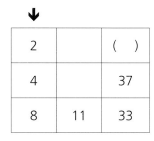

2		( )
4		37
8	11	33

① 29   ② 57

③ 108   ④ 148

19

↓

5		( )
10		35
10	15	30

① 40 ② 60

③ 88 ④ 105

20

↓

( )		4
34		6
22	14	9

① 34 ② 42

③ 51 ④ 60

[21-23] 주어진 명제가 참일 때, 항상 참인 것을 고르시오.

21

- 핸드폰을 가지고 있으면 카메라를 가지고 있지 않다.
- 이어폰을 가지고 있지 않으면 카메라를 가지고 있다.
- 이어폰을 가지고 있으면 테블릿을 가지고 있다.

① 핸드폰을 가지고 있으면 테블릿을 가지고 있다.
② 카메라를 가지고 있으면 테블릿을 가지고 있다.
③ 카메라를 가지고 있지 않으면 테블릿을 가지고 있지 않다.
④ 테블릿을 가지고 있으면 핸드폰을 가지고 있다.

22

- 3월을 좋아하면 1월을 좋아한다.
- 3월을 좋아하지 않으면 2월을 좋아한다.
- 8월을 좋아하면 1월을 좋아하지 않는다.

① 8월을 좋아하면 2월을 좋아한다.
② 1월을 좋아하면 2월을 좋아한다.
③ 2월을 좋아하면 1월을 좋아하지 않는다.
④ 3월을 좋아하지 않으면 8월을 좋아한다.

23

- 홍콩에 있지 않다면 중국에 있다.
- 한국에 있다면 일본에 있지 않다.
- 일본에 있지 않다면 중국에 있지 않다.

① 한국에 있다면 홍콩에 있지 않다.
② 한국에 있다면 중국에 있다.
③ 홍콩에 있지 않다면 한국에 있지 않다.
④ 일본에 있지 않다면 홍콩에 있지 않다.

[24-26] 주어진 명제가 참일 때, 각각 문제의 진위를 판별하여 고르시오.

<table>
<tr><td>명제</td></tr>
</table>

- 육상을 좋아하지 않으면 수영을 좋아한다.
- 야구를 좋아하면 축구를 좋아하지 않는다.
- 농구를 좋아하지 않으면 배구를 좋아하지 않는다.
- 배구를 좋아하면 수영을 좋아하지 않는다.
- 축구를 좋아하지 않으면 배구를 좋아한다.

24

야구를 좋아하면 농구를 좋아하지 않는다.

① 참
② 거짓
③ 알 수 없다.

25

배구를 좋아하면 야구를 좋아한다.

① 참
② 거짓
③ 알 수 없다.

26

축구를 좋아하지 않으면 육상을 좋아한다.

① 참
② 거짓
③ 알 수 없다.

27

A, B, C, D, E는 테마파크에서 레이싱 시합을 하였다. 주어진 조건을 보고 옳지 않은 것을 고르면?

조건

- B는 A와 C보다는 늦게 들어왔지만 꼴찌는 아니다.
- E는 4번째로 들어왔다.
- A 앞에는 누군가 먼저 들어온 사람이 있다.

① D는 1등으로 들어왔다.
② B는 3등이다.
③ E는 D보다 먼저 들어왔다.
④ C는 A보다 먼저 들어왔다.

28

A, B, C, D, E는 같은 6층 건물 각각 다른 층에 산다. 주어진 조건을 보고 옳지 않은 것을 고르면?(단, 지하층은 없다.)

조건

- A, B, C는 각각 다른 짝수층에 살고, A가 가장 높은 층에 산다.
- C의 바로 아래층에는 아무도 살지 않는다.
- D는 A의 바로 아래층에 살고, 바로 아래층에는 B가 산다.

① A는 6층에 산다.
② D는 4층에 살지 않는다.
③ E는 3층에 산다.
④ 아무도 살지 않는 층은 3층이다.

29

원탁에 A, B, C, D 어른 4명 E, F 어린이 2명이 총 6명이 일정한 간격으로 앉아 있다. 주어진 조건을 보고 옳은 것을 고르면?

- A의 맞은 편에는 C가 앉아 있고, C의 오른쪽에는 그녀의 아들인 E가 앉아 있다.
- 아이들끼리는 같이 붙어서 앉아 있다.
- B의 오른쪽에는 D가 앉아 있다.

① D와 C는 붙어서 앉아 있다.

② A와 D 사이에는 F가 앉아 있다.

③ F와 B는 마주보고 앉아 있다.

④ D와 E는 마주보고 앉아 있다.

[30-32] A, B, C, D, E, F, G 7명은 멀리던지기 시합을 하였고 각각 순위는 다르다. 주어진 조건을 보고, 각각 문제의 진위를 판별하여 고르시오.

조건

- A는 3등을 하였고, B와는 순위 차이가 2이다.
- D는 B보다 순위가 높고, F와 G보다는 순위가 낮다.
- C가 꼴등이면 G는 1등이 아니고, E가 꼴등이면 F는 1등이 아니다.

30

F는 1등이다.

① 참
② 거짓
③ 알 수 없다.

31

C는 꼴등을 하였다.

① 참
② 거짓
③ 알 수 없다.

32

D는 4등을 하였다.

① 참
② 거짓
③ 알 수 없다.

[33-36] 성인 A, B, C, D와 어린이 E, F가 원형 탁자에 일정한 간격으로 둘러앉아 있다. 주어진 조건을 보고 물음에 답하시오.

> **조건**
>
> • B는 아들인 E와 붙어서 앉아 있다.
> • C의 바로 옆자리에는 어린이가 앉아 있지 않다.
> • A와 C는 서로 마주 앉았다.

33

F의 왼쪽에 D가 앉을 때 D의 맞은편에 앉은 사람을 고르면?

① B   ② C   ③ E   ④ F

34

C의 왼쪽에 D가 앉을 때 D의 맞은편에 앉은 사람을 고르면?

① A   ② B   ③ E   ④ F

35

E와 F 사이에 앉은 사람을 고르면?

① A   ② B   ③ C   ④ D

36

C와 F 사이에 앉은 사람을 고르면?

① A   ② B   ③ D   ④ E

[37-40] A~F가 놀이공원에서 놀이기구를 타기 위해 줄을 서고 있다. 주어진 조건을 보고 물음에 답하시오.

조건

- A는 F보다 앞에 서 있다.
- E는 A와 B보다 뒤에 서 있다.
- C와 D 사이에는 누군가 2명이 있다.
- F는 C와 D 중 앞에 서 있는 사람보다 앞에 서 있다.

37

두 번째로 줄을 서고 있는 사람을 고르면?

① A   ② B   ③ C   ④ F

38

D가 가장 마지막에 줄을 서고 있을 때, 세 번째로 줄을 서고 있는 사람을 고르면?

① A   ② B   ③ C   ④ E

39

첫 번째로 줄을 서고 있는 사람을 고르면?

① A   ② C   ③ D   ④ F

40

다섯 번째로 줄을 서고 있는 사람을 고르면?

① B   ② C   ③ D   ④ E

실전 모의고사 3회

II 추리 완료

다음 페이지

III 지각 시작

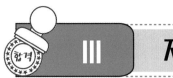

III 지각

40문제 / 10분

[01-03] 주어진 좌우의 문자 배열을 비교하여 같은지, 다른지 판단하여 고르시오.

01

$%#@#$$%%%	$%#@#$#%%%

① 같음   ② 다름

02

343412343324	343412343324

① 같음   ② 다름

03

살하다구니다자부추	살하다구니다자부추

① 같음   ② 다름

[04-06] 주어진 좌우의 문자 배열을 보고 서로 같은 것을 고르시오.

04

① 3243243243 - 3243243343   ② 9983838444 - 9983834444

③ 9499342234 - 9499242234   ④ 8348482881 - 8348482881

05

① $%$%^%$@# - $%$^^%$@#   ② ^$%^&&!!@$ - ^$%^&&!!@$

③ %^%$$%@@ - %^*$$%@@   ④ *$%$%$$^!! - *$%$%%$^!!

06

① EREWDFSAFAD - EREWDESAFAD

② WEQRWEASDDG - WEQRWEASDDG

③ DDFASDEERRY - DDFASDFERRY

④ UUSDFSAAFMM - UUSRFSAAFMM

[07-09] 주어진 배열과 다른 것을 고르시오.

07

38057302223384482

① 38057302123384482

② 38057302223384482

③ 38057302223384482

④ 38057302223384482

08

✵ ❀ ♋ ▽ ◫ ∩ ◉ ✵ ❀ ∩ ♋

① ✵ ❀ ♋ ▽ ◫ ∩ ◉ ✵ ❀ ∩ ♋

② ✵ ❀ ♋ ▽ ◫ ∩ ◉ ✵ ❀ ∩ ♋

③ ✵ ❀ ♋ ▽ ◫ ∩ ◉ ✵ ▽ ∩ ♋

④ ✵ ❀ ♋ ▽ ◫ ∩ ◉ ✵ ❀ ∩ ♋

09

ⓇⓈⓉⓕⓔⓒⓜⓓⓖⓘⓉⓊ

① ⓇⓈⓉⓕⓔⓒⓜⓓⓖⓘⓉⓊ

② ⓇⓈⓉⓕⓔⓖⓜⓓⓖⓘⓉⓊ

③ ⓇⓈⓉⓕⓔⓒⓜⓓⓖⓘⓉⓊ

④ ⓇⓈⓉⓕⓔⓒⓜⓓⓖⓘⓉⓊ

[10-12] 왼쪽에 주어진 도형이 몇 번 나오는지 고르시오.

10

6	3327662363666193322

① 3번   ② 4번   ③ 5번   ④ 6번

11

F	FDIKSAHFFSADLHFDF

① 3번   ② 4번   ③ 5번   ④ 6번

12

●	◎●◤◥◆▶●◖ ◗●◁●

① 2번   ② 3번   ③ 4번   ④ 5번

[13-15] 주어진 기준에 따를 때, 숫자와 문자가 속하는 범위를 고르시오.

구분	①	②	③	④
숫자	67,999~85,330	30,221~45,334	47,833~62,390	19,344~29,334
문자	Au~Dc	Eu~Jy	Ly~Pu	Rc~Ti

13

35,444

①   ②   ③   ④

14

20,442

①   ②   ③   ④

15

City

①   ②   ③   ④

[16-18] 주어진 블록을 보고 물음에 답하시오.

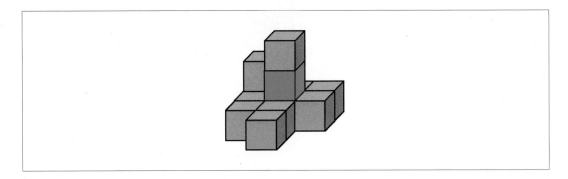

16

블록이 빈틈없이 쌓여져 있을 때 블록의 개수를 고르면?

① 11개   ② 12개   ③ 13개   ④ 14개

17

블록이 빈틈없이 쌓여져 있을 때 다른 블록과 2개의 면이 접촉하는 블록의 수를 고르면?

① 2개   ② 3개   ③ 4개   ④ 5개

18

색칠한 블록과 접하고 있는 블록의 수를 고르면?

① 1개   ② 2개   ③ 3개   ④ 4개

[19-21] 주어진 블록을 보고 물음에 답하시오.

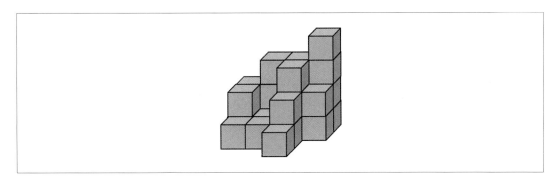

19

블록이 빈틈없이 쌓여져 있을 때 블록의 개수를 고르면?

① 23개　　　② 24개　　　③ 25개　　　④ 26개

20

블록이 빈틈없이 쌓여져 있을 때 2층에 있는 블록 중 다른 블록과 2개의 면이 접촉하는 블록의 수를 고르면?

① 1개　　　② 2개　　　③ 3개　　　④ 4개

21

블록을 더 쌓아 직육면체를 만든다고 할 때, 필요한 최소의 블록 수를 고르면?

① 37개　　　② 38개　　　③ 39개　　　④ 40개

[22-24] 주어진 블록을 보고 물음에 답하시오.

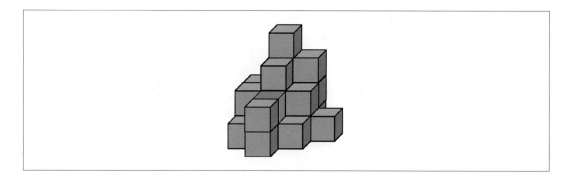

22

블록이 빈틈없이 쌓여져 있을 때 블록의 개수를 고르면?

① 22개   ② 23개   ③ 24개   ④ 25개

23

색칠한 블록과 접하고 있는 블록의 수를 고르면?

① 1개   ② 2개   ③ 3개   ④ 4개

24

블록을 더 쌓아 직육면체를 만든다고 할 때, 필요한 최소의 블록 수를 고르면?

① 38개   ② 39개   ③ 40개   ④ 41개

[25-29] 주어진 도형과 같은 것을 고르시오.(단, 도형은 회전할 수 있다.)

25

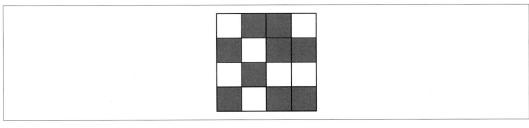

① 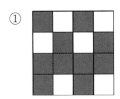 ② 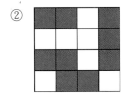 ③ 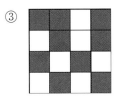 ④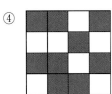

26

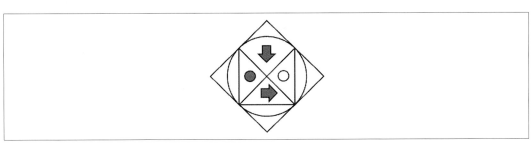

①  ②  ③ 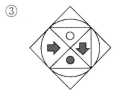 ④

27

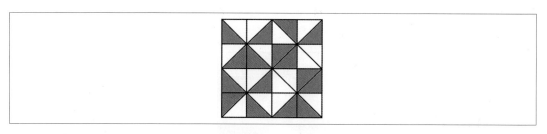

① 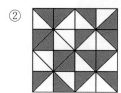　② 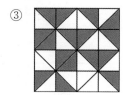　③ 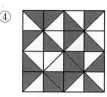　④

28

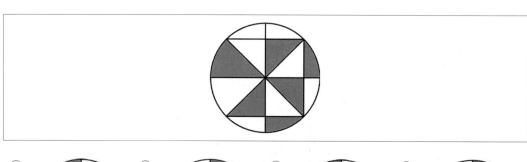

① 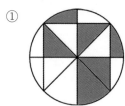　② 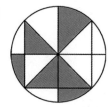　③ 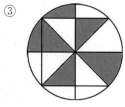　④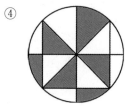

29

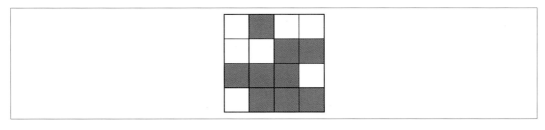

① 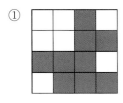　② 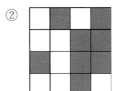　③ 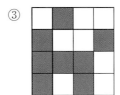　④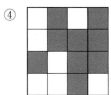

[30-34] 주어진 4개의 도형 중 다른 1개를 고르시오.(단, 도형은 회전할 수 있다.)

30

① 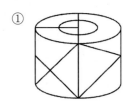   ② 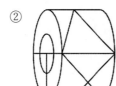   ③ 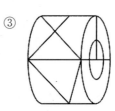   ④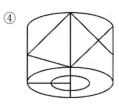

31

①    ②    ③    ④

32

① 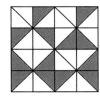   ②   ③ 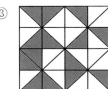   ④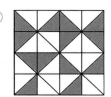

33

① 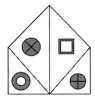   ② 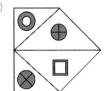   ③ 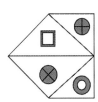   ④

34

① 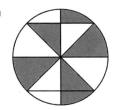   ② 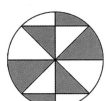   ③ 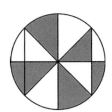   ④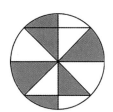

[35-40] 주어진 그림 조각을 알맞게 배열한 것을 고르시오.

35

㉠　　　㉡　　　㉢　　　㉣

① ㉠ - ㉢ - ㉣ - ㉡　　② ㉡ - ㉣ - ㉠ - ㉢
③ ㉢ - ㉠ - ㉣ - ㉡　　④ ㉣ - ㉠ - ㉢ - ㉡

36

㉠　　　㉡　　　㉢　　　㉣

① ㉠ - ㉡ - ㉣ - ㉢　　② ㉡ - ㉠ - ㉣ - ㉢
③ ㉢ - ㉣ - ㉠ - ㉡　　④ ㉣ - ㉢ - ㉡ - ㉠

37

㉠

㉡

㉢

㉣

① ㉠ - ㉣ - ㉡ - ㉢   ② ㉡ - ㉣ - ㉢ - ㉠
③ ㉢ - ㉠ - ㉣ - ㉡   ④ ㉣ - ㉠ - ㉢ - ㉡

38

㉠

㉡

㉢

㉣

① ㉠ - ㉢ - ㉡ - ㉣   ② ㉡ - ㉢ - ㉣ - ㉠
③ ㉢ - ㉡ - ㉠ - ㉣   ④ ㉣ - ㉠ - ㉢ - ㉡

39

⊙

ⓛ

ⓒ

ⓔ

① ⊙ - ⓒ - ⓛ - ⓔ
② ⓛ - ⓒ - ⊙ - ⓔ
③ ⓒ - ⓛ - ⊙ - ⓔ
④ ⓔ - ⓒ - ⓛ - ⊙

40

⊙

ⓛ

ⓒ

ⓔ

① ⊙ - ⓒ - ⓛ - ⓔ
② ⓛ - ⓒ - ⓔ - ⊙
③ ⓒ - ⓛ - ⓔ - ⊙
④ ⓔ - ⓒ - ⓛ - ⊙

실전 모의고사 3회 완료

수고하셨습니다.

■ 시험구성

영역	유형	문항	총 문항	시간
Ⅰ 수리	사칙연산	20문제	40문제	15분
	응용계산	10문제		
	자료해석	10문제		
Ⅱ 추리	수/문자추리	20문제	40문제	20분
	언어추리	20문제		
Ⅲ 지각	사무지각	15문제	40문제	10분
	공간지각	25문제		

실전과 같은 마음으로 시각을 정확히 준수하여 학습하시기 바랍니다.

- 수리(15분)   시작 _____시 _____분   ~   종료 _____시 _____분
- 추리(20분)   시작 _____시 _____분   ~   종료 _____시 _____분
- 지각(10분)   시작 _____시 _____분   ~   종료 _____시 _____분

다음 페이지부터 시작!

수리

[01-10] 주어진 식을 계산하여 알맞은 것을 고르시오.

01

$$419 + 103 + 283$$

① 790　　　　② 795　　　　③ 800　　　　④ 805

02

$$356 - 252 + 421$$

① 520　　　　② 525　　　　③ 530　　　　④ 535

03

$$712 - 134 - 397$$

① 181　　　　② 192　　　　③ 203　　　　④ 214

04

$$120 \div 5 + 4 \times 12$$

① 42　　　　② 52　　　　③ 62　　　　④ 72

05

$$(3 + 6 \div 2) \times 30$$

① 150　　　　② 160　　　　③ 170　　　　④ 180

06

$$5 \times 1.4 + 3.3$$

① 10.3　　　　② 11.3　　　　③ 12.3　　　　④ 13.3

07

$$(2.2 + 5.3) \div 2.5$$

① 2　　　　② 3　　　　③ 4　　　　④ 5

08

$$\frac{4}{7} \times \frac{14}{5} \div \frac{3}{10}$$

① $\frac{11}{3}$　　　　② $\frac{13}{7}$　　　　③ $\frac{16}{3}$　　　　④ $\frac{17}{7}$

09

$$(\frac{7}{2} + 3) \times 5$$

① 29.5　　　　② 32.5　　　　③ 35.5　　　　④ 37.5

10

$$\sqrt{3}^{\,2} \times \sqrt{2}^{\,2} + 3$$

① 9　　　　② 10　　　　③ 11　　　　④ 12

[11-13] 주어진 A와 B를 비교하여 알맞은 것을 고르시오.

11

A	$\dfrac{3}{4}$
B	$\dfrac{36}{41}$

① A > B   ② A < B   ③ A = B   ④ 알 수 없다.

12

A	1.3
B	$\dfrac{9}{7}$

① A > B   ② A < B   ③ A = B   ④ 알 수 없다.

13

A	$3^2 \cdot 5^3$
B	$2^4 \cdot 4^3$

① A > B   ② A < B   ③ A = B   ④ 알 수 없다.

[14-16] 주어진 연산 규칙을 보고, 규칙에 맞도록 계산한 것을 고르시오.

연산 규칙	A ◇ B = 2A ÷ B
	A ◎ B = 3A - 2B

14

13 ◇ 4

① 6.5　　　　② 7　　　　③ 7.5　　　　④ 8

15

14 ◎ 13

① 14　　　　② 15　　　　③ 16　　　　④ 17

16

(4 ◇ 2) ◎ 2

① 5　　　　② 6　　　　③ 7　　　　④ 8

17

380의 7푼 5리를 고르면?

① 28.5   ② 30   ③ 32.5   ④ 35

18

320의 3할 5리를 고르면?

① 86.4   ② 91.5   ③ 94.2   ④ 97.6

19

20kg의 7할 2푼을 고르면?

① 14.2kg   ② 14.4kg   ③ 14.8kg   ④ 15.2kg

20

정가 12,500원 짜리 과자를 편의점에서 4할 할인해서 팔고 있다. 이때 판매가를 고르면?

① 6,000원   ② 6,500원   ③ 7,000원   ④ 7,500원

21

10%의 소금물 140g이 있다. 이 소금물을 16%로 만들기 위해서는 몇 g의 소금을 더 넣어야 하는지 고르면?

① 7g   ② 8g   ③ 9g   ④ 10g

22

상진이는 오전 9시에 서울에서 출발하여 대전까지의 구간 140km를 60km/h로 운전하고, 대전에서 대구까지의 구간 150km는 100km/h로 운전했다. 이때 대구의 도착한 시각을 고르면?

① 11시 50분   ② 12시 20분   ③ 12시 50분   ④ 1시 20분

23

어떤 물건에 25%의 이익을 붙여 정가를 정한 후 600원을 할인하여 판매하였더니 10%의 이익을 봤다. 원가는 얼마인가?

① 3,500원   ② 4,000원   ③ 4,500원   ④ 5,000원

24

가로 9cm, 세로 12cm 타일을 이용하여 가장 작은 정사각형을 만들려고 한다. 필요한 타일의 개수는 몇 개인지 고르면?(단, 타일과 타일 사이는 간격 없이 붙인다.)

① 9개   ② 12개   ③ 15개   ④ 18개

25

A는 4살 어린 여동생이 있다. 8년 전 A의 나이가 여동생 나이의 3배였다면, 현재 A의 나이를 고르면?

① 11살　　　　② 12살　　　　③ 13살　　　　④ 14살

26

A와 B가 같이 일을 할 경우 12일 걸리는 작업이 있다. 그러나 사정상 A가 먼저 6일 동안 혼자서 일하고, 뒤이어 B가 혼자서 13일 동안 일을 하여 작업을 마치게 되었다. 만약 이 작업을 처음부터 B가 혼자서 했다면 며칠이 걸리는지 고르면?

① 14일　　　　② 18일　　　　③ 22일　　　　④ 26일

27

무게의 비가 3 : 2인 두 종류의 배터리가 적재되어 있다. 처음에는 적재된 두 종류의 배터리 무게가 같았으나, 각각 10개씩 뺐더니 그 무게의 비율이 3 : 4가 되었다. 처음에 쌓여있던 두 종류의 배터리를 모두 합한 개수는 얼마인지 고르면?

① 35개   ② 40개   ③ 45개   ④ 50개

28

A는 서울에서 오전 11시에 출발, 홍콩을 경유하여 파리 출장을 간다. 홍콩까지는 2시간 30분이 걸리고 다시 그곳에서 1시간 30분 후에 출발하여 파리에 현지 시간으로 오후 5시에 도착하였다. A가 서울에서 파리에 도착하기까지 걸린 시간은?(단, 파리의 시차는 서울보다 8시간 늦다.)

① 12시간   ② 13시간   ③ 14시간   ④ 15시간

29

서로 다른 수학책 5권과 영어책 3권 중에서 각각 3권, 2권을 구입하여 책꽂이에 붙여서 꽂을 때 수학책끼리 이웃하지 않게 꽂는 방법의 수를 고르면?

① 120가지　　　　② 240가지　　　　③ 360가지　　　　④ 720가지

30

A와 B가 경품행사에 응모하였다. 이때 A가 당첨될 확률은 $\frac{1}{5}$, A와 B 중 한 명이라도 당첨될 확률은 $\frac{7}{15}$ 이다. 이때 B가 당첨될 확률을 고르면?

① $\frac{1}{3}$　　　　② $\frac{2}{3}$　　　　③ $\frac{1}{5}$　　　　④ $\frac{2}{5}$

[31-32] 주어진 자료를 보고 물음에 답하시오.

[표] 2018~2022 우리나라 연간 미혼 부모 수

(단위: 명)

구분	2018년	2019년	2020년	2021년	2022년
미혼모	21,254	20,761	20,572	20,345	20,131
미혼부	7,768	7,082	6,673	6,307	5,889

*(미혼 부모의 수)=(미혼모의 수)+(미혼부의 수)

31

주어진 자료를 바탕으로 옳지 않은 것을 고르면?

① 미혼모와 미혼부의 차이는 매년 감소하고 있다.

② 미혼모의 수는 매년 감소하고 있다.

③ 미혼부의 수는 매년 감소하고 있다.

④ 미혼 부모의 수는 매년 감소하고 있다.

32

2021년과 2022년의 미혼 부모의 수의 평균을 계산하여 고르면?

① 25,936명　　　　② 26,116명　　　　③ 26,336명　　　　④ 26,536명

[33-35] 주어진 자료를 보고 물음에 답하시오.

[표] 2022년 우리나라 조직형태별 사업체 및 종사자 수

(단위: 만 개, 만 명)

구분	사업체 수	종사자 수
전체	614	2,521
개인사업체	484	887
회사법인	93	1,114
회사이외법인	27	437
비법인단체	10	83

33

2022년 우리나라 사업체 당 평균 종사자 수를 계산하여 고르면?(단, 소수점 둘째 자리에서 반올림한다.)

① 4.1명   ② 4.4명   ③ 4.7명   ④ 5.0명

34

주어진 자료를 바탕으로 옳은 것을 고르면?

① 사업체 수에서 회사법인과 비법인단체의 차이는 80만 개 이하이다.
② 개인사업체의 평균 종사자 수는 2명 이상이다.
③ 비법인단체의 평균 종사자 수는 8명 이하이다.
④ 개인사업체의 종사자 수는 회사이외법인 종사자 수의 2배 이상이다.

35

2022년 전체 사업체 중 개인사업체의 비율을 계산하여 고르면?(단, 소수점 둘째 자리에서 반올림한다.)

① 77.4%   ② 78.8%   ③ 79.6%   ④ 80.8%

[36-37] 주어진 자료를 보고 물음에 답하시오.

[표] 우리나라 농가 소득

(단위: 천 원)

구분	2020	2021	2022
합계	45,030	47,760	46,155
농업 소득	11,820	12,960	9,485
농업 외 소득	16,610	17,885	19,205
이전 소득	14,265	14,810	15,245
비경상 소득	2,335	2,105	2,220

36

주어진 자료를 바탕으로 옳지 않은 것을 고르면?

① 이전 소득은 매년 증가했다.

② 2022년 비경상 소득은 전년에 비해 115만 원 늘었다.

③ 전체 중 농업 외 소득의 비중이 항상 가장 높다.

④ 농업 소득이 가장 높은 해의 이전 소득은 1,500만 원을 넘지 못한다.

37

2020년부터 2022년까지 3년간 이전 소득과 비경상 소득의 차의 합을 계산하여 고르면?

① 37,660,000원   ② 37,960,000원   ③ 38,160,000원   ④ 38,360,000원

[38-40] 주어진 자료를 보고 물음에 답하시오.

[표2] 우리나라 유산소 신체활동 실천율 (단위: %)

구분	전체	성별		연령대별					
		남자	여자	19~29	30대	40대	50대	60대	70세↑
2018	44.9	48.7	41.1	63.8	50.7	45.8	37.9	38.7	23.4
2019	45.6	50.3	41.0	62.1	49.2	45.3	41.4	39.3	30.4
2020	44.0	47.1	40.8	57.8	47.1	42.8	39.9	40.5	29.4
2021	44.9	47.4	42.3	61.2	51.0	47.6	40.7	38.7	23.2

38

남자와 여자의 유산소 신체활동 실천율의 차이가 가장 적은 연도를 고르면?

① 2018년　　　　② 2019년　　　　③ 2020년　　　　④ 2021년

39

주어진 자료를 바탕으로 옳지 않은 것을 고르면?

① 60대 신체활동 실천율이 40% 이상인 해의 30대와 50대의 신체활동 실천율의 차이는 7%p 이하이다.

② 남자의 실천율이 50% 이상인 해의 연령별 실천율이 두 번째로 높은 연령은 30대이다.

③ 항상 연령이 어릴수록 실천율이 높은 것은 아니었다.

④ 40대의 실천율이 전체 실천율 평균보다 낮은 해가 있었다.

40

4년간 우리나라 유산소 신체활동 실천율의 평균을 계산하여 고르면?

① 44.65%　　　　② 44.85%　　　　③ 45.05%　　　　④ 45.25%

실전 모의고사 4회

Ⅰ 수리논리 완료

다음 페이지
Ⅱ 추리 시작

Ⅱ 추리

40문제 / 20분

[01-05] 주어진 배열 규칙을 보고 빈칸에 들어갈 알맞은 것을 고르시오.

01

| 3　5　11　21　35　53　(　) |

① 72　　　　② 75　　　　③ 78　　　　④ 81

02

| 3　15　60　180　360　360　(　) |

① 0　　　　② 180　　　　③ 270　　　　④ 720

03

| 2　10　30　150　450　2,250　(　) |

① 2,850　　　② 3,650　　　③ 4,500　　　④ 6,750

04

| 1　1　3　5　9　17　(　) |

① 24　　　　② 28　　　　③ 31　　　　④ 42

05

| 50　250　150　750　650　3,250　(　) |

① 2,750　　　② 3,150　　　③ 3,550　　　④ 4,250

[06-10] 주어진 배열 규칙을 보고 빈칸에 들어갈 알맞은 것을 고르시오.

06

1　2　5　20　25　150　( )

① 157　　　　② 165　　　　③ 180　　　　④ 200

07

20　23　28　35　44　55　( )

① 63　　　　② 68　　　　③ 73　　　　④ 85

08

23　15　16　9　11　5　( )

① 5　　　　② 8　　　　③ 13　　　　④ 16

09

1　2　-6　-24　120　720　( )

① -2,880　　　　② 5,040　　　　③ -5,040　　　　④ 2,880

10

12　13　19　35　66　117　( )

① 127　　　　② 157　　　　③ 177　　　　④ 193

[11-15] 주어진 배열 규칙을 보고 빈칸에 들어갈 알맞은 것을 고르시오.

11

| M O K Q I S ( ) |

① G   ② J   ③ M   ④ P

12

| L P H L F J ( ) |

① C   ② E   ③ K   ④ Z

13

| A B F M W J ( ) |

① G   ② J   ③ Z   ④ A

14

| 다 바 마 아 사 차 ( ) |

① 바   ② 사   ③ 아   ④ 자

15

| 자 라 아 다 바 가 ( ) |

① 가   ② 나   ③ 다   ④ 라

[16-20] 주어진 배열 규칙을 보고 빈칸에 들어갈 알맞은 것을 고르시오.

16

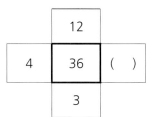

① 9   ② 6

③ 4   ④ 1

17

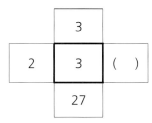

① 4   ② 8

③ 16   ④ 32

18

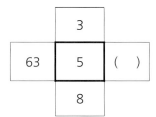

① 23   ② 39

③ 47   ④ 68

19

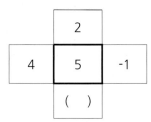

① -3　　　　　　② -1

③ 17　　　　　　④ 23

20

	10	
12	2	( )
	5	

① 1　　　　　　② 6

③ 10　　　　　　④ 15

[21-23] 주어진 명제가 참일 때, 항상 참인 것을 고르시오.

21

> • 4시가 되지 않으면 2시가 된다.
> • 4시가 되면 7시가 된다.
> • 3시가 되면 2시가 되지 않는다.

① 3시가 되면 7시가 되지 않는다.
② 7시가 되면 3시가 된다.
③ 3시가 되면 4시가 되지 않는다.
④ 7시가 되지 않으면 3시가 되지 않는다.

22

> • 서울에 살면 부산에 산다.
> • 전주에 살면 광주에 살지 않는다.
> • 부산에 살면 광주에 산다.

① 서울에 살면 광주에 살지 않는다.
② 광주에 살면 서울에 산다.
③ 서울에 살면 전주에 살지 않는다.
④ 전주에 살지 않으면 서울에 산다.

23

> • 설탕이 달면 소금은 짜지 않다.
> • 고추가 매우면 레몬은 시지 않다.
> • 레몬이 시지 않으면 소금은 짜다.

① 고추가 매우면 설탕은 달지 않다.
② 레몬이 시지 않으면 설탕은 달다.
③ 설탕이 달지 않으면 레몬은 시지 않다.
④ 소금이 짜면 레몬은 시지 않다.

[24-26] 주어진 명제가 참일 때, 각각 문제의 진위를 판별하여 고르시오.

> **명제**
>
> • 파랑을 좋아하면 빨강을 좋아하지 않는다.
> • 노랑을 좋아하지 않으면 초록을 좋아한다.
> • 노랑을 좋아하면 빨강을 좋아한다.
> • 초록을 좋아하면 보라를 좋아한다.

24

파랑을 좋아하면 초록을 좋아한다.

① 참
② 거짓
③ 알 수 없다.

25

빨강을 좋아하지 않으면 보라를 좋아한다.

① 참
② 거짓
③ 알 수 없다.

26

보라를 좋아하면 노랑을 좋아하지 않는다.

① 참
② 거짓
③ 알 수 없다.

27

A, B, C, D, E의 이번 수학 점수는 모두 다르다. 주어진 조건을 보고 옳은 것을 고르면?

조건

- 점수가 80점 이상인 사람은 C, D, E이다.
- 점수가 90점 이상인 사람은 유일하게 D이다.
- 점수가 높은 순서로 나열하면 C의 바로 앞은 E이고, 바로 뒤는 A이다.

① E는 4등이다.
② A는 5등이다.
③ C는 3등이다.
④ B는 2등이다.

28

A, B, C, D, E, F는 같은 5층 건물에 산다. 주어진 조건을 보고 옳은 것을 고르면?(단, 지하층은 없다.)

조건

- 짝수층에 사는 사람은 A와 E이고, 서로 다른 층에 산다.
- A와 E 사이 층에는 C와 D가 산다.
- 가장 아래층에는 F가 살고, 그 위층에는 E가 산다.
- B가 사는 층에는 B만 혼자 산다.

① C는 3층에 산다.
② B는 3층에 산다.
③ B는 1층에 산다.
④ A는 B보다 위층에 산다.

29

8개의 의자가 일정한 간격으로 놓여진 원탁에 A, B, C, D, E, F가 앉아 있다. 주어진 조건을 보고 옳은 것을 고르면?

조건

- A의 맞은 편에는 F가 앉아 있고, F의 왼쪽에는 빈의자가 있다.
- E의 오른쪽에는 빈의자가 있고, 빈의자끼리는 붙어 있다.
- C의 오른쪽에는 D가, 왼쪽에는 B가 앉아 있다.

① E는 A와 떨어져 앉아 있다.

② B의 맞은편에는 빈의자가 있다.

③ E의 맞은편에는 빈의자가 있다.

④ A의 옆에는 D가 앉는다.

[30-32] A, B, C, D, E, F, G, H 8명은 같은 아파트에 살고 각각 다른 집에 산다. 주어진 조건을 보고, 문제의 진위를 판별하여 고르시오.

조건

[아파트 구조]		
4층	401	402
3층	301	302
2층	201	202
1층	101	102

- C, E, F, H의 끝자리 호수는 같다.
- A는 201호에 살고, E와 같은 층에 산다.
- B는 3층에 살고, H와 같은 층에 산다.
- C와 D는 같은 층에 산다.

30

G와 F는 같은 층에 산다.

① 참
② 거짓
③ 알 수 없다.

31

D는 1층에 산다.

① 참
② 거짓
③ 알 수 없다.

32

C가 4층에 살지 않으면 D는 F보다 높은 층에 산다.

① 참
② 거짓
③ 알 수 없다.

[33-36] 새로 창설한 개발팀의 A, B, C, D, E, F 6명의 직원은 각각 경력 연차가 다르다. 주어진 조건을 보고 진위를 판별하시오.

> **조건**
>
> - 개발팀 모두의 경력은 1~6년 사이이다.
> - B는 A보다 2년 경력이 많다.
> - F는 C보다 1년 경력이 많다.
> - A의 경력은 3년이다.

33

C는 경력이 가장 적다.

① 참   ② 거짓   ③ 알 수 없다.

34

D는 경력이 가장 많다.

① 참   ② 거짓   ③ 알 수 없다.

35

F는 B보다 경력이 많다.

① 참   ② 거짓   ③ 알 수 없다.

36

B는 E보다 경력이 적다.

① 참   ② 거짓   ③ 알 수 없다.

[37-40] 배고픈 대인 5명이 1인 1판을 하기 위해 피자집에 왔다. 피자는 기본 재료에 게살, 버섯, 페페로니, 새우 중 1가지씩 추가 토핑을 선택할 수 있었는데 1명 빼고는 모두 다른 재료로 각자 토핑을 추가했다. 주문 후에 5명 중 1명이 자신이 추가한 토핑에 대해 거짓을 말하고 있다. 주어진 대화를 보고 물음에 답하시오.

> **대화**
>
> - A: 토핑 중에서 게살이 가장 비쌀 거 같아서 게살을 추가했어.
> - B: 난 해산물을 좋아해서 게살과 새우 중 끝까지 고민하다가 결국 그 중 하나를 선택했어.
> - C: 나는 그냥 생각하기 싫어서 메뉴판에서 가장 앞에 있는 게살을 추가했어.
> - D: 나는 해산물을 먹지 못해서 다른 걸 토핑으로 추가했어.
> - E: C는 페페로니를 좋아하니? 아까 추가하는 걸 봤어.

37

토핑을 추가하지 않은 사람을 고르면?

① A   ② B
③ D   ④ E

38

거짓말을 한 사람을 고르면?

① A   ② B
③ C   ④ E

39

게살을 토핑으로 추가한 사람을 고르면?

① A   ② B
③ C   ④ D

40

페페로니를 토핑으로 추가한 사람을 고르면?

① A   ② B
③ C   ④ D

실전 모의고사 4회

∥추리 완료

다음 페이지

Ⅲ지각 시작

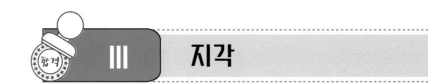

III 지각

40문제 / 10분

[01-03] 주어진 좌우의 문자 배열을 비교하여 같은지, 다른지 판단하여 고르시오.

01

XII VI V IV VI VIII IX IV III II II	XII VI V IV VI VII IX IV III II II

① 같음　　　　　② 다름

02

543542345445	543542345445

① 같음　　　　　② 다름

03

ぢふなざずづつぬびび	ぢふなざずつつぬびび

① 같음　　　　　② 다름

[04-06] 주어진 좌우의 문자 배열을 보고 서로 같은 것을 고르시오.

04

① Ⅵ Ⅶ ⅷ ⅵ Ⅳ ⅲ Ⅲ Ⅱ   -   Ⅵ Ⅶ ⅷ ⅵ Ⅳ ⅲ Ⅲ Ⅱ

② Ⅱ Ⅲ Ⅳ Ⅴ Ⅵ Ⅱ Ⅲ Ⅳ   -   Ⅱ Ⅲ Ⅳ Ⅴ Ⅴ Ⅱ Ⅲ Ⅳ

③ Ⅷ Ⅸ Ⅹ Ⅺ Ⅸ Ⅷ Ⅶ Ⅴ   -   Ⅷ Ⅸ Ⅸ Ⅺ Ⅸ Ⅷ Ⅶ Ⅴ

④ Ⅺ Ⅹ Ⅻ Ⅺ Ⅹ Ⅲ Ⅹ Ⅺ   -   Ⅺ Ⅹ Ⅹ Ⅺ Ⅹ Ⅲ Ⅹ Ⅺ

05

① ○●◎◇■△■▲ - ○●◎◇■△■▲

② ★☆★○◇◎●○ - ★☆★○◇◎●○

③ ◎●◇○◇◆●○ - ◎●◇○◇◆●○

④ ◎☆★○☆◆□◎ - ◎☆☆○☆◆□◎

06

① 4353454354 - 4353454554

② 4541123556 - 4541133556

③ 7734320431 - 7734320431

④ 1289004421 - 1288004421

[07-09] 주어진 배열과 같은 것을 고르시오.

07

5625462546554656

① 5625462346554656　　　　　② 5625442546554656

③ 5625462546534656　　　　　④ 5625462546554656

08

SADFASDFPSADJFPSAF

① SADFASDFFSADJFPSAF　　　② SADFASDFPSADJFPSAF

③ SADEASDFPSADJFPSAF　　　④ SADFASDFPSADJFFSAF

09

づすしちぢひにさぎくつ

① づすしちぢひにさぎくつ　　　② づすしちぢぢにさぎくつ

③ づすすちぢひにさぎくつ　　　④ づすしちぢひにぎぎくつ

[10-12] 왼쪽에 주어진 도형이 몇 번 나오는지 고르시오.

10

0	003240732102603023083

① 4번   ② 5번   ③ 6번   ④ 7번

11

◆	◇◆□◆●◎◆○★◆◆○●◎◆

① 4번   ② 5번   ③ 6번   ④ 7번

12

ね	へねぬつねずねぢじねびね

① 4번   ② 5번   ③ 6번   ④ 7번

[13-15] 주어진 기준에 따를 때, 숫자와 문자가 속하는 범위를 고르시오.

구분	①	②	③	④
숫자	56,334~73,333	12,435~34,567	35,455~52,333	74,222~85,444
문자	난~래	무~삼	약~체	쿠~호

13

32,111

①   ②   ③   ④

14

67,389

①   ②   ③   ④

15

파도

①   ②   ③   ④

[16-18] 주어진 블록을 보고 물음에 답하시오.

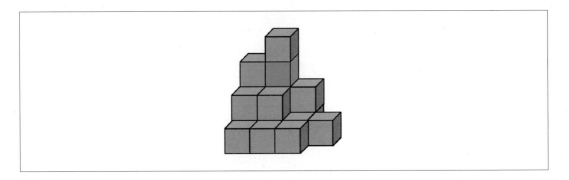

16

블록이 빈틈없이 쌓여져 있을 때 블록의 개수를 고르면?

① 18개   ② 19개   ③ 20개   ④ 21개

17

블록이 빈틈없이 쌓여져 있을 때 다른 블록과 2개의 면이 접촉하는 블록의 수를 고르면?

① 1개   ② 2개   ③ 3개   ④ 4개

18

색칠한 블록과 접하고 있는 블록의 수를 고르면?

① 1개   ② 2개   ③ 3개   ④ 4개

[19-21] 주어진 블록을 보고 물음에 답하시오.

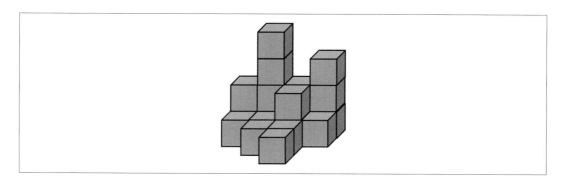

19

블록이 빈틈없이 쌓여져 있을 때 블록의 개수를 고르면?

① 19개   ② 20개   ③ 21개   ④ 22개

20

블록이 빈틈없이 쌓여져 있을 때 다른 블록과 2개의 면이 접촉하는 블록의 수를 고르면?

① 3개   ② 4개   ③ 5개   ④ 6개

21

블록을 더 쌓아 직육면체를 만든다고 할 때, 필요한 최소의 블록 수를 고르면?

① 42개   ② 43개   ③ 44개   ④ 45개

[22-24] 주어진 블록을 보고 물음에 답하시오.

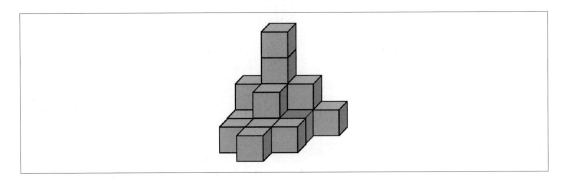

22

블록이 빈틈없이 쌓여져 있을 때 블록의 개수를 고르면?

① 16개　　　　　② 17개　　　　　③ 18개　　　　　④ 19개

23

색칠한 블록과 접하고 있는 블록의 수를 고르면?

① 1개　　　　　② 2개　　　　　③ 3개　　　　　④ 4개

24

블록을 더 쌓아 직육면체를 만든다고 할 때, 필요한 최소의 블록 수를 고르면?

① 44개　　　　　② 45개　　　　　③ 46개　　　　　④ 47개

[25-29] 주어진 도형과 같은 것을 고르시오.(단, 도형은 회전할 수 있다.)

25

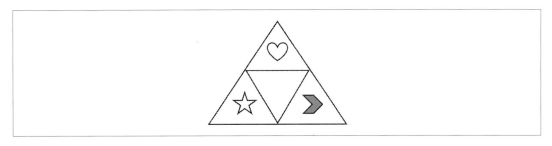

① 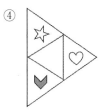 ② ③ ④

26

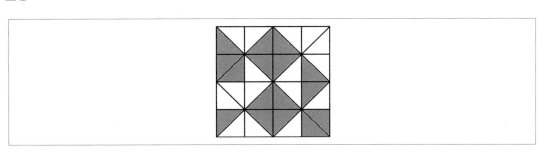

① 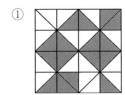 ② 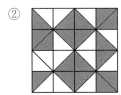 ③ 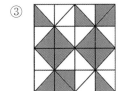 ④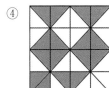

27

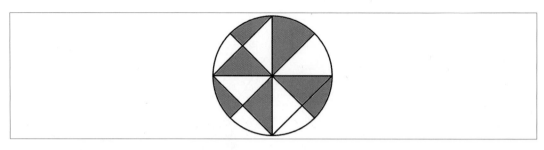

28

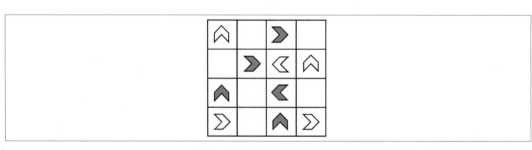

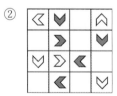

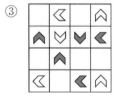

29

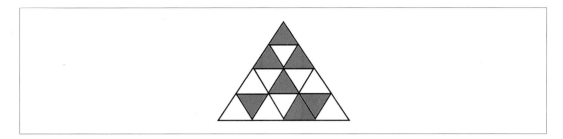

① 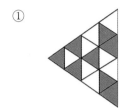   ②    ③ 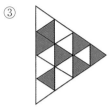   ④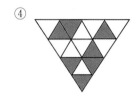

[30-34] 주어진 4개의 도형 중 다른 1개를 고르시오.(단, 도형은 회전할 수 있다.)

30

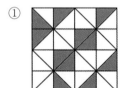

31

32

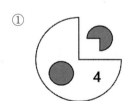 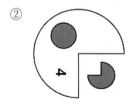 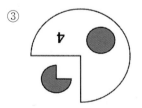 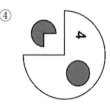

33

① 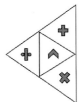 ②  ③  ④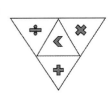

34

① 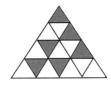 ②  ③ 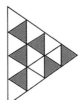 ④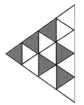

[35-40] 주어진 그림 조각을 알맞게 배열한 것을 고르시오.

35

ⓐ

ⓑ

ⓒ

ⓓ

① ㄱ - ㄷ - ㄹ - ㄴ

③ ㄷ - ㄱ - ㄹ - ㄴ

② ㄴ - ㄱ - ㄷ - ㄹ

④ ㄹ - ㄷ - ㄴ - ㄱ

36

ㄱ

ㄴ

ㄷ

ㄹ

① ㄱ - ㄹ - ㄴ - ㄷ

③ ㄷ - ㄱ - ㄹ - ㄴ

② ㄴ - ㄷ - ㄱ - ㄹ

④ ㄹ - ㄴ - ㄷ - ㄱ

37

㉠

㉡

㉢

㉣

① ㉠ - ㉢ - ㉣ - ㉡
② ㉡ - ㉣ - ㉠ - ㉢
③ ㉢ - ㉠ - ㉣ - ㉡
④ ㉣ - ㉠ - ㉢ - ㉡

38

㉠

㉡

㉢

㉣

① ㉠ - ㉡ - ㉢ - ㉣
② ㉡ - ㉢ - ㉠ - ㉣
③ ㉢ - ㉡ - ㉣ - ㉠
④ ㉣ - ㉠ - ㉢ - ㉡

39

ⓒ ㉠   ⓒ ㉡   ⓒ ㉢   ⓒ ㉣

① ㉠ - ㉣ - ㉢ - ㉡   ② ㉡ - ㉠ - ㉣ - ㉢
③ ㉢ - ㉡ - ㉠ - ㉣   ④ ㉣ - ㉢ - ㉡ - ㉠

40

ⓒ ㉠   ⓒ ㉡   ⓒ ㉢   ⓒ ㉣

① ㉠ - ㉡ - ㉣ - ㉢   ② ㉡ - ㉣ - ㉠ - ㉢
③ ㉢ - ㉠ - ㉡ - ㉣   ④ ㉣ - ㉠ - ㉢ - ㉡

실전 모의고사 4회 완료

수고하셨습니다.

5 실전 모의고사 5회

■ 시험구성

영역	유형	문항	총 문항	시간
I 수리	사칙연산	20문제	40문제	15분
	응용계산	10문제		
	자료해석	10문제		
II 추리	수/문자추리	20문제	40문제	20분
	언어추리	20문제		
III 지각	사무지각	15문제	40문제	10분
	공간지각	25문제		

실전과 같은 마음으로 시각을 정확히 준수하여 학습하시기 바랍니다.

- 수리(15분)   시작 _____시 _____분   ~   종료 _____시 _____분
- 추리(20분)   시작 _____시 _____분   ~   종료 _____시 _____분
- 지각(10분)   시작 _____시 _____분   ~   종료 _____시 _____분

다음 페이지부터 시작!

수리

[01-10] 주어진 식을 계산하여 알맞은 것을 고르시오.

01

$$288 + 233 + 297$$

① 788　　　② 798　　　③ 808　　　④ 818

02

$$342 - 273 + 601$$

① 665　　　② 670　　　③ 675　　　④ 680

03

$$717 - 232 - 112$$

① 363　　　② 373　　　③ 383　　　④ 393

04

$$(44 - 21) \times 5 \div 2$$

① 50　　　② 52.5　　　③ 55　　　④ 57.5

05

$$(3 \times 12 + 2) \div 2$$

① 17　　　② 18　　　③ 19　　　④ 20

06

$$7.5 \div 0.5 \times 8$$

① 98   ② 105   ③ 113   ④ 120

07

$$3.3 \times 5 - 3$$

① 13.5   ② 14.1   ③ 14.4   ④ 14.7

08

$$\frac{5}{9} \div \frac{7}{6} + \frac{3}{10}$$

① $\frac{122}{210}$ ② $\frac{143}{210}$ ③ $\frac{163}{210}$ ④ $\frac{181}{210}$

09

$$(5 - \frac{4}{3}) \times 6$$

① 16   ② 18   ③ 20   ④ 22

10

$$\frac{\sqrt{4}^2}{3} \times \sqrt{5}^2$$

① $\frac{20}{3}$ ② $\frac{19}{6}$ ③ $\frac{11}{2}$ ④ $\frac{21}{5}$

[11-13] 주어진 A와 B를 비교하여 알맞은 것을 고르시오.

11

A	$\dfrac{1}{6}$
B	$\dfrac{3}{17}$

① A > B   ② A < B   ③ A = B   ④ 알 수 없다.

12

A	$\dfrac{7}{4}$
B	1.6

① A > B   ② A < B   ③ A = B   ④ 알 수 없다.

13

A	$\dfrac{5^3}{2^2}$
B	$\dfrac{2^7}{3}$

① A > B   ② A < B   ③ A = B   ④ 알 수 없다.

[14-16] 주어진 연산 규칙을 보고, 규칙에 맞도록 계산한 것을 고르시오.

연산 규칙	$A \diamondsuit B = (A + B) \div 2$ $A \odot B = 3A + 2B$

14

$12 \diamondsuit 24$

① 16   ② 18   ③ 20   ④ 22

15

$7 \odot 8$

① 36   ② 37   ③ 38   ④ 39

16

$(5 \odot 6) \diamondsuit 10$

① 17.5   ② 18   ③ 18.5   ④ 19

17

650의 2할 5푼을 고르면?

① 160   ② 162.5   ③ 170   ④ 172.5

18

380의 4할 5푼을 고르면?

① 171   ② 172   ③ 173   ④ 174

19

180cm의 3할 2푼 5리를 고르면?

① 50cm   ② 52.5cm   ③ 55cm   ④ 58.5cm

20

정가 25,000원 짜리 과자를 편의점에서 3할 할인해서 팔고 있다. 이때 판매가를 고르면?

① 15,000원   ② 15,500원   ③ 16,000원   ④ 17,500원

21

농도 25%의 설탕물 200g에 농도가 다른 설탕물 300g을 섞었더니 28%의 설탕물이 만들어졌다. 이때 몇 %의 설탕물을 섞었는지 올바른 것을 고르면?

① 27%   ② 28%   ③ 29%   ④ 30%

22

등산을 하는데 평지에서 시속 8km의 속력으로, 오르막에서 시속 4km의 속력으로 갔더니 정상까지 1시간 30분이 걸렸고, 내려오는 데에는 내리막에서 시속 12km, 평지에서 시속 9km의 속력으로 55분이 걸렸다. 이때 등산로의 길이로 알맞은 것을 고르면?

① 7km   ② 8km   ③ 9km   ④ 10km

23

원가에 20%의 이윤을 붙여 그것을 정가로 한 제품을 35개 판매한 총금액이 420,000원이라면 이 제품의 원가는 얼마인가?

① 6,000원   ② 8,000원   ③ 10,000원   ④ 12,000원

24

세 톱니바퀴 A, B, C가 서로 맞물려 돌고 있다. A의 톱니는 12개, B의 톱니는 9개, C의 톱니는 15개다. 이 세 톱니바퀴가 같은 톱니에서 처음으로 다시 맞물릴 때, 톱니바퀴 B는 몇 번 돈 것인가?

① 8번   ② 12번   ③ 15번   ④ 20번

25

현재 형과 동생의 나이 비는 3 : 1이고, 12년 후에는 3 : 2가 된다. 현재 형의 나이를 고르면?

① 10살   ② 11살   ③ 12살   ④ 13살

26

A와 B가 학교 도서관을 정리하는 일을 하는데, A가 혼자서 하면 10일이 걸리고 B가 혼자서 하면 15일이 걸린다. 이 일을 A가 혼자서 8일 일한 후에 B가 계속해서 일을 마치면 총 며칠이 걸리는지 고르면?

① 3일   ② 4일   ③ 5일   ④ 6일

27

두 자리의 정수가 있다. 이 정수는 각 자리 수의 합의 3배와 같고, 각 자리 수에 2를 곱하여 더한 값은 이 정수보다 9가 작다. 이 정수의 일의 자리 숫자에서 십의 자리 숫자를 뺀 값을 고르면?

① 1   ② 3   ③ 5   ④ 7

28

A랜드의 입장료는 주간 35,000원, 야간 25,000원이다. 어제 하루 120명의 손님이 다녀갔고, 총 매상은 3,900,000원이었다면 야간 입장객 수는?(성인과 소인 입장료는 모두 같다.)

① 30명   ② 35명   ③ 40명   ④ 45명

29

총무팀 a, b와 재무팀 c, d, e, f가 월간 회의를 하고 있다. 회의실은 원형 탁자에 의자가 일정한 간격으로 여섯 자리가 있다. 이때 총무팀 2명이 서로 마주보고 앉을 경우의 수를 고르면?

① 20가지   ② 24가지   ③ 28가지   ④ 32가지

30

주사위와 동전을 각각 두 번씩 던질 때, 주사위는 두 번 다 3의 배수, 동전은 모두 다 앞면이 나올 확률을 고르면?

① $\frac{1}{36}$ ② $\frac{1}{18}$ ③ $\frac{1}{9}$ ④ $\frac{1}{3}$

[31-32] 주어진 자료를 보고 물음에 답하시오.

[그래프] 2023년 월별 소비자물가 지수   (단위: 2020=100)

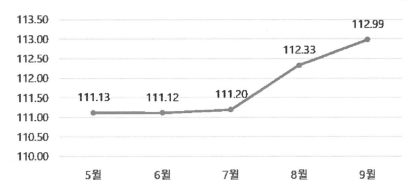

*2020년 기준시점 100으로 놓고 비교한 수지

31

월별 소비자물가 지수가 전달 대비 감소한 달을 고르면?

① 6월   ② 7월   ③ 8월   ④ 9월

32

주어진 자료를 바탕으로 옳지 않은 것을 고르면?

① 그래프에서 소비자물가 지수가 112 이상인 달은 2번 있다.

② 2023년 5월 소비자물가 지수는 2020년 기준 11% 이상 증가했다.

③ 2023년 8월 소비자물가 지수는 2020년 기준 12% 이상 증가했다.

④ 2023년 9월 소비자물가 지수는 2020년 기준 13% 이상 증가했다.

[33-35] 주어진 자료를 보고 물음에 답하시오.

[표] 주요 어종별 생산금액

(단위: 억 원, %)

구분	2021년		2022년	
	생산금액	비중	생산금액	비중
합계	12,048	100.0	12,798	100.0
넙치류	6,620	54.9	7,024	54.9
조피볼락	2,193	18.2	2,011	15.7
참돔	838	7.0	1,023	8.0
가자미류	670	5.6	923	7.2
숭어류	895	7.4	868	6.8
기타 어종	832	6.9	948	7.4

*기타 어종도 어종으로 생각한다.

33

2021년과 2022년 참돔, 가자미류, 숭어류의 총 생산금액의 평균을 계산하여 고르면?

① 2,608.5억 원　　　　② 2,658.5억 원
③ 2,708.5억 원　　　　④ 2,758.5억 원

34

주어진 자료를 바탕으로 옳은 것을 고르면?

① 2021년 생산금액이 세 번째로 높은 어종은 2022년 총 생산의 7% 이상의 비중을 차지했다.
② 2022년 생산금액이 1,000억 원 이상인 어종들의 2021년 비중의 합은 80%가 넘는다.
③ 2022년 비중이 10% 미만인 어종은 모두 생산금액이 1,000억 원 미만이다.
④ 2021년 비중이 두 번째로 작은 어종은 생산금액이 800억 원을 넘지 못한다.

35

2021년 비중이 7% 이하의 어종들의 총 생산금액을 계산하여 고르면?

① 2,260억 원　　　　② 2,300억 원
③ 2,340억 원　　　　④ 2,380억 원

[36-37] 주어진 자료를 보고 물음에 답하시오.

[표] 우리나라 어가 소득

(단위: 천 원)

구분	2020	2021	2022
합계	53,190	52,390	52,910
어업 소득	22,720	19,675	20,720
어업 외 소득	12,960	14,315	12,685
이전 소득	14,330	15,710	17,130
비경상 소득	3,180	2,690	2,375

36

2020년부터 2022년까지 우리나라 어가 소득의 평균을 구하면?

① 5,257만 원 ② 5,283만 원

③ 5,294만 원 ④ 5,318만 원

37

주어진 자료를 바탕으로 옳지 않은 것을 고르면?

① 2020년 이전 소득은 2021년 어업 외 소득보다 낮다.

② 2022년 어업 소득은 2020년 어업 소득보다 낮다.

③ 2021년 이전 소득은 2022년 어업 외 소득보다 높다.

④ 2021년 어업 소득은 2022년 이전 소득보다 높다.

[38-40] 주어진 자료를 보고 물음에 답하시오.

[표] 우리나라 비만 유병률

(단위: %)

구분	전체	성별		연령대별					
		남자	여자	19~29	30대	40대	50대	60대	70세↑
2018	35.0	41.9	28.1	26.9	37.8	36.8	35.2	36.8	38.0
2019	34.4	41.4	27.3	27.6	34.9	35.6	36.5	37.3	34.3
2020	38.4	46.9	29.9	32.6	41.6	39.0	40.2	41.1	35.3
2021	37.2	44.8	29.5	28.6	39.4	42.9	36.8	40.6	33.5

*비만 유병률: 만 19세 이상 인구 중 체질량지수가 $25kg/m^3$ 이상인 사람의 비율
*각 연령별 조사 인원 수는 동일함

38

2018년 우리나라 전체 인구가 5,000만 명이라고 가정하면 비만 인구를 계산하여 고르면?

① 1,750만 명   ② 1,850만 명
③ 1,950만 명   ④ 2,050만 명

39

주어진 자료를 바탕으로 옳지 않은 것을 고르면?

① 남자의 비만 유병률이 45% 이상인 해는 50대의 비만 유병률도 40% 이상이다.
② 여자의 비만 유병률이 28% 이하인 해는 30대의 비만 유병률도 35% 이하이다.
③ 2019년 비만 유병률은 나이가 높을수록 높다.
④ 50대의 비만 유병률은 항상 35% 이상이다.

40

2018년부터 2021년까지 4년간 전체 비만 유병률의 평균을 계산하여 고르면?

① 33.25%   ② 34.25%
③ 35.25%   ④ 36.25%

실전 모의고사 5회

ㅣ수리 완료

다음 페이지

Ⅱ추리 시작

[01-05] 주어진 배열 규칙을 보고 빈칸에 들어갈 알맞은 것을 고르시오.

01

17 47 34 64 51 81 ( )

① 64 ② 68 ③ 72 ④ 76

02

1 7 14 98 196 1,372 ( )

① 2,052 ② 2,564 ③ 2,744 ④ 3,242

03

3 8 20 25 37 42 ( )

① 54 ② 58 ③ 62 ④ 66

04

201 202 205 210 217 226 ( )

① 222 ② 231 ③ 237 ④ 246

05

3 3 5 15 19 95 ( )

① 101 ② 105 ③ 110 ④ 120

[06-10] 주어진 배열 규칙을 보고 빈칸에 들어갈 알맞은 것을 고르시오.

06

| 4 12 6 18 24 72 ( ) |

① 66 ② 68 ③ 72 ④ 76

07

| 12 17 25 37 54 77 ( ) |

① 85 ② 93 ③ 101 ④ 107

08

| 2 20 4 80 16 480 ( ) |

① 96 ② 240 ③ 336 ④ 564

09

| 6 8 24 20 60 68 ( ) |

① 72 ② 108 ③ 156 ④ 204

10

| 11 12 14 19 29 46 ( ) |

① 58 ② 72 ③ 92 ④ 114

[11-15] 주어진 배열 규칙을 보고 빈칸에 들어갈 알맞은 것을 고르시오.

11

| V S Q N L I ( ) |

① D   ② E   ③ F   ④ G

12

| I G J F K E ( ) |

① C   ② G   ③ L   ④ R

13

| R K O H L E ( ) |

① E   ② I   ③ L   ④ P

14

| 타 하 카 파 차 타 ( ) |

① 자   ② 카   ③ 하   ④ 나

15

| 하 카 차 사 바 다 ( ) |

① 바   ② 카   ③ 나   ④ 사

[16-20] 주어진 배열 규칙을 보고 (?)에 들어갈 알맞은 것을 고르시오.

16

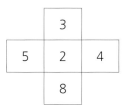

	3	
7	23	4
	9	

	14	
2	39	15
	8	

	1	
3	10	(?)
	3	

① 3   ② 4   ③ 5   ④ 6

17

	3	
5	2	4
	8	

	8	
2	12	3
	9	

	17	
(?)	10	8
	4	

① 3   ② 5   ③ 7   ④ 9

18

	2	
3	15	3
	3	

	1	
3	28	7
	7	

	3	
2	(?)	2
	8	

① 7   ② 14   ③ 21   ④ 28

19

	5	
8	10	2
	1	

	6	
10	9	2
	5	

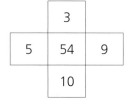
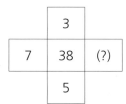

	19	
1	(?)	5
	5	

① 0   ② 5   ③ 10   ④ 15

20

	2	
1	36	10
	5	

	3	
5	54	9
	10	

	3	
7	38	(?)
	5	

① 3   ② 4   ③ 5   ④ 6

[21-23] 주어진 명제가 참일 때, 항상 참인 것을 고르시오.

21

- 빈대가 보이면 매미가 보이지 않는다.
- 개미가 보이면 빈대가 보인다.
- 여치가 보이지 않으면 매미가 보인다.

① 개미가 보이면 여치가 보인다.
② 빈대가 보이면 여치가 보이지 않는다.
③ 여치가 보이면 개미가 보인다.
④ 매미가 보이지 않으면 개미가 보인다.

22

- 가을이 오면 여름이 오지 않는다.
- 가을이 오지 않으면 겨울이 온다.
- 봄이 오면 겨울이 오지 않는다.

① 겨울이 오지 않으면 여름이 온다.
② 봄이 오면 가을이 오지 않는다.
③ 가을이 오면 봄이 온다.
④ 봄이 오면 여름이 오지 않는다.

23

- 원을 좋아하면 세모를 좋아한다.
- 별을 좋아하면 네모를 좋아한다.
- 세모를 좋아하면 네모를 좋아하지 않는다.

① 세모를 좋아하면 별을 좋아한다.
② 별을 좋아하면 원을 좋아하지 않는다.
③ 별을 좋아하지 않으면 세모를 좋아한다.
④ 원을 좋아하면 별을 좋아한다.

[24-26] 주어진 명제가 참일 때, 각각 문제의 진위를 판별하여 고르시오.

> **명제**
>
> • 몽골에 있지 않으면 대만에 있지 않다.
> • 홍콩에 있으면 일본에 있지 않다.
> • 중국에 있지 않으면 대만에 있다.
> • 한국에 있으면 중국에 있지 않다.
> • 홍콩에 있지 않으면 중국에 있다.

24

중국에 있지 않으면, 대만에 있고 홍콩에 있지 않다.

① 참
② 거짓
③ 알 수 없다.

25

한국에 있으면 일본에 있다.

① 참
② 거짓
③ 알 수 없다.

26

한국에 있으면 몽골에 있다.

① 참
② 거짓
③ 알 수 없다.

27

A, B, C, D, E는 턱걸이 시합을 하였다. 주어진 조건을 보고 옳은 것을 고르면?

조건

- C는 6개를 하였고, E는 D보다 더 많이 했다.
- 5개 이상한 사람은 총 3명이다.
- A는 유일하게 10개 이상하였고, B는 7개 이상하였다.

① B는 3등을 하였다.
② A는 2등을 하였다.
③ C는 3등을 하였다.
④ D는 4등을 하였다.

28

A, B, C, D, E는 같은 5층 건물 각각 다른 층에 산다. 주어진 조건을 보고 옳지 않은 것을 고르면?(단, 지하층은 없다.)

조건

- D와 B는 각각 1층 아니면 2층에 살고, B의 바로 위 층에는 C가 산다.
- A는 가장 높은 층에 살고 밑에 밑에 층에 C가 산다.

① E는 B의 3층 위에 산다.
② C는 3층에 산다.
③ B는 2층에 산다.
④ D는 1층에 산다.

29

8개의 의자가 일정한 간격으로 놓인 원탁에 A, B, C, D, E, F가 앉아 있다. 주어진 조건을 보고 옳은 것을 고르면?

> **조건**
>
> - D의 옆자리에는 C가 있고, 맞은 편에는 E가 앉아 있다.
> - C와 B는 마주 보고 앉아 있으며 빈의자끼리는 서로 맞은 편에 있다.
> - A의 오른쪽 자리에는 C가 있고, 왼쪽 자리에는 빈의자가 있다.

① F는 A와 마주보고 앉지 않는다.
② F는 C의 옆에 앉는다.
③ F의 오른쪽 자리는 빈자리이다.
④ F는 빈의자와 B 사이에 앉는다.

[30-32] 8개의 의자가 일정한 간격으로 놓인 원탁에 A, B, C, D, E, F, G, H가 앉아 있다. 주어진 조건을 보고, 각각 문제의 진위를 판별하여 고르시오.

조건

• B와 C는 마주보고 앉아 있고, C의 양 옆에는 A와 H가 앉아 있다.
• F와 G는 서로 마주보고 앉아 있고, F는 A의 옆에 앉아 있다.

30

E와 A는 서로 붙어서 앉지 않는다.

① 참
② 거짓
③ 알 수 없다.

31

D와 F는 서로 붙어서 앉는다.

① 참
② 거짓
③ 알 수 없다.

32

E와 G가 같이 붙어서 앉으면 E와 B는 서로 붙어서 앉지 않는다.

① 참
② 거짓
③ 알 수 없다.

[33-36] A, B, C, D, E, F, G 7명은 네덜란드 출장을 갔다. 공항에 도착하여 숙소로 가기 위해 전용버스에 탑승했다. 주어진 정보를 보고 물음에 답하시오.

정보

[버스 내부]	
운전석	입구
가이드	

- 버스 맨 앞줄의 오른쪽은 입구로 앉을 수 없으며, 왼쪽은 운전석이다.
- 운전석 바로 뒤쪽은 책임감 강한 가이드가 앉아서 인원을 열심히 인솔한다.
- A는 가이드가 앉은 열에 앉았고, 바로 뒷자리에 있는 B와 수다를 떨고 있다.
- D는 F의 바로 오른쪽에 앉아서 서로 사진을 열심히 찍고 있다.
- D의 앞에 앞에는 G가 앉아 있고 같은 열에 앉아서 머리가 보일듯 말듯 하다.

33

A의 옆자리에 앉는 사람을 고르면?

① C   ② E   ③ F   ④ G

34

D의 바로 앞자리에 앉을 가능성이 있는 사람을 모두 고르면?

① C   ② B, C   ③ B, E   ④ C, E

35

가장 뒷자리에 앉는 두 사람을 모두 고르면?

① B, C   ② B, D   ③ C, F   ④ D, F

36

B의 옆에 C가 앉을 때, 가이드의 옆자리에 앉는 사람을 고르면?

① B   ② D   ③ E   ④ F

[37-40] A, B, C, D, E 5명 중 2명은 서울, 2명은 수원, 1명은 평택에서 근무한다. 주어진 대화에서 5명 중 3명은 진실을 말하고, 2명은 거짓을 말할 때, 물음에 답하시오.

대화

- A: 나는 E와 같은 지역에서 근무하고 있어.
- B: A, B, C, D 중 나와 같은 지역에서 근무하는 사람은 없어.
- C: 평택에서 근무하는 사람은 A야.
- D: 나는 수원에서 근무하고 있어.
- E: 나는 서울에서 근무하고 있지 않아.

37

C가 진실을 말할 때 거짓을 말한 사람을 모두 고르면?

① A, B   ② B, C   ③ C, D   ④ D, E

38

D가 서울에서 근무할 때, 평택에서 근무하는 사람을 고르면?

① A   ② B   ③ C   ④ E

39

A와 C가 거짓을 말할 때, 수원에서 근무하는 사람을 모두 고르면?

① A, B   ② A, C   ③ C, D   ④ D, E

40

C와 E가 거짓을 말할 때, 서울에서 근무하는 사람을 모두 고르면?

① A, B   ② A, E   ③ C, D   ④ C, E

실전 모의고사 5회

‖추리 완료

다음 페이지
‖‖지각 시작

III 지각

40문제 / 10분

[01-03] 주어진 좌우의 문자 배열을 비교하여 같은지, 다른지 판단하여 고르시오.

01

ヌブヌヘネセシサザナ	ヌブヌヘネセシサザナ

① 같음　　　　　　　　② 다름

02

3432435564322	3432435664322

① 같음　　　　　　　　② 다름

03

●●○◎○○◇◎●○□	●●○◎○○◇◎●○□

① 같음　　　　　　　　② 다름

[04-06] 주어진 좌우의 문자 배열을 보고 서로 다른 것을 고르시오.

04

① 45435435634 - 45435435634
② 01132323442 - 01132323442
③ 32846752434 - 32846732434
④ 92347723494 - 92347723494

05

① ㄷㄱㄷㅈㄴㅇㅁㅅ - ㄷㄱㄹㅈㄴㅇㅁㅅ
② ㅁㄴㅇㄴㅁㅇㄹㅇ - ㅁㄴㅇㄴㅁㅇㄹㅇ
③ ㅇㄴㅁㅇㄹㅇㅁㅎ - ㅇㄴㅁㅇㄹㅇㅁㅎ
④ ㅁㅁㄴㄷㅇㄹㅃㄹ - ㅁㅁㄴㄷㅇㄹㅃㄹ

06

① EWREWRWEDF - EWREWRWEDF
② DFSADFDSGHH - DFSADEDSGHH
③ YUEWEWEFSA - YUEWEWEFSA
④ GSFDNKTLYTQ - GSFDNKTLYTQ

[07-09] 주어진 배열과 다른 것을 고르시오.

07

947562845637281919

① 947562845637281919
② 947562845537281919
③ 947562845637281919
④ 947562845637281919

08

ㄴㅁㄹㅇㅇㄴㅁㄴㅇㄹㄹㄴㄴㄷㄹ

① ㄴㅁㄹㅇㅇㄴㅁㄴㅇㄹㄹㄴㄴㄷㄹ
② ㄴㅁㄹㅇㄴㄴㅁㄴㅇㄹㄹㄴㄴㄷㄹ
③ ㄴㅁㄹㅇㅇㄴㅁㄴㅇㄹㄹㄴㄴㄷㄹ
④ ㄴㅁㄹㅇㅇㄴㅁㄴㅇㄹㄹㄴㄴㄷㄹ

09

ERASDFGASDLFUADS

① ERASDFGASDLFUADS
② ERASDFGASDLFUADS
③ ERASDFGASDLFUADS
④ ERASDFGRSDLFUADS

[10-12] 왼쪽에 주어진 도형이 몇 번 나오는지 고르시오.

10

ㅎ	ㄴㄹㅇㅁㄴㅇㄹㅈㅍㄴㅇㅁㄹㅎㅇㅁㄴ

① 1번　　② 2번　　③ 3번　　④ 4번

11

5	3253253245325545 64365

① 4번　　② 5번　　③ 6번　　④ 7번

12

D	SADFDFDFDGARDGDDD

① 6번　　② 7번　　③ 8번　　④ 9번

PART 2 GSAT 실전 모의고사

307

[13-15] 주어진 기준에 따를 때, 숫자와 문자가 속하는 범위를 고르시오.

구분	①	②	③	④
숫자	89,123~95,321	10,473~13,344	29,344~34,344	56,333~87,999
문자	Br~Ei	Fu~Hc	Jo~Rg	Ua~Xi

13

76,344

①   ②   ③   ④

14

91,234

①   ②   ③   ④

15

Korea

①   ②   ③   ④

[16-18] 주어진 블록을 보고 물음에 답하시오.

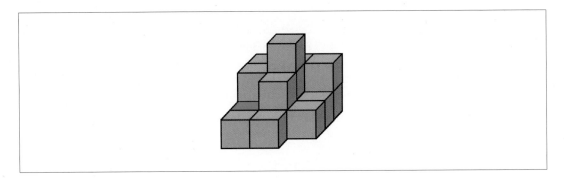

16

블록이 빈틈없이 쌓여져 있을 때 블록의 개수를 고르면?

① 17개　　　　　② 18개　　　　　③ 19개　　　　　④ 20개

17

블록이 빈틈없이 쌓여져 있을 때 다른 블록과 1개의 면만 접촉하는 블록의 수를 고르면?

① 0개　　　　　② 1개　　　　　③ 2개　　　　　④ 3개

18

색칠한 블록과 접하고 있는 블록의 수를 고르면?

① 1개　　　　　② 2개　　　　　③ 3개　　　　　④ 4개

[19-21] 주어진 블록을 보고 물음에 답하시오.

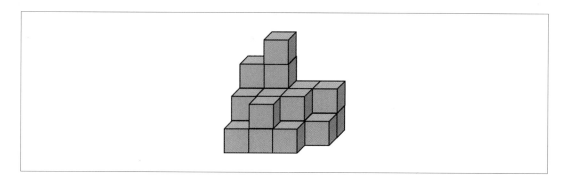

19

블록이 빈틈없이 쌓여져 있을 때 블록의 개수를 고르면?

① 21개   ② 22개   ③ 23개   ④ 24개

20

블록이 빈틈없이 쌓여져 있을 때 2층에 있는 블록 중 다른 블록과 2개의 면이 접촉하는 블록의 수를 고르면?

① 1개   ② 2개   ③ 3개   ④ 4개

21

블록을 더 쌓아 직육면체를 만든다고 할 때, 필요한 최소의 블록 수를 고르면?

① 23개   ② 24개   ③ 25개   ④ 26개

[22-24] 주어진 블록을 보고 물음에 답하시오.

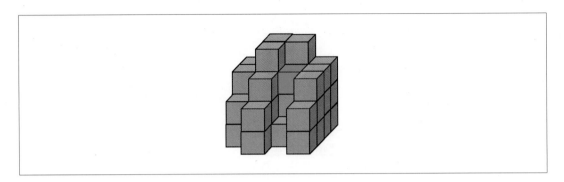

22

블록이 빈틈없이 쌓여져 있을 때 블록의 개수를 고르면?

① 38개　　　　　② 39개　　　　　③ 40개　　　　　④ 41개

23

색칠한 블록과 접하고 있는 블록의 수를 고르면?

① 2개　　　　　② 3개　　　　　③ 4개　　　　　④ 5개

24

블록을 더 쌓아 직육면체를 만든다고 할 때, 필요한 최소의 블록 수를 고르면?

① 23개　　　　　② 24개　　　　　③ 25개　　　　　④ 26개

[25-29] 주어진 도형과 같은 것을 고르시오.(단, 도형은 회전할 수 있다.)

25

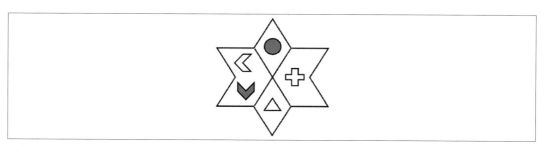

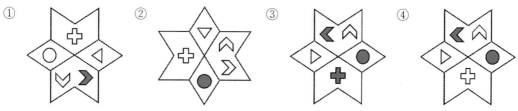

26

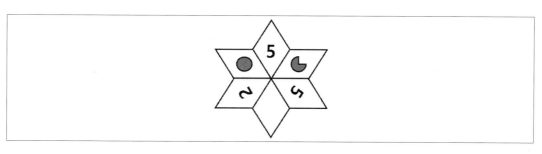

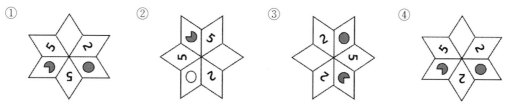

27

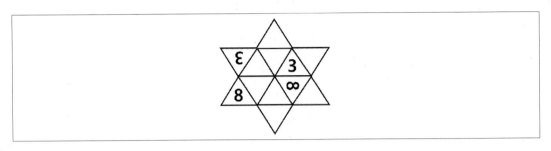

① 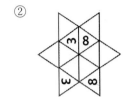   ② 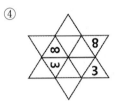   ③   ④

28

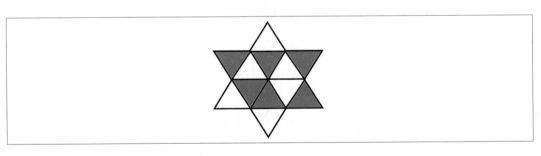

①    ②    ③ 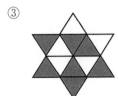   ④

29

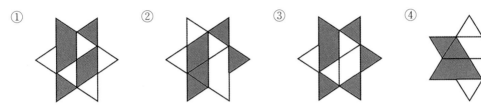

[30-34] 주어진 4개의 도형 중 다른 1개를 고르시오.(단, 도형은 회전할 수 있다.)

30

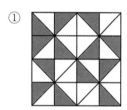

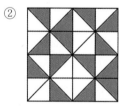

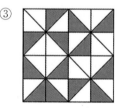

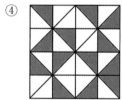

31

32

① ② ③ ④

33

① ② ③ ④

34

①   ② ③   ④

[35-40] 주어진 그림 조각을 알맞게 배열한 것을 고르시오.

35

ㄱ

ㄴ

ㄷ

ㄹ

① ㄱ - ㄹ - ㄴ - ㄷ   ② ㄴ - ㄹ - ㄱ - ㄷ

③ ㄷ - ㄴ - ㄹ - ㄱ   ④ ㄹ - ㄱ - ㄴ - ㄷ

36

ㄱ

ㄴ

ㄷ

ㄹ

① ㄱ - ㄷ - ㄹ - ㄴ   ② ㄴ - ㄱ - ㄷ - ㄹ

③ ㄷ - ㄱ - ㄹ - ㄴ   ④ ㄹ - ㄴ - ㄱ - ㄷ

37

ㄱ

ㄴ

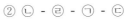

ㄷ

ㄹ

① ㄱ - ㄴ - ㄹ - ㄷ

③ ㄷ - ㄹ - ㄱ - ㄴ

② ㄴ - ㄹ - ㄱ - ㄷ

④ ㄹ - ㄷ - ㄱ - ㄴ

38

ㄱ

ㄴ

ㄷ

ㄹ

① ㄱ - ㄹ - ㄴ - ㄷ

③ ㄷ - ㄱ - ㄹ - ㄴ

② ㄴ - ㄷ - ㄱ - ㄹ

④ ㄹ - ㄱ - ㄷ - ㄴ

39

ㄱ   ㄴ   ㄷ   ㄹ

① ㄱ - ㄷ - ㄹ - ㄴ   ② ㄴ - ㄷ - ㄱ - ㄹ
③ ㄷ - ㄱ - ㄹ - ㄴ   ④ ㄹ - ㄷ - ㄱ - ㄴ

40

ㄱ   ㄴ   ㄷ   ㄹ

① ㄱ - ㄹ - ㄴ - ㄷ   ② ㄴ - ㄷ - ㄱ - ㄹ
③ ㄷ - ㄱ - ㄹ - ㄴ   ④ ㄹ - ㄱ - ㄴ - ㄷ

실전 모의고사 5회 완료

수고하셨습니다.

정답과 해설

정답과 해설 실전 모의고사 1회

					수리 정답				
01	**02**	**03**	**04**	**05**	**06**	**07**	**08**	**09**	**10**
④	③	②	②	④	①	①	①	④	③
11	**12**	**13**	**14**	**15**	**16**	**17**	**18**	**19**	**20**
①	①	①	②	②	①	④	①	①	①
21	**22**	**23**	**24**	**25**	**26**	**27**	**28**	**29**	**30**
②	①	④	②	②	①	④	①	③	④
31	**32**	**33**	**34**	**35**	**36**	**37**	**38**	**39**	**40**
③	③	③	②	④	③	①	②	③	①

01 ④

계산하면 아래와 같다.

$439 + 234 + 235 = 673 + 235 = 908$

따라서 답은 ④이다.

02 ③

계산하면 아래와 같다.

$772 - 344 + 244 = 428 + 244 = 672$

따라서 답은 ③이다.

03 ②

계산하면 아래와 같다.

$494 - 143 - 154 = 351 - 154 = 197$

따라서 답은 ②이다.

04 ②

계산하면 아래와 같다.

$17 \times (8 + 2) - 5 = 17 \times 10 - 5 = 170 - 5 = 165$

따라서 답은 ②이다.

05 ④

계산하면 아래와 같다.

$45 \div (7+8) = 45 \div 15 = 3$

따라서 답은 ④이다.

06 ①

계산하면 아래와 같다.

$4.5 \div 3 + 3.2 = 1.5 + 3.2 = 4.7$

따라서 답은 ①이다.

07 ①

계산하면 아래와 같다.

$0.5 \times 8 \div 2 = 4 \div 2 = 2$

따라서 답은 ①이다.

08 ①

계산하면 아래와 같다.

$$\frac{3}{10} + \frac{6}{5} \times \frac{2}{3} - \frac{2}{5} = \frac{3}{10} + \frac{6 \times 2}{5 \times 3} - \frac{2}{5} = \frac{3}{10} + \frac{4}{5} - \frac{2}{5} = \frac{3}{10} + \frac{2}{5} = \frac{3}{10} + \frac{4}{10} = \frac{7}{10} = 0.7$$

따라서 답은 ①이다.

09 ④

계산하면 아래와 같다.

$$120 \times \frac{7}{6} + 12 = \frac{120 \times 7}{6} + 12 = 20 \times 7 + 12 = 140 + 12 = 152$$

따라서 답은 ④이다.

10 ③

계산하면 아래와 같다.

$2^2 \times 3^2 \times 4 = 2 \times 2 \times 3 \times 3 \times 4 = 4 \times 9 \times 4 = 36 \times 4 = 144$

따라서 답은 ③이다.

11 ①

통분을 활용한다.

A: $\frac{7}{6}$ $\rightarrow$ $a_1 \times b_2 = 7 \times 13 = 91$

B: $\dfrac{15}{13}$ → $a_2 \times b_1 = 6 \times 15 = 90$

따라서 A $>$ B이다.

12 ①

직접 계산해본다.

A: $\dfrac{3}{7} = 3 \div 7 = 0.428 \cdots$

B: 0.4

따라서 A $>$ B이다.

13 ①

직접 계산해본다.

A: 11^3

B: $3^6 = (3^2)^3 = 9^3$

따라서 A $>$ B이다.

14 ②

계산하면 아래와 같다.

$5 \diamond 3 = 4 \times 5 - 2 \times 3 = 20 - 6 = 14$

따라서 답은 ②이다.

15 ②

계산하면 아래와 같다.

$12 \odot 8 = 2 \times 12 - 8 = 24 - 8 = 16$

따라서 답은 ②이다.

16 ①

계산하면 아래와 같다.

$(2 \diamond 3) \odot 2 = (2 \times 4 - 2 \times 3) \odot 2 = (8 - 6) \odot 2 = 2 \odot 2 = 2 \times 2 - 2 = 4 - 2 = 2$

따라서 답은 ①이다.

17 ④

계산하면 아래와 같다.

$400 \times 0.375 = 150$

18 ①

계산하면 아래와 같다.

$800 \times 0.875 = 700$

---

19 ①

계산하면 아래와 같다.

$42 \times 0.6 = 25.2 \text{(km)}$

---

20 ①

계산하면 아래와 같다.

$3 \div 12 = 0.25$

따라서 타율은 2할 5푼이다.

---

21 ②

먼저, 소금의 양을 계산한다.

3%의 소금물 300g에 든 소금의 양 → $0.03 \times 300 = 9 \text{(g)}$

5%의 소금물 200g에 든 소금의 양 → $0.05 \times 200 = 10 \text{(g)}$

따라서 두 소금물을 섞으면 $300 + 200 = 500 \text{(g)}$의 소금물 속에 소금이 $9 + 10 = 19 \text{(g)}$ 들어있다.

농도 $= \dfrac{(용질의 양)}{(용액의 양)} \times 100$ → $\dfrac{19}{500} \times 100 = \dfrac{19}{5} = 3.8 (\%)$

---

22 ①

집에서 회사까지의 거리를 $x$km라고 하면 평소 A가 출근하는 데에 걸리는 시간은 $\dfrac{x}{4}$시간이다.

A가 6분간 걷다가 열쇠를 두고 온 것을 알고 2배의 속도로 돌아갔으므로 총 $6 + 3 = 9 \text{(분)}$을 소비했다.

따라서 평소 $\dfrac{x}{4}$시간 걸리는 거리를 9분 소비 후 평소의 2배 속도로 갔다.

$\dfrac{x}{4} = \dfrac{9}{60} + \dfrac{x}{8}$, $\dfrac{x}{4} - \dfrac{x}{8} = \dfrac{3}{20}$, $\dfrac{x}{8} = \dfrac{3}{20}$, $20x = 24$, $x = 1.2 \text{(km)}$

---

23 ④

제품 50개를 팔아서 10만 원 이익을 보았기 때문에 1개당 이익을 구할 수 있다.

$10 \div 50 = 0.2$(만 원), 즉 개당 2,000원의 이익을 보았다.

따라서 (정가) − (원가) = (이익)이기 때문에 $x - 3,000 = 2,000$, $x = 5,000$(원)이 된다.

24 ②

15분에 한 대씩 출발하는 마을버스

15의 배수＝{15, 30, 45, 60, 75, 90, 105, 120, ⋯ }

24분에 한 대씩 출발하는 마을버스

24의 배수＝{24, 48, 72, 96, 120, 144, ⋯ }

15와 24의 최소공배수는 120이다.

따라서 120분 후인 2시간 후에 첫 번째로 동시에 출발한다.

25 ②

A의 나이를 x, B의 나이를 y라고 하면 $x+y=46$이다.

A는 B의 나이의 두 배에서 11을 뺀 것과 같으므로 $x=2y-11$이다.

$x+y=46$ ---- ㉠

$x=2y-11$ ---- ㉡

㉠에 ㉡을 대입하면 $(2y-11)+y=46$, $3y-11=46$, $3y=46+11$, $3y=57$, $y=19$이다.

따라서 $x+19=46$, $x=46-19$, $x=27$이다. A의 나이는 27살이다.

26 ①

이 일의 양을 1이라 하면 A가 하루에 하는 일의 양은 $\dfrac{1}{10}$, B가 하루에 하는 일의 양은 $\dfrac{1}{15}$이다. 따라서 둘이 같이 하면 하루에 $\dfrac{1}{10}+\dfrac{1}{15}=\dfrac{3}{30}+\dfrac{2}{30}=\dfrac{5}{30}=\dfrac{1}{6}$을 할 수 있다. 따라서 둘이 함께 일하면 6일이 걸린다.

27 ④

나의 하루 용돈을 x원이라 하면 $\dfrac{1}{3}$은 식사에 사용하고, 남은 $\dfrac{2}{3}$ 중에서 교통비로 사용하고 $\dfrac{3}{5}$이 남았다. 다시 남은 돈의 $\dfrac{1}{2}$을 음료 구매에 쓰고, $\dfrac{1}{2}$이 남았기 때문에 결국 전체의 $\dfrac{2}{3}\times\dfrac{3}{5}\times\dfrac{1}{2}=\dfrac{1}{5}$이 남았다. 남은 $\dfrac{1}{5}$이 4,000원이므로 하루 용돈은 5배인 20,000원이다.

28 ①

360°를 12로 나누면 30°이기 때문에 한 시간 사이의 각도는 30°이다. 현재 분침은 정확히 숫자 6에 있고, 시침은 숫자 5와 6의 정확히 중간에 있다. 따라서 둘 사이의 각도는 30°의 절반인 15°이다.

29 ③

조합을 이용하여 문제를 풀 수 있다.

남학생 4명 중에서 2명을 뽑는 경우의 수는 $_4C_2 = \dfrac{4 \times 3}{2 \times 1} = 6$(가지)이다.

여학생 4명 중에서 2명을 뽑는 경우의 수는 $_4C_2 = \dfrac{4 \times 3}{2 \times 1} = 6$(가지)이다.

따라서 가능한 경우의 수는 $6 \times 6 = 36$(가지)이다.

30 ④

A와 B 주사위에 나온 수를 (A, B)로 표현하면 A가 더 큰 경우는 아래와 같다.

(2, 1)

(3, 1), (3, 2)

(4, 1), (4, 2), (4, 3)

(5, 1), (5, 2), (5, 3), (5, 4)

(6, 1), (6, 2), (6, 3), (6, 4), (6, 5)

따라서 총 15가지이다.

주사위의 수는 1~6이므로 두 주사위를 던질 때 가능한 경우의 수는 $6 \times 6 = 36$(가지)이므로,

A와 B가 주사위를 던질 때 A가 던진 주사위가 B가 던진 주사위의 수보다 더 클 확률은 $\dfrac{15}{36} = \dfrac{5}{12}$이다.

31 ③

'평균소득'과 '중위소득'의 차이를 구하면 아래와 같다.

(단위: 만 원)

항목	2017년	2018년	2019년	2020년	2021년
평균소득	287	297	309	320	333
중위소득*	210	220	234	242	250
차이	77	77	75	78	83

$\dfrac{77+77+75+78+83}{5} = \dfrac{390}{5} = 78$(만 원)

32 ③

③ ×

'평균소득'이 두 번째로 높은 해는 2020년이고, 이때 '중위소득'은 242만 원이다. 전년인 2019년 '중위소득'은 234만 원이므로 '중위소득'은 전년 대비 10만 원 이상 증가하지 않았다.

①, ② ○

표에서 확인할 수 있다.

④ ○

표에서 평균소득을 보면 매년 10만 원 이상 증가하였다.

33 ③

계산해 보면 아래와 같다.

(단위: 원)

품종	2018년	2019년	2020년	2021년	2022년
참돔	13,346	11,072	8,702	10,085	12,667
숭어류	8,496	7,718	6,870	8,647	11,967
합계	21,842	18,790	15,572	18,732	24,634

따라서 가장 저렴하게 살 수 있는 연도는 2020년이다.

34 ②

② ○

가자미류의 가격이 가장 낮은 연도는 2019년이고, 이때 넙치류의 kg당 가격은 9,936원, 참돔의 kg당 가격은 11,072원으로 차이는 1,000원 이상이다.

① ×

숭어류의 가격이 세 번째로 높은 연도는 2018년이고, kg당 넙치류의 가격은 13,302원, 참돔의 가격은 13,346원으로 참돔의 가격이 더 높다.

③ ×

2019년에는 9,936원으로 1만 원 이하였다.

④ ×

2022년 조피볼락의 kg당 가격은 12,423원이고, 4년 전인 2018년의 가격은 8,480원이다. 따라서 가격의 차이는 $12,423 - 8,480 = 3,943$(원)이다.

35 ④

2018년부터 2022년까지 5년간 평균 kg당 가자미류의 가격을 계산해본다.

$$\frac{10,274 + 10,247 + 10,979 + 10,788 + 11,957}{5} = 10,849 \,(원)$$

36 ③

③ ×

2015년 전체 가구 19,112(천 가구) 중 1인 가구는 5,211(천 가구)이다. 그런데 25%는 전체의 $\frac{1}{4}$이다. 20,000(천 가구)의 $\frac{1}{4}$은 5,000(천 가구)이므로 전체 가구 19,112(천 가구) 중 1인 가구 5,211(천 가구)는 당연히 $\frac{1}{4}$, 즉 25%가 넘는다.

① ○

2020년 1인 가구 수는 6,643(천 가구)이고, 2015은 5,211(천 가구)이다.

6,643−5,211＝1,432(천 가구), 즉 1,432,000가구 차이가 난다. 따라서 백만 가구 이상 늘었다.

② ○

2020년 남자의 전체 가구 수는 14,081(천 가구)이고, 1인 가구는 3,304(천 가구)이다. 대략적으로 14:3 정도의 비율이다.

2020년 여자의 전체 가구 수는 6,845(천 가구)이고, 1인 가구는 3,339(천 가구)이다. 대략적으로 7:3 정도의 비율이다.

따라서 대략적으로 봐도 전체 가구 중 1인 가구의 비중은 여자가 더 높다.

④ ○

2020년 전체 여자 가구는 6,845(천 가구)이고, 이 중 1인 가구는 3,339(천 가구)이다.

6,845의 절반은 $\frac{6,845}{2}=3,422.5$이므로 3,339(천 가구)는 절반, 즉 50%가 되지 않는다.

37 ①

2015년 1인 가구 중 남자 가구의 비중을 계산하면 아래와 같다.

$\frac{2,315}{5,211}\times100=44.425\cdots≒44(\%)$

38 ②

전국: $\frac{41}{37}=1.108\cdots$ 서울: $\frac{60}{53}=1.132\cdots$

광역시: $\frac{40}{36}=1.111\cdots$ 읍면지역: $\frac{28}{25}=1.12$

따라서 증가율이 가장 높은 항목은 서울이다.

39 ③

③ ○

2022년 서울 고등학생 1인당 월평균 사교육비는 70만 원이고, 중소도시는 45만 원이다. 따라서 25만 원 차이가 난다.

① ✕

2021년과 광역시와 중소도시의 학생 1인당 월평균 사교육비는 36만 원으로 같다.

② ✕

2022년 중학생 1인당 월평균 사교육비는 중소도시가 43만 원이고, 전국 평균은 44만 원이다.

따라서 2022년 중학생 1인당 월평균 사교육비는 중소도시가 전국 평균보다 높지 않다.

④ ✕

2022년 중학생 1인당 월평균 사교육비는 광역시가 43만 원이고, 읍면지역은 30만 원이다.

따라서 차이는 15만 원 이상 나지 않는다.

40 ①

2021년 전국 학생 1인당 월평균 사교육비는 37만 원이고, 2022년 전국 학생 1인당 월평균 사교육비는 41만 원이다. 따라서 월평균 차이는 4만 원이다. 이것을 연으로 환산하면 $4 \times 12 = 48$(만 원)이다.

II 추리 정답									
01	**02**	**03**	**04**	**05**	**06**	**07**	**08**	**09**	**10**
③	①	①	①	④	④	②	①	③	①
11	**12**	**13**	**14**	**15**	**16**	**17**	**18**	**19**	**20**
①	②	①	④	②	④	②	②	③	①
21	**22**	**23**	**24**	**25**	**26**	**27**	**28**	**29**	**30**
②	①	③	①	①	②	①	④	③	③
31	**32**	**33**	**34**	**35**	**36**	**37**	**38**	**39**	**40**
①	①	①	②	①	④	②	③	①	②

01 ③

12씩 증가하는 등차수열이다.

$$2 \xrightarrow{+12} 14 \xrightarrow{+12} 26 \xrightarrow{+12} 38 \xrightarrow{+12} 50 \xrightarrow{+12} 62 \xrightarrow{+12} 74$$

02 ①

+8, ÷2가 반복되는 수열이다.

$$32 \xrightarrow{+8} 40 \xrightarrow{÷2} 20 \xrightarrow{+8} 28 \xrightarrow{÷2} 14 \xrightarrow{+8} 22 \xrightarrow{÷2} 11$$

03 ①

×3, +2가 반복되는 수열이다.

$$2 \xrightarrow{×3} 6 \xrightarrow{+2} 8 \xrightarrow{×3} 24 \xrightarrow{+2} 26 \xrightarrow{×3} 78 \xrightarrow{+2} 80$$

04 ①

소수로 구성된 수열이다. 소수는 1과 자신만을 약수로 가지는 수이다.

$$2 \to 3 \to 5 \to 7 \to 9 \to 11 \to 13$$

05 ④

−3, ×3이 반복되는 수열이다.

| | -3 | | ×3 | | -3 | | ×3 | | -3 | | ×3 | |
| 10 | → | 7 | → | 21 | → | 18 | → | 54 | → | 51 | → | 153 |

06 ④

$2^{N+1}=\{4,\ 8,\ 16,\ 32,\ 64,\ 128,\ \cdots\}$로 증가하는 수열이다.

| | 4 | | 8 | | 16 | | 32 | | 64 | | 128 | |
| 1 | → | 5 | → | 13 | → | 29 | → | 61 | → | 125 | → | 253 |

07 ②

$N^2=\{1^2,\ 2^2,\ 3^2,\ 4^2,\ 5^2,\ \cdots\}$로 나열되는 수열이다.

| 1 | → | 4 | → | 9 | → | 16 | → | 25 | → | 36 | → | 49 |

08 ①

×2, +2, ×3, +3, ×4, +4, …로 반복되는 수열이다.

| | ×2 | | +2 | | ×3 | | +3 | | ×4 | | +4 | |
| 2 | → | 4 | → | 6 | → | 18 | → | 21 | → | 84 | → | 88 |

09 ③

$(N+1)^2+1$씩 증가하는 수열이다.

| | (2^2+1) | | (3^2+1) | | (4^2+1) | | (5^2+1) | | (6^2+1) | | (7^2+1) | |
| 3 | → | 8 | → | 18 | → | 35 | → | 61 | → | 98 | → | 148 |

10 ①

+5, −10, +15, −20, +25, …로 증가하는 수열이다.

| | +5 | | -10 | | +15 | | -20 | | +25 | | -30 | |
| 234 | → | 239 | → | 229 | → | 244 | → | 224 | → | 249 | → | 219 |

11 ①

+3, −2, +4, −2, +5, −2로 증가하는 수열이다.

A	B	C	D	E	F	G	H	I	J	K	L	M
1	2	3	4	5	6	7	8	9	10	11	12	13
N	O	P	Q	R	S	T	U	V	W	X	Y	Z
14	15	16	17	18	19	20	21	22	23	24	25	26

$$B(2) \xrightarrow{+3} E(5) \xrightarrow{-2} C(3) \xrightarrow{+4} G(7) \xrightarrow{-2} E(5) \xrightarrow{+5} J(10) \xrightarrow{-2} H(8)$$

12 ②

×2, +2가 반복되는 수열이다.

$$A(1) \xrightarrow{\times 2} B(2) \xrightarrow{+2} D(4) \xrightarrow{\times 2} H(8) \xrightarrow{+2} J(10) \xrightarrow{\times 2} T(20) \xrightarrow{+2} V(22)$$

13 ①

소수의 나열로 이루어진 수열이다.

가	나	다	라	마	바	사	아	자	차	카	타	파	하
ㄱ	ㄴ	ㄷ	ㄹ	ㅁ	ㅂ	ㅅ	ㅇ	ㅈ	ㅊ	ㅋ	ㅌ	ㅍ	ㅎ
1	2	3	4	5	6	7	8	9	10	11	12	13	14

$$나(2) \rightarrow 다(3) \rightarrow 마(5) \rightarrow 사(7) \rightarrow 카(11) \rightarrow 파(13) \rightarrow 다(17)$$

다(14+3)이다.

14 ④

두 개의 전항의 합으로 이루어지는 수열이다.

$$ㄱ(1) \rightarrow ㄱ(1) \xrightarrow{1+1} ㄴ(2) \xrightarrow{1+2} ㄷ(3) \xrightarrow{2+3} ㅁ(5) \xrightarrow{3+5} ㅇ(8) \xrightarrow{5+8} ㅍ(13)$$

15 ②

+4, +2로 반복되는 수열이다.

$$가(1) \xrightarrow{+4} 마(5) \xrightarrow{+2} 사(7) \xrightarrow{+4} 카(11) \xrightarrow{+2} 파(13) \xrightarrow{+4} 다(17) \xrightarrow{+2} 마(19)$$

16 ④

아래와 같은 규칙의 수열이다.

	+4		+6		+8		+10		+12	
+2		+6		+12		+20		+30		+42
3 →	5	→	11	→	23	→	43	→	73	→ 115

17 ②

아래와 같은 규칙의 수열이다.

	×32		÷16		×8		÷4		×2		÷1	
1	→	32	→	2	→	16	→	4	→	8	→	8

18 ②

아래와 같은 규칙의 수열이다.

3×5		5×7		7×9		9×11		11×13		13×15		15×17
15	→	35	→	63	→	99	→	143	→	195	→	255

19 ③

아래와 같은 규칙의 수열이다.

	+5		-1		+4		-2		+3		-3	
8	→	13	→	12	→	16	→	14	→	17	→	14

20 ①

아래와 같은 규칙의 수열이다.

	-1		+1		-2		+1		-3		+1	
1	→	0	→	1	→	-1	→	0	→	-3	→	−2

21 ②

아래와 같이 명제를 연결할 수 있다.

명제1	파랑이면 노랑이다.	A(파랑) → B(노랑)
명제2	노랑이면 주황이다.	B(노랑) → C(주황)
명제3	주황이면 초록이 아니다.	C(주황) → D(초록×)
결론	파랑이면 초록이 아니다. [대우] 초록이면 파랑이 아니다.	A(파랑) → B(노랑) → C(주황) → D(초록×)

22 ①

아래와 같이 명제를 연결할 수 있다.

명제1	발라드이면 랩이다. [대우] 랩이 아니면 발라드가 아니다.	A(발라드) → B(랩)
명제2	랩이면 힙합이 아니다.	B(랩) → C(힙팝×)
명제3	힙합이 아니면 락이다.	C(힙팝×) → D(락)
결론	발라드이면 락이다.	A(발라드) → B(랩) → C(힙팝×) → D(락)

23 ③

아래와 같이 명제를 연결할 수 있다.

명제1	탕후루를 좋아하면 설탕을 좋아한다.	A(탕후루) → B(설탕)
명제2	설탕을 좋아하면 사탕을 좋아하지 않는다. [대우] 사탕을 좋아하면 설탕을 좋아하지 않는다.	B(설탕) → C(사탕×)
명제3	사탕을 좋아하지 않으면 엿을 좋아한다.	C(사탕×) → D(엿)
결론	탕후루를 좋아하면 엿을 좋아한다.	A(탕후루) → B(설탕) → C(사탕×) → D(엿)

24 ①

아래와 같이 명제를 연결할 수 있다.

명제1	수학을 잘하면 영어를 잘한다.	A(수학) → B(영어)
명제2	영어를 잘하면 사회를 잘하지 못한다. [대우] 사회를 잘하면 영어를 잘하지 못한다.	B(영어) → C(사회×)
명제3	사회를 잘하지 못하면 과학을 잘한다.	C(사회×) → D(과학)
결론	수학을 잘하면 과학을 잘한다.	A(수학) → B(영어) → C(사회×) → D(과학)

따라서 참이다.

25 ①

아래와 같이 명제를 연결할 수 있다.

명제1	영어를 잘하면 사회를 잘하지 못한다. [대우] 사회를 잘하면 영어를 잘하지 못한다.	A(영어) → B(사회×)
명제2	사회를 잘하지 못하면 과학을 잘한다.	B(사회×) → C(과학)
결론	영어를 잘하면 과학을 잘한다.	A(영어) → B(사회×) → C(과학)

명제1	영어를 잘하면 체육을 잘한다.	A(영어) → B(체육)
명제2	체육을 잘하면 국어를 잘하지 못한다. [대우] 국어를 잘하면 체육을 잘하지 못한다.	B(체육) → C(국어×)
결론	영어를 잘하면 국어를 잘하지 못한다.	A(영어) → B(체육) → C(국어×)

두 개의 결론을 합치면 '영어를 잘하면, 과학을 잘하고 국어를 잘하지 못한다.'를 얻을 수 있다. 따라서 참이다.

26 ②

아래와 같이 명제를 연결할 수 있다.

명제1	수학을 잘하면 영어를 잘한다.	A(수학) → B(영어)
명제2	영어를 잘하면 사회를 잘하지 못한다. [대우] 사회를 잘하면 영어를 잘하지 못한다.	B(영어) → C(사회×)
결론	수학을 잘하면 사회를 잘하지 못한다.	A(수학) → B(영어) → C(사회×)

따라서 거짓이다.

27 ①

아래와 같이 표를 그려서 조건을 연결해본다.

1등	2등	3등	4등	5등
				C

• C는 가장 늦게 들어왔다.

따라서 C는 5등이다.

• A는 E와 C보다 먼저 들어왔다.

• E는 B와 D보다 먼저 들어왔다.

결국, A는 E, C, B, D보다 먼저 들어왔으므로 1등이다.

그리고 E는 B, D보다 먼저 들어왔으므로 2등이다.

1	2	3	4	5
A	E			C

• B는 D보다 먼저 들어왔다.

1	2	3	4	5
A	E	B	D	C

따라서 옳은 것은 ①이다.

28 ④

아래와 같이 표를 그려서 조건을 연결해본다.

5층	D	
4층		D
3층		
2층	E	
1층		E

· D는 E보다 3층 더 위에 산다.
  따라서 가능한 경우는 2가지이다.
  그런데 아래 조건으로 D는 5층에 살 수 없다.
· C는 D보다 더 높은 층에 산다.
  따라서 D는 4층, E는 1층에 고정된다.(E는 5층으로 고정된다.)

5층	C
4층	D
3층	A
2층	B
1층	E

C를 5층으로 고정하고 아래 조건을 연결한다.
· A는 B보다 높은 층에 산다.
따라서 남은 3층은 A, 2층은 B가 산다.

따라서 옳지 않은 것은 ④이다.

---

29 ③

아래 표를 원탁이라고 생각해본다.

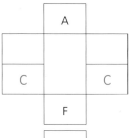

· A와 F는 마주보고 있고, A의 옆에는 C가 앉지 않았다.
우선 A를 한 자리에 고정한다. 그리고 맞은 편에 F를 앉히면 A와 인접하지 않은 두 곳에 C가 앉는다.

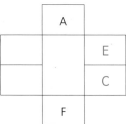

· C의 오른쪽에는 E가 앉아 있다.
C의 오른쪽에는 E가 앉으므로 왼쪽 그림의 경우로 C의 위치를 고정할 수 있고, E의 위치도 정해진다.

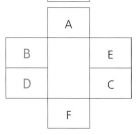

· D의 왼쪽에는 B가 앉아 있다.
남은 두 자리에서 D의 왼쪽에 B를 앉히면 최종 결과를 도출할 수 있다.
(원탁으로 표를 둥글게 생각하면 (A, F), (B, C), (D, E)가 마주보고 있다.)

따라서 옳은 것은 ③이다.

30 ③

• B는 A보다 먼저 들어왔고, 이 둘 사이에 누군가 3명이 들어 왔다.

1등	2등	3등	4등	5등	6등	7등
B				A		
	B				A	
		B				A

• E가 들어오고, 그 뒤로 바로 A가 들어오고, 그 뒤로 바로 F가 들어왔다.
따라서 위의 3가지 경우에서 2가지 경우가 가능하다.

1등	2등	3등	4등	5등	6등	7등
B			E	A	F	
	B			E	A	F

• 가장 마지막에 들어온 사람은 C이다.
따라서 위의 2가지 경우에서 1가지 경우가 가능하다.

1등	2등	3등	4등	5등	6등	7등
B			E	A	F	C

결과적으로 1등은 B이고 4등부터 차례로 E, A, F, C의 순이다. 남은 D, G는 2등 또는 3등이다.

1등	2등	3등	4등	5등	6등	7등
B	D, G	D, G	E	A	F	C

D는 2등 또는 3등을 하였기 때문에 진위를 알 수 없다.

31 ①

G는 2등 또는 3등을 하였기 때문에 최소한 3등 안에 들어왔다.

32 ①

표와 같이 B는 1등을 하였다.

33 ①

아래 두 조건으로 층수는 알 수 없어도 층으로 나눌 수는 있다.
• A, B, D는 각각 다른 층에 거주한다.
• G, H는 같은 층에 거주한다.

?층	A
?층	B
?층	D
?층	G, H

• A, E는 같은 층에 거주한다.

?층	A, E
?층	B
?층	D
?층	G, H

• B는 C와 같은 층에 거주하지 않는다.

?층	A, E
?층	B, F
?층	D, C
?층	G, H

층과 호수를 알 수 없어도 같은 층에 사는 사람들을 구별할 수 있다.

• B는 E보다는 낮은 층에 살고, D보다는 높은 층에 산다.

네 가지 경우가 가능하다.

4층	A, E
3층	B, F
2층	D, C
1층	G, H

4층	A, E
3층	B, F
2층	G, H
1층	D, C

4층	G, H
3층	A, E
2층	B, F
1층	D, C

4층	A, E
3층	G, H
2층	B, F
1층	D, C

표를 통해 A는 3층 아니면 4층에 사는 것을 확인할 수 있다.

---

34 ②

표를 통해 F가 사는 층으로 가능한 층은 2층, 3층으로 확인할 수 있다.

---

35 ①

G가 1층에 사는 경우는 첫 번째 경우이고, 그 경우를 제외하면 D는 항상 1층에 산다.

---

36 ④

G가 4층에 사는 경우는 세 번째 경우이고, 그 경우를 제외하면 E는 항상 4층에 산다.

---

37 ②

B는 E보다 낮은 층, C, D보다 높은 층에 거주하는데 C와 D는 호수가 같으므로 층이 다르다. 따라서 B는 3층에 산다는 것을 알 수 있다. 그러면 자연스럽게 E와 A의 층도 고정된다.

4층	E, A
3층	B
2층	C or D
1층	C or D

나머지 조건을 연결해본다.

• A, C, D의 숙소는 끝자리 호수가 같다.
• B, E의 숙소는 끝자리 호수가 같다.

4층에 사는 A와 E는 호수가 다를 수밖에 없고, A, C, D와 B, E끼리 호수가 같다.

4층	A	E
3층		B
2층	C or D	
1층	C or D	

따라서 위와 같은 결론을 얻을 수 있다.

신입직원 중 3층에 사는 사람은 B이다.

38 ③

신입직원 중 2층에 살 가능성이 있는 사람은 C와 D이고, 201호 또는 202호에 살 가능성이 있다. 하지만 201호에 산다고 확정하거나 살지 않는다고 확정할 수 없다.

39 ①

신입직원 중 4층에 사는 사람은 A와 E이고, 둘 중 한 사람은 401호에 산다.

40 ②

신입직원 중 1층에 사는 사람은 C와 D 중에 1명이다.

III 지각 정답									
01	**02**	**03**	**04**	**05**	**06**	**07**	**08**	**09**	**10**
②	①	①	①	③	④	②	③	④	①
11	**12**	**13**	**14**	**15**	**16**	**17**	**18**	**19**	**20**
②	③	③	④	①	②	②	④	①	②
21	**22**	**23**	**24**	**25**	**26**	**27**	**28**	**29**	**30**
①	①	③	①	②	③	④	①	②	②
31	**32**	**33**	**34**	**35**	**36**	**37**	**38**	**39**	**40**
④	①	③	③	②	②	②	④	①	③

01 ②

주어진 문자 배열의 좌와 우는 다르다.

34544354354 – 34544334354

02 ①

주어진 문자 배열의 좌와 우는 같다.

03 ①

주어진 문자 배열의 좌와 우는 같다.

04 ①

좌우가 서로 다른 것은 ①이다.

8083102343 – 8083100343

05 ③

좌우가 서로 다른 것은 ③이다.

☆○◎◆◇○★☆ – ☆○○◆◇○★☆

06 ④

좌우가 서로 다른 것은 ④이다.

しじずぜせでへひ – しじずぜぜでへひ

07 ②

다른 하나는 ②이다.

435345342444343214

---

08 ③

다른 하나는 ③이다.

ግ3ՆႦ요ጢ요Ո·Ⴑ ᴣ

---

09 ④

다른 하나는 ④이다.

ちぢづってでねすしじち

---

10 ①

개수를 세어 보면 아래와 같다.

34983126493624639864

---

11 ②

개수를 세어 보면 아래와 같다.

ASFASDGHFKLSDAFHGISA

---

12 ③

개수를 세어 보면 아래와 같다.

#$!#!$^%&^%#$*@$#

---

13 ③

28,776은 ③ 12,324~31,234 안에 속한다.

---

14 ④

68,877은 ④ 55,822~70,134 안에 속한다.

---

15 ①

Quiz는 ① Pr~Ru 안에 속한다.

A	B	C	D	E	F	G	H	I	J	K	L	M
N	O	P	Q	R	S	T	U	V	W	X	Y	Z

16 ②

층별로 세어보면 아래와 같다.

[1층] 15개
[2층] 12개
[3층] 9개
[4층] 3개

따라서 총 39개이다.

17 ②

3층에 있는 블록 중 다른 블록과 2개의 면이 접촉하는 블록은 아래와 같다.

따라서 1개이다.

18 ④

색칠한 블록을 기준으로 보았을 때 접촉하고 있는 면은 앞면을 제외한 모든 면이 다른 블록과 접하고 있다. 따라서 총 5개의 면이다.

따라서 5개이다.

19 ①

층별로 세어보면 아래와 같다.

[1층] 14개
[2층] 12개
[3층] 7개
[4층] 2개

따라서 총 35개이다.

20 ②

3층에 있는 블록 중 다른 블록과 2개의 면이 접촉하는 블록은 아래와 같다.

따라서 3개이다.

---

21 ①

직육면체 모양으로 블록을 채우려면 층별로 흰 공백을 채우면 된다.

[1층] +2개   [2층] +4개   [3층] +9개   [4층] +14개

따라서 29개이다.

---

22 ①

층별로 세어보면 아래와 같다.

[1층] 10개   [2층] 4개   [3층] 1개

따라서 총 15개이다.

---

23 ③

색칠한 블록을 기준으로 보았을 때 접촉하고 있는 면은 뒷면, 윗면, 앞면, 아랫면 총 4개의 면이다.

따라서 4개이다.

24 ①

직육면체 모양으로 블록을 채우려면 층별로 흰 공백을 채우면 된다.

[1층] +2개

[2층] +8개

[3층] +11개

따라서 21개이다.

25 ②

②는 주어진 도형을 시계 방향으로 180도 회전시킨 같은 도형이다.
각각 다른 부분을 찾아보면 아래와 같다.

① 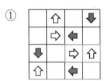 ③ 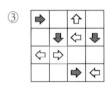 ④

26 ③

③은 주어진 도형을 반시계 방향으로 90도 회전시킨 같은 도형이다.
각각 다른 부분을 찾아보면 아래와 같다.

①  ②  ④

27 ④

④는 주어진 도형을 시계 방향으로 180도 회전시킨 같은 도형이다.
각각 다른 부분을 찾아보면 아래와 같다.

① 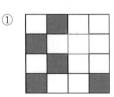 ② 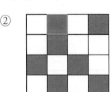 ③

28 ①

①은 주어진 도형을 반시계 방향으로 90도 회전시킨 같은 도형이다.

29 ②

②는 주어진 도형을 시계 방향으로 90도 회전시킨 같은 도형이다.

각각 다른 부분을 찾아보면 아래와 같다.

① 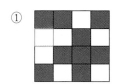 ③ 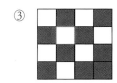 ④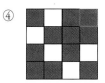

---

30 ②

모양이 다른 1개는 ②이다.

②   [비교]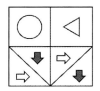

검정색 화살표 2개는 서로 같은 방향을 가리키고 있는데 ②만 서로 다른 방향으로 되어있다.

①을 기준으로 ③은 시계 방향으로 90도 회전, ④는 180도 회전한 모양이다.

---

31 ④

모양이 다른 1개는 ④이다.

④   [비교]

붉은색 부분의 삼각형 안에 색이 있어야 한다.

①을 기준으로 ②는 반시계 방향으로 90도 회전, ③은 180도 회전한 모양이다.

---

32 ①

모양이 다른 1개는 ①이다.

①   [비교]

②를 기준으로 ③은 시계 방향으로 90도 회전, ④는 180도 회전한 모양이다.

33 ③

모양이 다른 1개는 ③이다.

③　　　[비교]　

①을 기준으로 ②는 시계 방향으로 90도 회전, ④는 180도 회전한 모양이다.

---

34 ③

모양이 다른 1개는 ③이다.

③　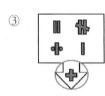　　[비교]　

①을 기준으로 ②는 반시계 방향으로 90도 회전, ④는 180도 회전한 모양이다.

---

35 ②

완성된 그림은 아래와 같다.

따라서 답은 ②이다.

---

36 ②

완성된 그림은 아래와 같다.

따라서 답은 ②이다.

37 ②

완성된 그림은 아래와 같다.

따라서 답은 ②이다.

38 ④

완성된 그림은 아래와 같다.

따라서 답은 ④이다.

39 ①

완성된 그림은 아래와 같다.

따라서 답은 ①이다.

40 ③

완성된 그림은 아래와 같다.

따라서 답은 ③이다.

정답과 해설 실전 모의고사 2회

I 수리 정답									
01	**02**	**03**	**04**	**05**	**06**	**07**	**08**	**09**	**10**
④	①	②	①	①	①	②	③	②	④
11	**12**	**13**	**14**	**15**	**16**	**17**	**18**	**19**	**20**
②	①	②	④	④	②	①	③	①	③
21	**22**	**23**	**24**	**25**	**26**	**27**	**28**	**29**	**30**
①	③	①	③	①	②	③	①	④	③
31	**32**	**33**	**34**	**35**	**36**	**37**	**38**	**39**	**40**
②	③	②	②	①	①	③	②	③	③

01 ④

계산하면 아래와 같다.

$312 + 188 + 353 = 500 + 353 = 853$

따라서 답은 ④이다.

02 ①

계산하면 아래와 같다.

$323 - 234 + 346 = 89 + 346 = 435$

따라서 답은 ①이다.

03 ②

계산하면 아래와 같다.

$791 - 134 - 424 = 657 - 424 = 233$

따라서 답은 ②이다.

04 ①

계산하면 아래와 같다.

$13 \times 3 + 5 \times 21 = (13 \times 3) + (5 \times 21) = 39 + 105 = 144$

따라서 답은 ①이다.

05 ①

계산하면 아래와 같다.

$50 \times 3 \div (34 - 9) = 50 \times 3 \div 25 = 150 \div 25 = 6$

따라서 답은 ①이다.

---

06 ①

계산하면 아래와 같다.

$(1.2 + 1.5) \times 3 = 2.7 \times 3 = 8.1$

따라서 답은 ①이다.

---

07 ②

계산하면 아래와 같다.

$1.5 \div 0.5 \times 1.2 = 3 \times 1.2 = 3.6$

따라서 답은 ②이다.

---

08 ③

계산하면 아래와 같다.

$$\frac{3}{10} \div \frac{2}{5} + \frac{2}{3} \times \frac{9}{4} = \left(\frac{3}{10} \div \frac{2}{5}\right) + \left(\frac{2}{3} \times \frac{9}{4}\right) = \left(\frac{3}{10} \times \frac{5}{2}\right) + \left(\frac{2}{3} \times \frac{9}{4}\right)$$

$$= \frac{3 \times 5}{10 \times 2} + \frac{2 \times 9}{3 \times 4} = \frac{3}{4} + \frac{3}{2} = \frac{3}{4} + \frac{6}{4} = \frac{9}{4}$$

따라서 답은 ③이다.

---

09 ②

계산하면 아래와 같다.

$$123 - 12 \times \frac{7}{2} = 123 - \frac{12 \times 7}{2} = 123 - 42 = 81$$

따라서 답은 ②이다.

---

10 ④

계산하면 아래와 같다.

$(2^3 + 3^2) \times 3 = (2 \times 2 \times 2 + 3 \times 3) \times 3 = (8 + 9) \times 3 = 17 \times 3 = 51$

따라서 답은 ④이다.

---

11 ②

통분을 활용한다.

A: $\dfrac{3}{11}$ $\rightarrow$ $a_1 \times b_2 = 3 \times 17 = 51$

B: $\dfrac{5}{17}$ $\rightarrow$ $a_2 \times b_1 = 11 \times 5 = 55$

따라서 A $\langle$ B이다.

12 ①

직접 계산해본다.

A: $3\dfrac{2}{3}$ $\rightarrow$ $a_1 \times b_2 = 2 \times 7 = 14$

B: $\dfrac{24}{7} = 3\dfrac{3}{7}$ $\rightarrow$ $a_1 \times b_2 = 3 \times 3 = 9$

따라서 A $\rangle$ B이다.

13 ②

직접 계산해본다.

A: $\dfrac{2}{\sqrt{5}}$ $\rightarrow$ $(\dfrac{2}{\sqrt{5}})^2 = \dfrac{2^2}{\sqrt{5}^2} = \dfrac{4}{5}$

B: $\dfrac{3}{2\sqrt{2}}$ $\rightarrow$ $(\dfrac{3}{2\sqrt{2}})^2 = \dfrac{3^2}{(2\sqrt{2})^2} = \dfrac{9}{2\sqrt{2} \times 2\sqrt{2}} = \dfrac{9}{4 \times 2} = \dfrac{9}{8}$

따라서 B $\rangle$ 1 $\rangle$ A이므로 A $\langle$ B이다.

14 ④

계산하면 아래와 같다.

15 ◇ 7 = (15 - 7) × 2 = 8 × 2 = 16

따라서 답은 ④이다.

15 ④

계산하면 아래와 같다.

12 ◎ 6 = 12 + 2 × 6 = 12 + 12 = 24

따라서 답은 ④이다.

16 ②

계산하면 아래와 같다.

(5 ◎ 3) ◇ 4 = (5 + 2 × 3) ◇ 4 = (5 + 6) ◇ 4 = 11 ◇ 4 = (11 - 4) × 2 = 7 × 2 = 14

따라서 답은 ②이다.

17 ①

계산하면 아래와 같다.

$250 \times 0.35 = 87.5$

18 ③

계산하면 아래와 같다.

$150 \times 0.82 = 123$

19 ①

계산하면 아래와 같다.

$30 \times 0.25 = 7.5(\text{m})$

20 ③

계산하면 아래와 같다.

$6 \div 15 = 0.4$

따라서 타율은 4할이다.

21 ①

먼저, 소금의 양을 계산한다.

8%의 소금물 300g에 든 소금의 양 → $0.08 \times 300 = 24(\text{g})$

현재 소금물에 24g의 소금이 들어있으므로, 소금물이 240g이 되면 10%의 소금물이 된다.

따라서 300g의 소금물이 240g이 되기 위해서는 $300 - 240 = 60(\text{g})$의 물이 증발해야 한다.

1분에 15g씩 물이 증발한다면 $60 \div 15 = 4(분)$ 동안 물을 증발시켜야 한다.

22 ③

기차 A의 속력 300km/h를 분속으로 바꾸면 $\dfrac{300}{60} = 5(\text{km/m})$이다.

기차 A는 터널에 진입하여 5분 동안 $5 \times 5 = 25(\text{km})$ 이동 후 기차 B를 만났다. 따라서 기차 B는 5분 동안 $60 - 25 = 35(\text{km})$를 이동했다. 분속으로 표현하면 $\dfrac{35}{5} = 7(\text{km/m})$이다.

따라서 B가 처음 터널에 들어가서 완전히 통과하는 데에 걸리는 시간은 분속 7km로 터널의 길이+기차의 길이, 즉 $60 + 3 = 63(\text{km})$를 가는 데 걸리는 시간이다.

$(\text{시간}) = \dfrac{(\text{거리})}{(\text{속력})} = \dfrac{63}{7} = 9(분)$

23 ①

원가가 7,500원인 옷을 판매하여 원가의 45%의 이익을 얻고 싶을 때의 정가

(정가) = (원가) × 1.45 → 7,500 × 1.45 = 10,875(원)

24 ③

120과 150의 최대공약수를 구한다.

120을 소인수 분해 → $120 = 2 \times 2 \times 2 \times 3 \times 5 = 2^3 \times 3 \times 5$

150을 소인수 분해 → $150 = 2 \times 3 \times 5 \times 5 = 2 \times 3 \times 5^2$

120과 150의 최대공약수는 두 수의 소인수 중에서 공통인 소인수의 곱이다.

따라서 $2 \times 3 \times 5 = 30$이다.

가로, 세로 30cm인 정사각형을 가로 4줄, 세로 5줄로 자르면 총 $4 \times 5 = 20$(개)의 정사각형을 만들 수 있다.

25 ①

아버지의 나이가 아들 나이의 3배가 되는 때를 x년 후라고 하면 아래와 같은 식을 얻는다.

$45 + x = 3(13 + x)$, $45 + x = 39 + 3x$, $45 - 39 = 3x - x$, $6 = 2x$, $x = 3$

따라서 3년 후 아버지의 나이는 아들의 나이의 3배가 된다.

26 ②

물통의 양을 1이라고 하면 호수 A로 1시간 동안 채우는 양은 $\frac{1}{6}$이다.

또한, 호수 B로 1시간 동안 채우는 양은 $\frac{1}{12}$이다.

만약 두 호수로 채우면 1시간 동안 채우는 양은 $\frac{1}{6} + \frac{1}{12} = \frac{2}{12} + \frac{1}{12} = \frac{3}{12} = \frac{1}{4}$이다.

따라서 두 호수로 물통을 완전히 채우면 총 4시간이 걸린다.

27 ③

x초 후 통 A와 B의 기름의 양은 각각 $1,600 - 0.5x$(L), $1,300 - 0.2x$(L)이다.

따라서 아래와 같이 식을 세울 수 있다.

$1,600 - 0.5x = 0.5(1,300 - 0.2x)$

$1,600 - 0.5x = 650 - 0.1x$, $1,600 - 650 = 0.5x - 0.1x$, $950 = 0.4x$, $9,500 = 4x$, $x = 2,375$

따라서 2,375초 후 A에 들어있는 기름이 B에 들어있는 기름의 50%가 된다.

28 ①

연속하는 네 개의 자연수의 평균은 총합에서 4를 나누면 구할 수 있다.

$$\frac{98}{4} = \frac{49}{2} = 24.5$$

따라서 연속하는 네 자연수의 중간 수는 24와 25이다. 즉, 23, 24, 25, 26인 걸 알 수 있다.
이때 가장 작은 수는 23이다.

29 ④

먼저, 숫자 1~5까지 중 세 가지 숫자를 선택하면 $_5C_3 = \frac{5 \times 4 \times 3}{3 \times 2 \times 1} = 10$(가지) 경우가 나온다.

이 세 가지 숫자로 세 자리 수를 만드는 것은 순서대로 배열하는 것과 같다.

따라서 순열을 사용하여 $3! = 3 \times 2 \times 1 = 6$(가지)를 구할 수 있다.

숫자 1~5까지 중 세 가지 숫자를 선택해서 세 자리 수를 만드는 경우의 수는 아래와 같다.

$10 \times 6 = 60$(가지)

30 ③

오늘 서울에 비가 오지 않을 확률은 $1 - \frac{1}{5} = \frac{4}{5}$이다.

오늘 부산에 비가 오지 않을 확률은 $1 - \frac{1}{4} = \frac{3}{4}$이다.

따라서 오늘 서울과 부산에 모두 비가 오지 않을 확률은 $\frac{4}{5} \times \frac{3}{4} = \frac{3}{5}$이다.

31 ②

연봉 4,000만 원인 사람의 월급은 $\frac{4,000}{12} ≒ 333$(만 원)이다. 따라서 250~350만 원 구간에 속한다.

2021년 250~350만 원 구간의 비율은 17.8%이다. 따라서 2021년 우리나라 임금근로자가 2,000만 명이라고 가정하면 $2,000 \times 0.178 = 356$(만 명)을 계산할 수 있다.

32 ③

③ ×

2020년 소득 구간별 비중이 네 번째로 높은 구간은 '85만 원 이상~150만 원 미만'이다.

① ○

2020년 월급 소득 800~1,000만 원의 비율은 2.6%, 1,000만 원 이상은 2.6%로 합쳐서 5.2%이다.

② ○

2021년 월급 소득 85~150만 원의 비율은 9.7%, 85만 원 미만은 13.8%로 합쳐서 $9.7 + 13.8 = 23.5$(%)
이다.

④ ○

2020년 월소득 450만 원 이상~550만 원 미만인 사람의 비율은 6.6%이고, 2021년은 6.8%이다.

33 ②

계산하면 아래와 같다.

$$\frac{27,509 + 27,088 + 27,741}{3} = \frac{82,338}{3} = 27,446(천 \ 명) \rightarrow 27,446,000명$$

34 ②

② ○

2021년 비임금근로자의 비중은 23.9%이고, 임시일용직 근로자의 수는 21.8%이다. 따라서 이 해의 비임금근로자의 수는 임시일용직 근로자의 수보다 많다.

① ×

전체 취업자 수는 27,088(천 명)으로 2020년이 가장 적다.

③ ×

2019년은 2020년에 비해 전체 취업자의 수가 더 많았고, 임시일용직 근로자의 비중도 더 높았다. 따라서 임시일용직 근로자의 수는 2020년이 2019년보다 적었다.

④ ×

2019년에는 상용직 근로자가 52.5%, 임시일용직 근로자가 22.9%로 30% 이상 차이가 나지 않았다.

35 ①

2020년 우리나라 전체 취업자의 수는 27,088(천 명)이고 비임금근로자의 비중은 24.5%이다.

$27,088 \times 0.245 = 6,636.56 ≒ 6,637(천 \ 명) \rightarrow 6,637,000명$

36 ①

① ×

2017년 승진자는 10,133명이고, 2021년 승진자는 6,358명이다. 차이는 $10,133 - 6,358 = 3,755(명)$이다. 따라서 2017년과 2021년 승진자의 차이는 4,000명 이하이다.

② ○

2018년 승진자는 8,584명이고, 2020년 승진자는 6,925명이다. 차이는 $8,584 - 6,925 = 1,659(명)$이다.

③ ○

2019년 승진자는 7,813명이고, 2021년 승진자는 6,358명이다. 차이는 $7,813 - 6,358 = 1,455(명)$이다.

④ ○

2017년 승진자는 10,133명이고, 2018년 승진자는 8,584명이다. 차이는 $10,133 - 8,584 = 1,549(명)$이다.

37 ③

2017년 승진자 수는 10,133명이고, 2021년은 6,358명이다.

$$(1 - \frac{6,358}{10,133}) \times 100 = (1 - 0.627 \cdots) \times 100 ≒ (1 - 0.63) \times 100 = 0.37 \times 100 = 37\%$$

38 ②

일하는 1인 가구의 비율이 높기 위해서는 일하는 1인 가구 수가 많을수록, 일하지 않는 1인 가구 수가 적을수록 일하는 사람의 비율이 높아진다. 자료를 보면 30~39세에서 일하는 1인 가구 수가 637(천 가구)로 가장 많으면서, 일하지 않는 수는 77(천 가구)로 가장 적다. 따라서 계산할 필요 없이 30~39세의 일하는 1인 가구 비율이 가장 높다.

39 ③

③ ○

남자 1인 가구가 가장 많은 순으로 보면 30~39세, 29세 이하, 50~59세 순이다. 따라서 세 번째로 많은 연령은 50~59세이다.

① ×

남자는 3,304(천 가구) 중 2,354(천 가구)가 일을 하고, 여자는 3,339(천 가구) 중 1,756(천 가구)가 일을 한다. 따라서 직관적으로 남자 1인 가구의 일하는 비율이 더 높은 것을 확인할 수 있다.

② ×

70세 이상 1인 가구는 남자가 286(천 가구)이고, 여자는 917(천 가구)로 여자가 더 많다.

④ ×

여자 1인 가구가 두 번째로 적은 연령은 30~39세이다.

40 ③

남자 70세 이상 1인 가구의 일하는 비율을 계산해본다.

$$\frac{68}{286} \times 100 = 0.2377 \cdots \times 100 ≒ 24\%$$

					Ⅱ 추리 정답				
01	02	03	04	05	06	07	08	09	10
②	②	④	②	③	④	③	④	①	④
11	12	13	14	15	16	17	18	19	20
④	②	③	③	④	③	①	①	②	②
21	22	23	24	25	26	27	28	29	30
②	④	③	①	②	③	②	①	②	①
31	32	33	34	35	36	37	38	39	40
③	②	③	③	①	②	③	①	③	②

01 ②

+3, +5, +7, +9, …으로 증가하는 수열이다.

	+3		+5		+7		+9		+11		+13	
1	→	4	→	9	→	16	→	25	→	36	→	49

02 ②

÷2씩 감소하는 등비수열이다.

	÷2		÷2		÷2		÷2		÷2		÷2	
128	→	64	→	32	→	16	→	8	→	4	→	2

03 ④

×3, ×4가 반복되는 수열이다.

	×3		×4		×3		×4		×3		×4	
3	→	9	→	36	→	108	→	432	→	1,296	→	5,184

04 ②

×3, 앞의 두 수의 합이 반복되는 수열이다.

	×3		5+15		×3		20+60		×3		80+240	
5	→	15	→	20	→	60	→	80	→	240	→	320

05 ③

÷2, −240이 반복되는 수열이다.

	÷2		-240		÷2		-240		÷2		-240	
4,200	→	2,100	→	1,860	→	930	→	690	→	345	→	105

06 ④

2^N-1로 배열되는 수열이다.

1	→	3	→	7	→	15	→	31	→	63	→	127

07 ③

+2, ×2, +3, ×2, +4, ×2로 반복되는 수열이다.

	+2		×2		+3		×2		+4		×2	
1	→	3	→	6	→	9	→	18	→	22	→	44

08 ④

÷3, ×6으로 반복되는 수열이다.

	÷3		×6		÷3		×6		÷3		×6	
15	→	5	→	30	→	10	→	60	→	20	→	120

09 ①

×2, +1.5로 반복되는 수열이다.

	×2		+1.5		×2		+1.5		×2		+1.5	
4	→	8	→	9.5	→	19	→	20.5	→	41	→	42.5

10 ④

−6, ×2, −5, ×2, −4, ×2, …로 증가하는 수열이다.

	-6		×2		-5		×2		-4		×2	
20	→	14	→	28	→	23	→	46	→	42	→	84

11 ④

+1, +2, +3, +4, +5, +6으로 증가하는 수열이다.

A	B	C	D	E	F	G	H	I	J	K	L	M
1	2	3	4	5	6	7	8	9	10	11	12	13
N	O	P	Q	R	S	T	U	V	W	X	Y	Z
14	15	16	17	18	19	20	21	22	23	24	25	26

	+1		+2		+3		+4		+5		+6	
C(3)	→	D(4)	→	F(6)	→	I(9)	→	M(13)	→	R(18)	→	X(24)

12 ②

×2, +3으로 반복되는 수열이다.

	×2		+3		×2		+3		×2		+3	
B(2)	→	D(4)	→	G(7)	→	N(14)	→	Q(17)	→	H(34)	→	K(37)

13 ③

−3, +1로 반복되는 수열이다.

	-3		+1		-3		+1		-3		+1	
T(20)	→	Q(17)	→	R(18)	→	O(15)	→	P(16)	→	M(13)	→	N(14)

14 ③

+1, −2, +3, −4, +5, −6으로 증가하는 수열이다.

가	나	다	라	마	바	사	아	자	차	카	타	파	하
ㄱ	ㄴ	ㄷ	ㄹ	ㅁ	ㅂ	ㅅ	ㅇ	ㅈ	ㅊ	ㅋ	ㅌ	ㅍ	ㅎ
1	2	3	4	5	6	7	8	9	10	11	12	13	14

	+1		-2		+3		-4		+5		-6	
아(8)	→	자(9)	→	사(7)	→	차(10)	→	바(6)	→	카(11)	→	마(5)

15 ④

+4, −3, +5, −3, +6, −3으로 증가하는 수열이다.

	+4		-3		+5		-3		+6		-3	
다(3)	→	사(7)	→	라(4)	→	자(9)	→	바(6)	→	타(12)	→	자(9)

16 ③
아래와 같은 규칙의 수열이다.

		+1		+2		+3		+4		+5		
	+2		+3		+5		+8		+12		+17	
4	→	6	→	9	→	14	→	22	→	34	→	51

17 ①
아래와 같은 규칙의 수열이다.

	+3		-2		+6		-3		+2		-6	
1	→	4	→	2	→	8	→	5	→	7	→	1

18 ①
아래와 같은 규칙의 수열이다.

	-3		-1		-3		-1		-3		-1	
9	→	6	→	5	→	2	→	1	→	-2	→	-3

19 ②
아래와 같은 규칙의 수열이다.

	-2		+3		-2		+3		-2		+3	
11	→	9	→	12	→	10	→	13	→	11	→	14

20 ②
아래와 같은 규칙의 수열이다.

		1+1				2+3				5+8		
1	→	1	→	2	→	3	→	5	→	8	→	11
				1+2				3+5				

21 ②

아래와 같이 명제를 연결할 수 있다.

명제1	양초를 좋아하면 향을 좋아한다.	A(양초) → B(향)
명제2	향을 좋아하면 신맛을 좋아한다. [대우] 신맛을 좋아하지 않으면 향을 좋아하지 않는다.	B(향) → C(신맛)
명제3	신맛을 좋아하면 독서를 좋아한다.	C(신맛) → D(독서)
결론	양초를 좋아하면 독서를 좋아한다.	A(양초) → B(향) → C(신맛) → D(독서)

22 ④

아래와 같이 명제를 연결할 수 있다.

명제1	사자를 무서워하면 호랑이를 무서워한다.	A(사자) → B(호랑이)
명제2	호랑이를 무서워하면 고양이를 무서워하지 않는다. [대우] 고양이를 무서워하면 호랑이를 무서워하지 않는다.	B(호랑이) → C(고양이×)
명제3	고양이를 무서워하지 않으면 강아지를 무서워한다.	C(고양이×) → D(강아지)
결론	사자를 무서워하면 강아지를 무서워한다.	A(사자) → B(호랑이) → C(고양이×) → D(강아지)

23 ③

아래와 같이 명제를 연결할 수 있다.

명제1	장미를 좋아하면 코스모스를 좋아하지 않는다.	A(장미) → B(코스모스×)
명제2	코스모스를 좋아하지 않으면 국화를 좋아한다.	B(코스모스×) → C(국화)
명제3	국화를 좋아하면 민들레를 좋아하지 않는다. [대우] 민들레를 좋아하면 국화를 좋아하지 않는다.	C(국화) → D(민들레×)
결론	장미를 좋아하면 민들레를 좋아하지 않는다. [대우] 민들레를 좋아하면 장미를 좋아하지 않는다.	A(장미) → B(코스모스×) → C(국화) → D(민들레×)

24 ①

아래와 같이 명제를 연결할 수 있다.

명제1	참치를 잡으면 고등어를 잡는다.	A(참치) → B(고등어)
명제2	고등어를 잡으면 꽁치를 잡는다. [대구] 꽁치를 잡지 못하면 고등어를 잡지 못한다.	B(고등어) → C(꽁치)
명제3	꽁치를 잡으면 대구를 잡지 못한다.	C(꽁치) → D(대구×)
결론	참치를 잡으면 대구를 잡지 못한다. [대우] 대구를 잡으면 참치를 잡지 못한다.	A(참치) → B(고등어) → C(꽁치) → D(대구×)

따라서 참이다.

25 ②

아래와 같이 명제를 연결할 수 있다.

명제1	참치를 잡으면 고등어를 잡는다.	A(참치) → B(고등어)
명제2	고등어를 잡으면 꽁치를 잡는다. [대구] 꽁치를 잡지 못하면 고등어를 잡지 못한다.	B(고등어) → C(꽁치)
명제3	꽁치를 잡으면 대구를 잡지 못한다.	C(꽁치) → D(대구×)
명제4	대구를 잡지 못하면 정어리를 잡지 못한다. [대구] 정어리를 잡으면 대구를 잡는다.	D(대구×) → E(정어리×)
결론	참치를 잡으면 정어리를 잡지 못한다.	A(참치) → B(고등어) → C(꽁치) → D(대구×) → E(정어리×)

따라서 거짓이다.

26 ③

아래와 같이 명제를 연결할 수 있다.

명제1	고등어를 잡으면 꽁치를 잡는다. [대구] 꽁치를 잡지 못하면 고등어를 잡지 못한다.	A(고등어) → B(꽁치)
명제2	꽁치를 잡으면 대구를 잡지 못한다.	B(꽁치) → C(대구×)
명제3	대구를 잡지 못하면 정어리를 잡지 못한다. [대구] 정어리를 잡으면 대구를 잡는다.	C(대구×) → D(정어리×)
결론	고등어를 잡으면 정어리를 잡지 못한다.	A(고등어) → B(꽁치) → C(대구×) → D(정어리×)

'고등어를 잡으면 정어리를 잡지 못한다.'가 참일 때, 그 역인 '정어리를 잡지 못하면 고등어를 잡는다.' 는 참일 수도 있고, 거짓일 수도 있다. 따라서 진위를 판별할 수 없다.

27 ②

아래와 같이 표를 그려서 조건을 연결해본다.

1등	2등	3등	4등	5등

• A는 C보다 점수가 높았고, 둘의 점수 사이에는 누군가 한 명이 있다.

이 경우 가능한 상황은 총 3가지이다.

구분	1등	2등	3등	4등	5등
경우1	A		C		
경우2		A		C	
경우3			A		C

• E는 B보다 점수가 높고, 3번째로 높은 점수를 얻었다.

E가 3등일 수 있는 경우는 3가지 경우 중 '경우2'로 유일하다.

구분	1등	2등	3등	4등	5등
경우1(×)	A		C		
경우2(○)		A	E	C	
경우3(×)			A		C

따라서 E는 B보다 점수가 높으므로, 5등은 B, 1등은 남은 D이다.

1등	2등	3등	4등	5등
D	A	E	C	B

따라서 옳지 않은 것은 ②이다.

28 ①

아래와 같이 표를 그려서 조건을 연결해본다.

5층	C		
4층	×	C	
3층	B	×	C
2층		B	×
1층			B

• C는 B보다 두 층 위에 살고 그 사이 층은 친구 중 아무도 살지 않는다.
이 경우 총 3가지 경우를 나타낼 수 있다.

5층	C		
4층	×	C	
3층	B	×	C
2층	E	B	×
1층		E	B

• 친구 중 아무도 살지 않는 층의 2층 아래에는 E가 산다.
3가지 경우 중 총 2가지가 가능하다.

5층	C	A
4층	×	C, D
3층	B	×
2층	E	B
1층		E

• A는 D의 바로 위층에 살고, D의 층에는 C가 산다.
따라서 가능한 경우는 한 가지로 확정할 수 있다.

5층	A
4층	C, D
3층	×
2층	B
1층	E

최종적으로 왼쪽과 같은 결론을 얻을 수 있다.
따라서 옳지 않은 것은 ①이다.

29 ②

아래와 같이 표를 그려서 조건을 연결해본다.

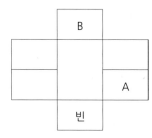

• B의 맞은 편에는 빈의자가 있고 빈의자의 오른쪽 자리에는 A가 앉아 있다.
B를 고정하고 표를 그리면 B의 맞은 편은 빈의자, 그 오른쪽에는 A가 앉는다.

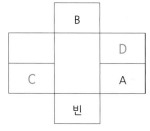

• C의 맞은 편에는 D가 앉아 있고, D의 오른쪽 자리에는 B가 앉아 있다.
따라서 B의 왼쪽 자리는 D가 앉고, 그 맞은 편에는 C가 앉는다.

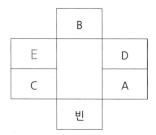

이제 남은 한 자리에는 E가 앉는다.
(원탁으로 표를 둥글게 생각하면 (B, 빈), (E, A), (C, D)가 마주보고 있다.)

30 ①

아래와 같이 표를 그려서 조건을 연결해본다.

401		G	402
301	D	D	302
201			202
101			102

- G는 402호에 살고 그 아래층에는 D가 산다.
  G의 집을 고정하고 D는 그 아래층에 살기 때문에 3층에
  산다. 즉 301호 아니면 302호이다.

401	A	G	402
301	D		302
201	E		202
101	E		102

- A와 D, E는 끝자리 호수가 같고, A는 D와 E보다 높은 층
  에 산다. A는 D보다 높은 층에 살기 때문에 4층에 살고,
  남은 401호에 산다. 그리고 D는 A와 끝자리 호수가 같으
  므로 301호에 산다. E는 끝자리 호수가 1인 201호 또는
  101호에 산다.

401	A	G	402
301	D		302
201	C, H	C, H	202
101	E		102

- C는 H와 같은 층에 살고 아래층에는 E가 산다.
  C와 H는 같은 층에 살기 때문에 남은 1층 또는 2층에 산
  다. 이때 아래층에 E가 산다고 했으므로 2층에 살고, E는
  1층에 산다.

401	A	G	402
301	D	B, F	302
201	C, H	C, H	202
101	E	B, F	102

이제 남은 B, F는 301호 또는 101호에 살게 된다.
결과를 정리하면 왼쪽과 같다.

2층에 살고 있는 사람은 C와 H이기 때문에 B는 2층에 살고 있지 않다.

31 ③

C는 201호 또는 202호에 산다. 따라서 C의 집의 끝자리 숫자가 2인지는 진위를 판별할 수 없다.

32 ②

E는 1층에 산다.

33 ③

종합해 보면 '호주 〉 이란 〉 카타르, 사우디아라비아'라는 것을 알 수 있다. 이란은 우승하지는 못했지만, 최소한 뒤에 2팀이 있어서 4위 안에 들었다. 따라서 2위, 3위, 4위 중 한 가지를 했고, 일본과 이란의 순위 차이는 3이다. 가능한 경우를 우선 넣어본다.

순위	1	2	3	4	5	6
경우1	일본			이란		
경우2			이란			일본
경우3		이란			일본	

일본은 우승하지 못했기 때문에 경우1은 제외할 수 있다.

순위	1	2	3	4	5	6
경우2			이란			일본
경우3		이란			일본	

나머지 조건인 한국과 카타르는 준결승 즉, 4위 안에 있고, 카타르와 사우디아라비아의 순위는 바로 붙어 있는 것을 적용해본다.

순위	1	2	3	4	5	6
경우2	호주, 한국		이란	카타르	사우디	일본
경우3	한국, 호주	이란	카타르, 사우디		일본	

여기서, 경우3은 호주가 이란 앞에 있어야 하는 조건과 한국이 준결승에 올라야 하는 조건이 서로 모순이 된다. 따라서 가능한 경우는 2가지이다.

순위	1	2	3	4	5	6
경우1	한국	호주	이란	카타르	사우디	일본
경우2	호주	한국	이란	카타르	사우디	일본

한국은 1등 아니면 2등을 할 수 있다. 따라서 진위를 판별할 수 없다.

34 ③

호주는 1등 아니면 2등을 할 수 있다. 따라서 진위를 판별할 수 없다.

35 ①

이란은 모든 경우 3등을 한다. 따라서 참이다.

36 ②

사우디아라비아는 모든 경우 5등을 한다. 따라서 거짓이다.

37 ③

우선 A가 3번째로 도착했다고 했으므로 그것을 피벗 조건으로 고정하고 시작한다.

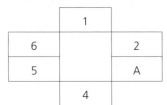

12시 방향을 첫 번째로 도착한 자리라고 하고 A의 위치를 넣는다.

- C와 E는 연달아 도착하였다.
- D는 E보다 먼저 도착하였다.

위 두 조건을 연결하면 D 〉C, E이고, D는 최소한 4번째 안으로 왔다. 그런데 만약 D가 4번째로 왔다고 가정하면 1, 2번째 온 사람은 B, F가 된다. 두 사람은 이웃하여 앉지 않으므로 D는 1, 2번째 안에 와야 한다.

D가 2번째로 왔다고 가정하면 F는 C의 맞은편에 앉아야 하므로 1번째 자리로 고정된다. 그러면 C는 4번째 자리에 고정되고 나머지 자리도 고정된다.

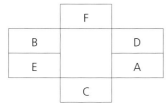
B와 F가 이웃하여 앉으므로 조건에 맞지 않다.

따라서 D는 반드시 1번째 자리에 와야 한다. 그러면 F는 2번째 자리에 고정, C는 그 맞은편인 5번째 자리에 고정된다. 이때 총 2가지 경우가 가능하다.

(경우-1)

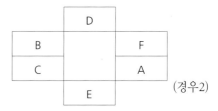
(경우-2)

A와 C 사이에 앉는 사람은 B 또는 E이다. 따라서 진위를 판별할 수 없다.

38 ①

A와 D 사이에 앉는 사람은 항상 F이다. 따라서 참이다.

39 ③

C와 D 사이에 앉는 사람은 B 또는 E이다. 따라서 진위를 판별할 수 없다.

40 ②

B와 E 사이에 앉는 사람은 항상 C이다. 따라서 거짓이다.

III 지각 정답									
01	02	03	04	05	06	07	08	09	10
①	②	②	②	③	④	④	③	②	②
11	12	13	14	15	16	17	18	19	20
④	③	②	④	③	③	③	③	①	①
21	22	23	24	25	26	27	28	29	30
③	②	②	④	②	④	①	③	④	①
31	32	33	34	35	36	37	38	39	40
②	③	④	②	③	③	④	②	②	①

01 ①

주어진 문자 배열의 좌와 우는 같다.

02 ②

주어진 문자 배열의 좌와 우는 다르다.

■△▽▼→↔★○◎＝▲ － ■△▽▼→↔★◎◎＝▲

03 ②

주어진 문자 배열의 좌와 우는 다르다.

◀▶♠♥♧♣▶▷▨▧▩▨♤ － ◀▶♠♥♧♣▶◁▨▧▩▨♤

04 ②

좌우가 서로 다른 것은 ②이다.

▽▲■●◎◇○● － ▽▲■●◎○○●

05 ③

좌우가 서로 다른 것은 ③이다.

ФдХТДГБРТв － ФдХТДГГРТв

06 ④

좌우가 서로 다른 것은 ④이다.

日曰月斤木无方牛 － 日曰月斤木月方牛

07 ④

서로 같은 것은 ④이다.

① チビヒナサネサカクヌ

② チビヒナナネサカクヌ

③ チビヒナクネサカヵヌ

08 ③

서로 같은 것은 ③이다.

① ★☆●◎◆◆◎●▼▽△■

② ★☆●◎◎◇◎●▼▽△■

④ ★☆●◎◆◇◎●▽▽△■

09 ②

서로 같은 것은 ②이다.

① サザタチギワワラルビヒ

③ サザタチギアワラチビヒ

④ ザザタチギアワラルビヒ

10 ②

개수를 세어 보면 아래와 같다.

テデフウビッフペナブコヂピ

11 ④

개수를 세어 보면 아래와 같다.

ⅤⅥⅦⅣⅨⅣⅢⅩⅣⅪⅤⅥⅣ

12 ③

개수를 세어 보면 아래와 같다.

£€₮€₵₽Å€€m£₣

13 ②

55,737은 ② 35,343~56,324 안에 속한다.

14 ④

83,222는 ④ 79,323~96,223 안에 속한다.

15 ③

자두는 ③ 앗~참 안에 속한다.

가	나	다	라	마	바	사	아	자	차	카	타	파	하

16 ③

층별로 세어보면 아래와 같다.

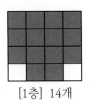 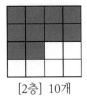 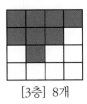

[1층] 14개　　[2층] 10개　　[3층] 8개　　[4층] 3개

따라서 총 35개이다.

17 ③

3층에 있는 블록 중 다른 블록과 2개의 면이 접촉하는 블록은 아래와 같다.

따라서 2개이다.

18 ③

색칠한 블록을 기준으로 보았을 때 접촉하고 있는 면은 뒷면, 앞면, 오른쪽 면, 왼쪽 면 총 4개의 면이다.

따라서 4개이다.

19 ①

층별로 세어보면 아래와 같다.

[1층] 12개

[2층] 10개

[3층] 6개

[4층] 2개

따라서 총 30개이다.

20 ①

3층에 있는 블록 중 다른 블록과 2개의 면이 접촉하는 블록은 없다.

3층에는 있는 블록 6개는 모두 3개 이상의 블록과 접해 있다.

21 ③

직육면체 모양으로 블록을 채우려면 층별로 흰 공백을 채우면 된다.

[1층] +4개

[2층] +6개

[3층] +10개

[4층] +14개

따라서 34개이다.

22 ②

층별로 세어보면 아래와 같다.

[1층] 14개

[2층] 8개

[3층] 4개

[4층] 1개

따라서 총 27개이다.

23 ②

색칠한 블록을 기준으로 보았을 때 접촉하고 있는 면은 뒷면, 아랫면, 왼쪽 면 총 3개의 면이다.

따라서 3개이다.

24 ④

직육면체 모양으로 블록을 채우려면 층별로 흰 공백을 채우면 된다.

[1층] +2개   [2층] +8개   [3층] +12개   [4층] +15개

따라서 37개이다.

25 ②

②는 주어진 도형을 시계 방향으로 90도 회전시킨 같은 도형이다.

각각 다른 부분을 찾아보면 아래와 같다.

① 작은 원이 흰색이 아니라 검정색이어야 한다.

③ 하트와 작은 네모의 위치가 바뀌어야 한다.

④ 작은 네모의 색이 검정색이어야 한다.

26 ④

④는 주어진 도형을 시계 방향으로 180도 회전시킨 같은 도형이다.

각각 다른 부분을 찾아보면 아래와 같다.

① 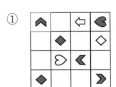　　② 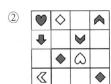　　③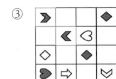

27 ①

①은 주어진 도형을 반시계 방향으로 90도 회전시킨 같은 도형이다.

각각 다른 부분을 찾아보면 아래와 같다.

주어진 도형은 3개의 조각이 연달아 붙어 있는 경우는 없다.

② 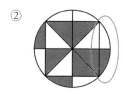　　③ 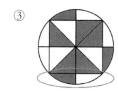　　④

28 ③

③은 주어진 도형을 시계 방향으로 90도 회전시킨 같은 도형이다.

각각 다른 부분을 찾아보면 아래와 같다.

① 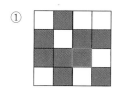　　② 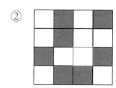　　④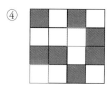

29 ④

④는 주어진 도형을 반시계 방향으로 90도 회전시킨 같은 도형이다.

각각 다른 부분을 찾아보면 아래와 같다.

① 　　② 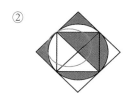　　③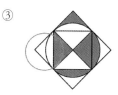

30 ①

모양이 다른 1개는 ①이다.

① 　　　　[비교]

②를 기준으로 ③은 반시계 방향으로 90도 회전, ④는 180도 회전한 모양이다.

31 ②

모양이 다른 1개는 ②이다.

②   [비교]

①을 기준으로 ③은 반시계 방향으로 90도 회전, ④는 시계 방향으로 90도 회전한 모양이다.

32 ③

모양이 다른 1개는 ③이다.

③    [비교]

①을 기준으로 ②는 반시계 방향으로 90도 회전, ④는 180도 회전한 모양이다.

33 ④

모양이 다른 1개는 ④이다.

④   [비교]

①을 기준으로 ②는 반시계 방향으로 90도 회전, ③은 180도 회전한 모양이다.

34 ②

모양이 다른 1개는 ②이다.

②   [비교]

①을 기준으로 ③은 시계 방향으로 90도 회전, ④는 180도 회전한 모양이다.

35 ③

완성된 그림은 아래와 같다.

따라서 답은 ③이다.

36 ③

완성된 그림은 아래와 같다.

따라서 답은 ③이다.

37 ④

완성된 그림은 아래와 같다.

따라서 답은 ④이다.

38 ②

완성된 그림은 아래와 같다.

따라서 답은 ②이다.

39 ②

완성된 그림은 아래와 같다.

따라서 답은 ②이다.

40 ①

완성된 그림은 아래와 같다.

따라서 답은 ①이다.

정답과 해설 실전 모의고사 3회

					Ⅰ 수리 정답				
01	02	03	04	05	06	07	08	09	10
③	①	④	①	④	①	①	①	④	①
11	12	13	14	15	16	17	18	19	20
②	①	①	④	①	④	③	①	②	①
21	22	23	24	25	26	27	28	29	30
①	②	①	①	④	②	④	③	④	③
31	32	33	34	35	36	37	38	39	40
③	④	①	④	②	①	④	①	③	②

01 ③

계산하면 아래와 같다.

$211 + 181 + 390 = 392 + 390 = 782$

따라서 답은 ③이다.

02 ①

계산하면 아래와 같다.

$722 - 517 + 202 = 205 + 202 = 407$

따라서 답은 ①이다.

03 ④

계산하면 아래와 같다.

$919 - 244 - 409 = 675 - 409 = 266$

따라서 답은 ④이다.

04 ①

계산하면 아래와 같다.

$(5 + 7) \div 4 \times 15 = 12 \div 4 \times 15 = 3 \times 15 = 45$

따라서 답은 ①이다.

05 ④

계산하면 아래와 같다.

$(8 \div 2 + 6) \times 12 = (4 + 6) \times 12 = 10 \times 12 = 120$

따라서 답은 ④이다.

06 ①

계산하면 아래와 같다.

$2.5 \times 3 + 4.4 = 7.5 + 4.4 = 11.9$

따라서 답은 ①이다.

07 ①

계산하면 아래와 같다.

$(3.7 - 2.2) \div 3 = 1.5 \div 3 = 0.5$

따라서 답은 ①이다.

08 ①

계산하면 아래와 같다.

$\dfrac{15}{6} \times \dfrac{2}{3} - \dfrac{2}{3} \div \dfrac{1}{2} = \dfrac{15 \times 2}{6 \times 3} - \left(\dfrac{2}{3} \times \dfrac{2}{1}\right) = \dfrac{5}{3} - \dfrac{2 \times 2}{3 \times 1} = \dfrac{5}{3} - \dfrac{4}{3} = \dfrac{1}{3}$

따라서 답은 ①이다.

09 ④

계산하면 아래와 같다.

$5 + 12 \div \dfrac{4}{3} = 5 + 12 \times \dfrac{3}{4} = 5 + \dfrac{12 \times 3}{4} = 5 + 9 = 14$

따라서 답은 ④이다.

10 ①

계산하면 아래와 같다.

$4^2 - 3^3 + 2^4 = 4 \times 4 - 3 \times 3 \times 3 + 2 \times 2 \times 2 \times 2 = 16 - 27 + 16 = -11 + 16 = 5$

따라서 답은 ①이다.

11 ②

통분을 활용한다.

A: $\dfrac{9}{4}$ → $a_1 \times b_2 = 9 \times 11 = 99$

B: $\dfrac{25}{11}$ → $a_1 \times b_2 = 4 \times 25 = 100$

따라서 A $\langle$ B이다.

12 ①

직접 계산해본다.

A: $\dfrac{7}{11}$ → $a_1 \times b_2 = 7 \times 10 = 70$

B: $0.6 = \dfrac{6}{10}$ → $a_1 \times b_2 = 11 \times 6 = 66$

따라서 A $\rangle$ B이다.

13 ①

직접 계산해본다.

A: $\sqrt{2}$ → $\sqrt{2}^2 = 2$

B: $\dfrac{3\sqrt{2}}{4}$ → $(\dfrac{3\sqrt{2}}{4})^2 = \dfrac{3^2 \times \sqrt{2}^2}{4^2} = \dfrac{9 \times 2}{16} = \dfrac{18}{16}$

따라서 A $\rangle$ B이다.

14 ④

계산하면 아래와 같다.

$24 \diamond 3 = \dfrac{24}{2} + 2 \times 3 = 12 + 2 \times 3 = 12 + 6 = 18$

따라서 답은 ④이다.

15 ①

계산하면 아래와 같다.

$12 \circledcirc 6 = 4 \times 12 - 6 = 48 - 6 = 42$

따라서 답은 ①이다.

16 ④

계산하면 아래와 같다.

$(6 \diamond 1) \circledcirc 2 = (\dfrac{6}{2} + 2 \times 1) \circledcirc 2 = (3 + 2 \times 1) \circledcirc 2 = 5 \circledcirc 2 = 4 \times 5 - 2 = 20 - 2 = 18$

따라서 답은 ④이다.

17 ③

계산하면 아래와 같다.

$500 \times 0.772 = 386$

---

18 ①

계산하면 아래와 같다.

$320 \times 0.025 = 8$

---

19 ②

계산하면 아래와 같다.

$12 \times 0.425 = 5.1(\text{L})$

---

20 ①

계산하면 아래와 같다.

$1 \div 8 = 0.125$

따라서 타율은 1할 2푼 5리이다.

---

21 ①

먼저, 설탕의 양을 계산한다.

10%의 설탕물 350g에 든 설탕의 양 → $0.10 \times 350 = 35(\text{g})$

5%의 설탕물 xg에 든 설탕의 양 → $0.05 \times x = 0.05x(\text{g})$

그러면 총 $(350 + x)$g의 설탕물에 $(35 + 0.05x)$g의 설탕이 들어 있다.

50g의 설탕물을 증발시켰다고 하였으니, 아래와 같은 식을 얻을 수 있다.

$(\text{농도}) = \dfrac{(\text{용질의 양})}{(\text{용액의 양})} \times 100 \rightarrow 9 = \dfrac{35 + 0.05x}{350 + (x - 50)} \times 100$

$9 = \dfrac{35 + 0.05x}{350 + (x - 50)} \times 100, \quad 9 = \dfrac{(35 + 0.05x) \times 100}{350 + x - 50}, \quad 9 = \dfrac{3,500 + 5x}{300 + x}$

$9(300 + x) = 3,500 + 5x, \quad 2,700 + 9x = 3,500 + 5x, \quad 9x - 5x = 3,500 - 2,700$

$4x = 800, \quad x = 200$

---

22 ②

시속 80km/h로 120km를 가면 $\dfrac{120}{80} = \dfrac{3}{2} = 1.5(\text{시간})$이 걸린다. 1.5시간은 1시간 30분이므로, 예정시간보다 30분 일찍 부산에 도착하려면 대구에서부터 부산까지 1시간에 와야 한다. 120km를 1시간에 오려면 시속 120km로 오면 된다.

23 ①

원가에 40%의 이익을 붙인 정가는 $x \times 1.4 = 1.4x$이고, 500원을 할인하여 20% 이상 이익을 남기려면 아래와 같이 식을 얻을 수 있다.

$1.4x - 500 = 1.2x, \ 1.4x - 1.2x = 500, \ 0.2x = 500, \ x = 2,500$(원)

24 ①

18과 24의 최소공배수를 구한다.

18을 소인수 분해 → $18 = 2 \times 3 \times 3 = 2 \times 3^2$

24를 소인수 분해 → $24 = 2 \times 2 \times 2 \times 3 = 2^3 \times 3$

18과 24의 최소공배수는 두 수의 소인수를 모두 포함하는 가장 작은 수이다.

$2^3 \times 3^2 = 8 \times 9 = 72$

따라서 톱니가 72번 움직이면 두 톱니바퀴가 서로 처음으로 맞물린다. 이때 톱니바퀴 B는 톱니가 24개이므로 $72 \div 24 = 3$(번) 회전한다.

25 ④

아들의 나이를 x, 어머니의 나이를 y라 하면 아래와 같이 식을 세울 수 있다.

$x + y = 55$ ---- ㉠

$2(x + 16) = y + 16, \ 2x + 32 = y + 16, \ 2x - y = 16 - 32, \ 2x - y = -16$ ---- ㉡

두 식을 연립(㉠ + ㉡)한다.

$3x = 39, \ x = 13$

따라서 현재 아들의 나이는 13살이다.

26 ②

호수 A로 물통을 채울 때, 완전히 채워지기까지 6시간이 걸리기 때문에 1시간에 호수 A는 이 물통의 $\frac{1}{6}$을 채울 수 있다. 또한 호수 B로 물통을 채울 때, 완전히 채워지기까지 9시간이 걸리기 때문에 1시간에 호수 A는 이 물통의 $\frac{1}{9}$을 채울 수 있다.

물통의 양을 1이라고 하면 호수 A로 4시간 동안 $\frac{1}{6} \times 4 = \frac{4}{6} = \frac{2}{3}$를 채웠다.

따라서 물통의 남은 양은 $1 - \frac{2}{3} = \frac{1}{3}$이다.

호수 B로 물통의 나머지 $\frac{1}{3}$을 채우는 시간은 아래와 같다.

$\frac{1}{9} \times x = \frac{1}{3}, \ \frac{x}{9} = \frac{1}{3}, \ x = 3$(시간)

따라서 답은 ②이다.

27 ④

A시계는 한 시간에 1초씩 빨라지고, B시계는 한 시간에 1.5초씩 느려지기 때문에 둘의 차는 한 시간에 2.5초이다. 하루에는 $2.5 \times 24 = 60$(초) 즉, 1분씩 차이가 난다. 따라서 60일에 1시간씩 차이가 생긴다. 두 시계가 처음으로 다시 같아지려면 12시간의 차이가 생겨야 한다.

$60 \times 12 = 720$(일)

따라서 720일 후에 두 시계는 처음으로 다시 같아진다.

28 ③

사탕의 수를 y, 사람의 수를 x라 하면 아래와 같이 식을 세울 수 있다.

$y = 2x + 6$, $y = 3x - 9$

따라서 $2x + 6 = 3x - 9$를 얻을 수 있다.

$2x + 6 = 3x - 9$, $6 + 9 = 3x - 2x$, $15 = x$, $x = 15$

$y = 2x + 6$에 $x = 15$를 대입하면 $y = 2(15) + 6 = 30 + 6 = 36$(개)

총 사탕의 수는 36개다.

사탕의 개수에서 나눠 먹은 사람의 수를 뺀 값은 $36 - 15 = 21$이다.

29 ④

그림으로 생각하면 남자 3명을 줄을 세우고 빈공간에 여자를 넣으면 여자는 서로 이웃하지 않는다.

(빈공간)	남자	(빈공간)	남자	(빈공간)	남자	(빈공간)

남자 3명을 줄을 세우면 $3! = 3 \times 2 \times 1 = 6$(가지) 경우가 생긴다.

여기에서 빈공간 네 곳 중 여자 1명이 들어가는 경우의 수는 4가지이다. 그리고 남은 여자 1명이 남은 빈공간에 들어가는 경우의 수는 3가지가 된다.

정리하여 식을 만들면 아래와 같다.

$6 \times 4 \times 3 = 72$(가지)

30 ③

A기계가 생산하여 불량이 날 확률(X) $\rightarrow \dfrac{6}{10} \times \dfrac{1}{10} = \dfrac{3}{50}$

B기계가 생산하여 불량이 날 확률(Y) $\rightarrow \dfrac{4}{10} \times \dfrac{1}{20} = \dfrac{1}{50}$

생산된 불량품이 A기계의 생산품일 확률은 $\dfrac{X}{X+Y}$이다.

$$\dfrac{\dfrac{3}{50}}{\dfrac{3}{50} + \dfrac{1}{50}} = \dfrac{\dfrac{3}{50}}{\dfrac{4}{50}} = \dfrac{3}{4}$$

31 ③

2020년 빈집은 1,500(천 호)이고, 아파트의 비율은 55.0%이다.

$1,500 \times 0.55 = 825$(천 호) → 825,000호

---

32 ④

④ ×

전체 빈집의 수는 2015년 1,070(천 호)에서 2020년 1,500(천 호)로 증가했다.

$1,500 - 1,070 = 430$(천 호) → 430,000호 증가

따라서 2015년 대비 2020년 빈집의 수는 500,000호 이상 증가하지 않았다.

① ○

전체 빈집의 수는 2015년 1,070(천 호)에서 2020년 1,500(천 호)로 증가했다. 그런데 빈집 중 아파트의 비율도 53.4%에서 55.0%로 증가했으므로 당연히 빈 아파트의 수는 2015년에 비해 2020년 더 증가했다.

$1,070 \times 0.534 < 1,500 \times 0.55$

② ○

2020년 전체 빈집 수 1,500(천 호) 중 연립주택의 비율은 5.0%이다. 1,500(천 호)의 10%는 150(천 호)이다. 5%는 이것의 절반인 75(천 호)이다. 75(천 호)는 75,000호이므로 50,000호가 넘는다.

③ ○

표를 통해 확인할 수 있다.

---

33 ①

무역수지 적자를 기록한 해는 수입액이 수출액보다 많은 해이다. 따라서 2022년이다.

$6,820 - 7,235 = -415$(억 불)

따라서 415억 불 적자다.

---

34 ④

④ ○

표를 통해 확인할 수 있다.

① ×

2021년 대기업은 수출액 4,195(억 불), 수입액 3,555(억 불)로 무역 흑자였다.

② ×

2020년 중소기업은 수출액 970(억 불), 수입액 1,217(억 불)로 무역 적자였다.

③ ×

2022년의 경우는 수출액이 중견기업이 중소기업보다 더 높았다.

35 ②

2020년~2022년 우리나라 전체 기업 수입액의 연간 평균을 계산한다.

$$\frac{4,600+6,060+7,235}{3}=\frac{17,895}{3}=5,965(억 \ 불)$$

36 ①

2021년 우리나라 연간 의약품 및 의료용소모품비의 합은 $63+9=72$(천 원), 즉 72,000원이다.
이것을 월간으로 나누면 $72,000 \div 12=6,000$(원)이다.

37 ④

④ ○

2022년 외래의료서비스 연간 지출은 75(천 원)이다. 월간으로 환산하면 아래와 같다.

$75 \div 12=6.25$(천 원) → 6,250원

2022년 외래의료서비스 지출은 월 평균 6,000원을 넘는다.

① ×

2021년과 2022년 보건지출비 중 입원서비스 비중은 각각 16.3%, 15.2%로 15%를 넘는다.

② ×

2021년과 2022년 보건지출비 중 치과서비스 비중은 각각 15.9%, 16.0%로 같지 않다.

③ ×

2021년과 2022년 외래의료서비스는 각각 73(천 원), 75(천 원)으로 2천 원 증가했다.

38 ①

계산하면 아래와 같다. (단위: %, %p)

구분		4월	5월	6월	7월	8월
한국	고용률	69.0	69.9	69.9	69.6	69.6
일본	고용률	78.9	78.8	79.2	79.1	79.1
차이		9.9	8.9	9.3	9.5	9.5

따라서 둘의 차이가 가장 큰 달은 4월이다.

39 ③

③ ×

한국의 실업률이 가장 낮은 달은 8월이고, 고용률은 69.6%이다. 하지만 한국의 고용률이 가장 높은 달은 5월과 6월이다.

① ○

일본의 실업률이 2.6% 이하인 달은 6월, 7월, 8월이고, 모두 고용률이 79% 이상이다.

② ○

미국의 고용률이 72% 이하인 달은 4월, 5월이고, 모두 실업률이 3.5% 이하이다.

④ ○

한국의 실업률이 2.7%인 달은 5월, 6월, 7월이다. 이때 고용률은 각각 69.9%, 69.9%, 69.6%이다.

$$\frac{69.9+69.9+69.6}{3} = \frac{209.4}{3} = 69.8\%$$

40 ②

2023년 4월~8월 일본의 평균 고용률을 계산하면 아래와 같다.

$$\frac{78.9+78.8+79.2+79.1+79.1}{5} = \frac{395.1}{5} = 79.02 \fallingdotseq 79\%$$

II 추리 정답									
01	**02**	**03**	**04**	**05**	**06**	**07**	**08**	**09**	**10**
①	③	①	③	④	①	②	①	①	②
11	**12**	**13**	**14**	**15**	**16**	**17**	**18**	**19**	**20**
①	②	③	①	④	④	①	④	④	③
21	**22**	**23**	**24**	**25**	**26**	**27**	**28**	**29**	**30**
①	①	③	②	③	①	①	④	①	③
31	**32**	**33**	**34**	**35**	**36**	**37**	**38**	**39**	**40**
③	①	③	③	①	③	④	③	①	④

01 ①

×12, +20이 반복되는 수열이다.

	×12		+20		×12		+20		×12		+20	
3	→	36	→	56	→	672	→	692	→	8,304	→	8,324

02 ③

×2, ×3, ÷2가 반복되는 수열이다.

	×2		×3		÷2		×2		×3		÷2	
4	→	8	→	24	→	12	→	24	→	72	→	36

03 ①

+12, −8, +4가 반복되는 수열이다.

	+12		-8		+4		+12		-8		+4	
20	→	32	→	24	→	28	→	40	→	32	→	36

04 ③

앞의 두 항의 합으로 이루어지는 수열이다.

			1+2				3+5				8+13	
1	→	2	→	3	→	5	→	8	→	13	→	21
				2+3				5+8				

05 ④

앞의 두 항의 곱으로 이루어지는 수열이다.

					2×3				6×18				108×1,944		
2	→	3	→	6	→	18	→	108	→	1,944	→	209,952

3×6 (아래 2×3 위치) , 18×108 (아래 6×18 위치)

2 → 3 → 6 → 18 → 108 → 1,944 → 209,952

(2×3 / 3×6) = 6, (6×18 / 18×108), (108×1,944)

06 ①

×8, +7, ×6, +5, ×4, +3으로 증가하는 수열이다.

	×8		+7		×6		+5		×4		+3	
2	→	16	→	23	→	138	→	143	→	572	→	575

07 ②

(1×3), (3×5), (5×7), (7×9), (9×11), (11×13), (13×15), …로 배열되는 수열이다.

3	→	15	→	35	→	63	→	99	→	143	→	195

08 ①

×32, ÷16, ×8, ÷4, ×2, ÷1로 증가하는 수열이다.

	×32		÷16		×8		÷4		×2		÷1	
1	→	32	→	2	→	16	→	4	→	8	→	8

09 ①

×1, +1.5, ×2, +2.5, ×3, +3.5, …로 증가하는 수열이다.

	×1		+1.5		×2		+2.5		×3		+3.5	
5	→	5	→	6.5	→	13	→	15.5	→	46.5	→	50

10 ②

+5, −1, +4, −2, +3, −3, …으로 증가하는 수열이다.

	+5		-1		+4		-2		+3		-3	
15	→	20	→	19	→	23	→	21	→	24	→	21

11 ①

+3, −2가 반복되는 수열이다.

A	B	C	D	E	F	G	H	I	J	K	L	M
1	2	3	4	5	6	7	8	9	10	11	12	13
N	O	P	Q	R	S	T	U	V	W	X	Y	Z
14	15	16	17	18	19	20	21	22	23	24	25	26

$$E(5) \xrightarrow{+3} H(8) \xrightarrow{-2} F(6) \xrightarrow{+3} I(9) \xrightarrow{-2} G(7) \xrightarrow{+3} J(10) \xrightarrow{-2} H(8)$$

12 ②

+4, −3, +5, −3, +6, −3이 반복되는 수열이다.

$$B(2) \xrightarrow{+4} F(6) \xrightarrow{-3} C(3) \xrightarrow{+5} H(8) \xrightarrow{-3} E(5) \xrightarrow{+6} K(11) \xrightarrow{-3} H(8)$$

13 ③

+6, −5, +4, −3, +2, −1로 증가하는 수열이다.

$$J(10) \xrightarrow{+6} P(16) \xrightarrow{-5} K(11) \xrightarrow{+4} O(15) \xrightarrow{-3} L(12) \xrightarrow{+2} N(14) \xrightarrow{-1} M(13)$$

14 ①

+3, −2, ×2가 반복되는 수열이다.

가	나	다	라	마	바	사	아	자	차	카	타	파	하
ㄱ	ㄴ	ㄷ	ㄹ	ㅁ	ㅂ	ㅅ	ㅇ	ㅈ	ㅊ	ㅋ	ㅌ	ㅍ	ㅎ
1	2	3	4	5	6	7	8	9	10	11	12	13	14

$$가(1) \xrightarrow{+3} 라(4) \xrightarrow{-2} 나(2) \xrightarrow{×2} 라(4) \xrightarrow{+3} 사(7) \xrightarrow{-2} 마(5) \xrightarrow{×2} 차(10)$$

15 ④

+3, −1이 반복되는 수열이다.

$$나(2) \xrightarrow{+3} 마(5) \xrightarrow{-1} 라(4) \xrightarrow{+3} 사(7) \xrightarrow{-1} 바(6) \xrightarrow{+3} 자(9) \xrightarrow{-1} 아(8)$$

16 ④

아래와 같은 규칙의 수열이다.

```
            +5          +10         +15         +20         +25
      +1          +6          +16         +31         +51         +76
  2    →    3    →    9    →    25    →    56    →    107    →    183
```

17 ①

아래와 같은 규칙의 수열이다.

```
      -4          +2          -4          +2          -4          +2
  8    →    4    →    6    →    2    →    4    →    0    →    2
```

18 ④

아래와 같은 규칙의 수열이다.

```
      +2          ×2          +3          ×3          +4          ×4
  2    →    4    →    8    →    11    →    33    →    37    →    148
```

19 ④

아래와 같은 규칙의 수열이다.

```
      +5          ×1          +5          ×2          +5          ×3
  5    →    10   →    10   →    15    →    30    →    35    →    105
```

20 ③

아래와 같은 규칙의 수열이다.

```
            +1          +2          +3          +4          +5
      +2          +3          +5          +8          +12         +17
  4    →    6    →    9    →    14    →    22    →    34    →    51
```

21 ①

아래와 같이 명제를 연결할 수 있다.

명제1	핸드폰을 가지고 있으면 카메라를 가지고 있지 않다.	A(핸드폰) → B(카메라×)
명제2	카메라를 가지고 있지 않으면 이어폰을 가지고 있다. [대우] 이어폰을 가지고 있지 않으면 카메라를 가지고 있다.	B(카메라×) → C(이어폰)
명제3	이어폰을 가지고 있으면 테블릿을 가지고 있다.	C(이어폰) → D(테블릿)
결론	핸드폰을 가지고 있으면 테블릿을 가지고 있다.	A(핸드폰) → B(카메라×) → C(이어폰) → D(테블릿)

22 ①

아래와 같이 명제를 연결할 수 있다.

명제1	8월을 좋아하면 1월을 좋아하지 않는다.	A(8월) → B(1월×)
명제2	1월을 좋아하지 않으면 3월을 좋아하지 않는다. [대우] 3월을 좋아하면 1월을 좋아한다.	B(1월×) → C(3월×)
명제3	3월을 좋아하지 않으면 2월을 좋아한다.	C(3월×) → D(2월)
결론	8월을 좋아하면 2월을 좋아한다.	A(8월) → B(1월×) → C(3월×) → D(2월)

23 ③

아래와 같이 명제를 연결할 수 있다.

명제1	한국에 있다면 일본에 있지 않다.	A(한국) → B(일본×)
명제2	일본에 있지 않다면 중국에 있지 않다.	B(일본×) → C(중국×)
명제3	중국에 있지 않다면 홍콩에 있다. [대우] 홍콩에 있지 않다면 중국에 있다.	C(중국×) → D(홍콩)
결론	한국에 있다면 홍콩에 있다. [대우] 홍콩에 있지 않다면 한국에 있지 않다.	A(한국) → B(일본×) → C(중국×) → D(홍콩)

24 ②

아래와 같이 명제를 연결할 수 있다.

명제1	야구를 좋아하면 축구를 좋아하지 않는다.	A(야구) → B(축구×)
명제2	축구를 좋아하지 않으면 배구를 좋아한다.	B(축구×) → C(배구)
명제3	배구를 좋아하면 농구를 좋아한다. [대우] 농구를 좋아하지 않으면 배구를 좋아하지 않는다.	C(배구) → D(농구)
결론	야구를 좋아하면 농구를 좋아한다.	A(야구) → B(축구×) → C(배구) → D(농구)

따라서 거짓이다.

25 ③

아래와 같이 명제를 연결할 수 있다.

명제1	야구를 좋아하면 축구를 좋아하지 않는다.	A(야구) → B(축구×)
명제2	축구를 좋아하지 않으면 배구를 좋아한다.	B(축구×) → C(배구)
결론	야구를 좋아하면 배구를 좋아한다.	A(야구) → B(축구×) → C(배구)

'야구를 좋아하면 배구를 좋아한다.'가 참일 때 그 역인 '배구를 좋아하면 야구를 좋아한다.'는 참일 수도 있고, 거짓일 수도 있다. 따라서 진위를 판별할 수 없다.

26 ①

아래와 같이 명제를 연결할 수 있다.

명제1	축구를 좋아하지 않으면 배구를 좋아한다.	A(축구×) → B(배구)
명제2	배구를 좋아하면 수영을 좋아하지 않는다.	B(배구) → C(수영×)
명제3	수영을 좋아하지 않으면 육상을 좋아한다. [대우] 육상을 좋아하지 않으면 수영을 좋아한다.	C(수영×) → D(육상)
결론	축구를 좋아하지 않으면 육상을 좋아한다.	A(축구×) → B(배구) → C(수영×) → D(육상)

따라서 참이다.

27 ①

아래와 같이 표를 그려서 조건을 연결해본다.

• E는 4번째로 들어왔다.

1등	2등	3등	4등	5등
			E	

• B는 A와 C보다는 늦게 들어왔지만 꼴찌는 아니다.

B보다 먼저 들어온 사람은 A와 C가 있고 꼴찌는 아니므로 B는 3등이다. 또한 A, C는 1, 2등, D는 5등인 것을 알 수 있다.

1등	2등	3등	4등	5등
A, C	A, C	B	E	D

• A 앞에는 누군가 먼저 들어온 사람이 있다.

따라서 A는 1등이 될 수 없고, C가 1등이다.

1등	2등	3등	4등	5등
C	A	B	E	D

28 ④

아래와 같이 표를 그려서 조건을 연결해본다.

6층	A
5층	
4층	B, C
3층	
2층	B, C
1층	

• A, B, C는 각각 다른 짝수층에 살고, A가 가장 높은 층에 산다.

따라서 A는 가장 높은 6층에 살고, B와 C는 4층 또는 2층에 각각 산다.

6층	A
5층	D
4층	B
3층	
2층	C
1층	

• D는 A의 바로 아래층에 살고, 바로 아래층에는 B가 산다.

D는 5층에 살고, 그 아래 층은 B가 산다. 따라서 C는 2층에 산다.

6층	A
5층	D
4층	B
3층	E
2층	C
1층	빈

• C의 바로 아래층에는 아무도 살지 않는다.

1층에는 아무도 살지 않고 남은 3층에는 E가 살게 된다.

따라서 옳지 않은 것은 ④이다.

29 ①

아래와 같이 표를 그려서 조건을 연결해본다.

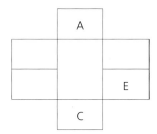

• A의 맞은 편에는 C가 앉아 있고, C의 오른쪽에는 그녀의 아들인 E가 앉아 있다. 우선, A를 고정하고 맞은 편에 C, 그 오른쪽에는 E를 넣고 시작한다.

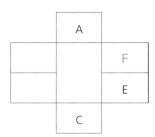

• 아이들끼리는 같이 붙어서 앉아 있다.
따라서 F의 자리는 A와 E의 사이이다.

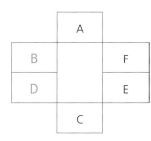

• B의 오른쪽에는 D가 앉아 있다.
남은 자리에 알맞도록 배치하면 왼쪽과 같다.
(원탁으로 표를 둥글게 생각하면 (A, C), (B, E), (D, F)가 마주보고 있다.)
따라서 옳은 것은 ①이다.

30 ③

아래와 같이 표를 그려서 조건을 연결해본다.
• A는 3등을 하였고, B와는 순위 차이가 2이다.

1등	2등	3등	4등	5등	6등	7등
B		A		B		

B는 1등 아니면 5등을 하였다.
• D는 B보다 순위가 높고, F와 G보다는 순위가 낮다.
따라서 B는 1등이 될 수 없고, 5등이다. 또한 D는 B보다 순위가 높은데 F, G보다는 낮기 때문에 4등이 될 수 밖에 없고, F와 G는 1등 아니면 2등이 된다.

1등	2등	3등	4등	5등	6등	7등
F, G	F, G	A	D	B		

• C가 꼴등이면 G는 1등이 아니고, E가 꼴등이면 F는 1등이 아니다.
C가 꼴등일 때는 아래와 같다.

1등	2등	3등	4등	5등	6등	7등
F	G	A	D	B	E	C

E가 꼴등일 때는 아래와 같다.

1등	2등	3등	4등	5등	6등	7등
G	F	A	D	B	C	E

따라서 총 2가지 경우가 가능하다.

F가 1등일수도, G가 1등일수도 있어서 진위를 판별할 수 없다.

31 ③

C가 꼴등일수도, E가 꼴등일수도 있어서 진위를 판별할 수 없다.

32 ①

D는 모든 경우 4등이다. 따라서 참이다.

33 ③

우선 A와 C를 마주 앉혀서 자리를 고정한다.

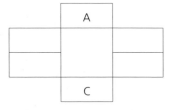

C의 바로 옆자리에는 어린이가 앉아 있지 않으므로 아래와 같이 나타낼 수 있다.

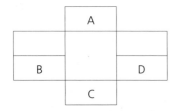 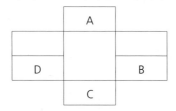

B는 아들인 E와 함께 앉기 때문에 아래와 같이 2가지 경우가 가능하다.

(경우1)   (경우2)

F의 왼쪽에 D가 앉을 때는 (경우1)이고 이때 D의 맞은 편에 앉은 사람은 E이다.

34 ③

C의 왼쪽에 D가 앉을 때는 (경우2)이고 이때 D의 맞은 편에 앉은 사람은 E이다.

35 ①

모든 경우 E와 F 사이에 앉은 사람은 항상 A이다.

36 ③

모든 경우 C와 F 사이에 앉은 사람은 항상 D이다.

37 ④

C와 D 사이에는 누군가 2명이 있기 때문에 C나 D는 최소한 6명 중에 앞에서 3번째 안에 서 있다.

1	2	3	4	5	6
		C or D			C or D

그런데 A는 F의 앞에 있고, F는 C와 D 중에 앞선 사람보다 앞에 있기 때문에 아래와 같이 위치를 고정할 수 있다.

1	2	3	4	5	6
A	F	C or D			C or D

그런데 E는 A와 B보다 뒤에 있기 때문에 아래와 같이 된다.

1	2	3	4	5	6
A	F	C or D	B	E	C or D

따라서 2가지 경우가 가능하다.
두 번째로 줄을 서고 있는 사람은 F이다.

38 ③

D가 가장 마지막에 줄을 서고 있을 때, 세 번째로 줄을 서고 있는 사람 C이다.

39 ①

첫 번째로 줄을 서고 있는 사람은 A이다.

40 ④

다섯 번째로 줄을 서고 있는 사람은 E이다.

III 지각 정답									
01	**02**	**03**	**04**	**05**	**06**	**07**	**08**	**09**	**10**
②	①	①	④	②	②	①	③	②	④
11	**12**	**13**	**14**	**15**	**16**	**17**	**18**	**19**	**20**
③	③	②	④	①	②	③	②	③	②
21	**22**	**23**	**24**	**25**	**26**	**27**	**28**	**29**	**30**
③	②	③	④	④	①	②	④	④	④
31	**32**	**33**	**34**	**35**	**36**	**37**	**38**	**39**	**40**
①	③	②	②	④	②	③	④	①	①

01 ②

주어진 문자 배열의 좌와 우는 다르다.

$%#@#$$%%% – $%#@#$#%%%

02 ①

주어진 문자 배열의 좌와 우는 같다.

03 ①

주어진 문자 배열의 좌와 우는 같다.

04 ④

좌우가 서로 같은 것은 ④이다.

① 3243243243 – 3243243343

② 9983838444 – 9983834444

③ 9499342234 – 9499242234

05 ②

좌우가 서로 같은 것은 ②이다.

① $%$%^%$@# – $%$^^%$@#

③ %^%$$%@@ – %^*$$%@@

④ *$%$%$$^!! – *$%$%%$^!!

06 ②

좌우가 서로 같은 것은 ②이다.

① EREWDFSAFAD – EREWDESAFAD

③ DDFASDEERRY – DDFASDFERRY

④ UUSDFSAAFMM – UUSRFSAAFMM

07 ①

다른 하나는 ①이다.

38057302123384482

08 ③

다른 하나는 ③이다.

☀❅♡▽◖♠◎☀▽♠♡

09 ②

다른 하나는 ②이다.

Ⓡⓢⓣⓕⓔⓖⓜⓓⓖⓘⓣⓤ

10 ④

개수를 세어 보면 아래와 같다.

33276623636666193322

11 ③

개수를 세어 보면 아래와 같다.

FDIKSAHFFSADLHFDF

12 ③

개수를 세어 보면 아래와 같다.

◎●◤◥◆▶●◖ ◗●◁●

13 ②

35,444는 ② 30,221~45,334 안에 속한다.

14 ④

20,442는 ④ 19,344~29,334 안에 속한다.

15 ①

City는 ① Au~Dc 안에 속한다.

A	B	C	D	E	F	G	H	I	J	K	L	M
N	O	P	Q	R	S	T	U	V	W	X	Y	Z

16 ②

층별로 세어보면 아래와 같다.

[1층] 9개   [2층] 2개   [3층] 1개

따라서 총 12개이다.

17 ③

다른 블록과 2개의 면이 접촉하는 블록은 아래와 같다.

따라서 4개이다.

18 ②

색칠한 블록을 기준으로 보았을 때 접촉하고 있는 면은 윗면, 아랫면 총 2개의 면이다.

따라서 2개이다.

19 ③

층별로 세어보면 아래와 같다.

[1층] 12개　　　　[2층] 8개　　　　[3층] 4개　　　　[4층] 1개

따라서 총 25개이다.

20 ②

2층에 있는 블록 중 다른 블록과 2개의 면이 접촉하는 블록은 아래와 같다.

따라서 2개이다.

21 ③

직육면체 모양으로 블록을 채우려면 층별로 흰 공백을 채우면 된다.

[1층] +4　　　　[2층] +8개　　　　[3층] +12개　　　　[4층] +15개

따라서 39개이다.

22 ②

층별로 세어보면 아래와 같다.

[1층] 11개　　　　[2층] 8개　　　　[3층] 3개　　　　[4층] 1개

따라서 총 23개이다.

23 ③

색칠한 블록을 기준으로 보았을 때 접촉하고 있는 면은 뒷면, 아랫면, 앞면 총 3개의 면이다.

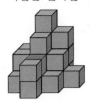

따라서 3개이다.

24 ④

직육면체 모양으로 블록을 채우려면 층별로 흰 공백을 채우면 된다.

[1층] +5개   [2층] +8개   [3층] +13개   [4층] +15개

따라서 41개이다.

25 ④

④는 주어진 도형을 시계 방향으로 180도 회전시킨 같은 도형이다.
각각 다른 부분을 찾아보면 아래와 같다.

①

②

③

26 ①

①은 주어진 도형을 반시계 방향으로 90도 회전시킨 같은 도형이다.
각각 다른 부분을 찾아보면 아래와 같다.

②

③

④

27 ②

②는 주어진 도형을 시계 방향으로 180도 회전시킨 같은 도형이다.

① 주어진 도형을 반시계 방향으로 90도 회전

③ 주어진 도형을 180도 회전

④ 주어진 도형을 시계 방향으로 90도 회전

28 ④

④는 주어진 도형을 시계 방향으로 90도 회전시킨 같은 도형이다.
각각 다른 부분을 찾아보면 아래와 같다.

①   ②   ③

29 ④

④는 주어진 도형을 반시계 방향으로 90도 회전시킨 같은 도형이다.
각각 다른 부분을 찾아보면 아래와 같다.

① 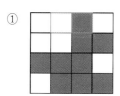   ② 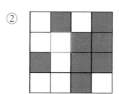   ③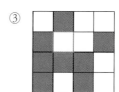

30 ④

모양이 다른 1개는 ④이다.

④   [비교]

①을 기준으로 ②는 반시계 방향으로 90도 회전, ③은 시계 방향으로 90도 회전한 모양이다.

31 ①

모양이 다른 1개는 ①이다.

①   [비교]

②를 기준으로 ③은 반시계 방향으로 90도 회전, ④는 180도 회전한 모양이다.

32 ③

모양이 다른 1개는 ③이다.

③   [비교]

①을 기준으로 ②는 반시계 방향으로 90도 회전, ④는 180도 회전한 모양이다.

33 ②

모양이 다른 1개는 ②이다.

②   [비교]

①을 기준으로 ③은 반시계 방향으로 90도 회전, ④는 180도 회전한 모양이다.

34 ②

모양이 다른 1개는 ②이다.

② 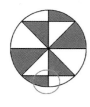   [비교]

①을 기준으로 ③은 시계 방향으로 90도 회전, ④는 180도 회전한 모양이다.

35 ④

완성된 그림은 아래와 같다.

따라서 답은 ④이다.

36 ②

완성된 그림은 아래와 같다.

따라서 답은 ②이다.

37 ③

완성된 그림은 아래와 같다.

따라서 답은 ③이다.

38 ④

완성된 그림은 아래와 같다.

따라서 답은 ④이다.

39 ①

완성된 그림은 아래와 같다.

따라서 답은 ①이다.

40 ①

완성된 그림은 아래와 같다.

따라서 답은 ①이다.

정답과 해설　실전 모의고사 4회

					I 수리 정답				
01	**02**	**03**	**04**	**05**	**06**	**07**	**08**	**09**	**10**
④	②	①	④	④	①	②	③	②	①
11	**12**	**13**	**14**	**15**	**16**	**17**	**18**	**19**	**20**
②	①	①	①	③	④	①	④	②	④
21	**22**	**23**	**24**	**25**	**26**	**27**	**28**	**29**	**30**
④	③	②	②	④	①	④	③	③	①
31	**32**	**33**	**34**	**35**	**36**	**37**	**38**	**39**	**40**
①	③	①	④	②	②	①	④	①	②

01 ④

계산하면 아래와 같다.

$419 + 103 + 283 = 522 + 283 = 805$

따라서 답은 ④이다.

02 ②

계산하면 아래와 같다.

$356 - 252 + 421 = 104 + 421 = 525$

따라서 답은 ②이다.

03 ①

계산하면 아래와 같다.

$712 - 134 - 397 = 578 - 397 = 181$

따라서 답은 ①이다.

04 ④

계산하면 아래와 같다.

$120 \div 5 + 4 \times 12 = (120 \div 5) + (4 \times 12) = 24 + 48 = 72$

따라서 답은 ④이다.

05 ④

계산하면 아래와 같다.

$(3+6\div2)\times30=(3+3)\times30=6\times30=180$

따라서 답은 ④이다.

06 ①

계산하면 아래와 같다.

$5\times1.4+3.3=7+3.3=10.3$

따라서 답은 ①이다.

07 ②

계산하면 아래와 같다.

$(2.2+5.3)\div2.5=7.5\div2.5=3$

따라서 답은 ②이다.

08 ③

계산하면 아래와 같다.

$$\frac{4}{7}\times\frac{14}{5}\div\frac{3}{10}=\frac{4}{7}\times\frac{14}{5}\times\frac{10}{3}=\frac{4\times14\times10}{7\times5\times3}=\frac{16}{3}$$

따라서 답은 ③이다.

09 ②

계산하면 아래와 같다.

$(\frac{7}{2}+3)\times5=(3.5+3)\times5=6.5\times5=32.5$

따라서 답은 ②이다.

10 ①

계산하면 아래와 같다.

$\sqrt{3}^{2}\times\sqrt{2}^{2}+3=3\times2+3=6+3=9$

따라서 답은 ①이다.

11 ②

통분을 활용한다.

A: $\frac{3}{4}$ → $a_1\times b_2=3\times41=123$

B: $\dfrac{36}{41}$ $\rightarrow$ $a_1 \times b_2 = 4 \times 36 = 144$

따라서 A 〈 B이다.

12 ①

직접 계산해본다.

A: $1.3 = \dfrac{13}{10}$ $\rightarrow$ $a_1 \times b_2 = 13 \times 7 = 91$

B: $\dfrac{9}{7}$ $\rightarrow$ $a_1 \times b_2 = 10 \times 9 = 90$

따라서 A 〉 B이다.

13 ①

직접 계산해본다.

A: $3^2 \cdot 5^3 = 3 \times 3 \times 5 \times 5 \times 5 = 9 \times 125 = 1{,}125$

B: $2^4 \cdot 4^3 = 2 \times 2 \times 2 \times 2 \times 4 \times 4 \times 4 = 16 \times 64 = 1{,}024$

따라서 A 〉 B이다.

14 ①

계산하면 아래와 같다.

13 ◇ 4 = 2 × 13 ÷ 4 = 26 ÷ 4 = 6.5

따라서 답은 ①이다.

15 ③

계산하면 아래와 같다.

14 ◎ 13 = 3 × 14 - 2 × 13 = 42 - 26 = 16

따라서 답은 ③이다.

16 ④

계산하면 아래와 같다.

(4 ◇ 2) ◎ 2 = (2 × 4 ÷ 2) ◎ 2 = (8 ÷ 2) ◎ 2 = 4 ◎ 2 = 3 × 4 - 2 × 2 = 12 - 4 = 8

따라서 답은 ④이다.

17 ①

계산하면 아래와 같다.

$380 \times 0.075 = 28.5$

18 ④

계산하면 아래와 같다.

$320 \times 0.305 = 97.6$

19 ②

계산하면 아래와 같다.

$20 \times 0.72 = 14.4(\text{kg})$

20 ④

계산하면 아래와 같다.

$12{,}500 \times (1 - 0.4) = 12{,}500 \times 0.6 = 7{,}500(\text{원})$

21 ④

먼저, 소금의 양을 계산한다.

10%의 소금물 140g에 든 소금의 양 → $0.1 \times 140 = 14(\text{g})$

여기에 xg의 소금을 추가하면 아래와 같은 식을 얻을 수 있다.

농도 $= \dfrac{(\text{용질의 양})}{(\text{용액의 양})} \times 100$ → $16 = \dfrac{14 + x}{140 + x} \times 100$, $16(140 + x) = 100(14 + x)$

$2{,}240 + 16x = 1{,}400 + 100x$, $2{,}240 - 1{,}400 = 100x - 16x$, $840 = 84x$, $x = 10(\text{g})$

22 ③

서울에서 대전까지의 구간 140km를 60km/h로 운전하면

$\dfrac{140}{60} = \dfrac{7}{3} = 2.333 \cdots (\text{시간})$, 즉 2시간 20분이 걸린다.

대전에서 대구까지의 구간 150km는 100km/h로 운전하면

$\dfrac{150}{100} = \dfrac{3}{2} = 1.5(\text{시간})$, 즉 1시간 30분이 걸린다.

따라서 총 3시간 50분이 걸린다. 오전 9시에 출발하였으므로 12시 50분에 도착한다.

23 ②

어떤 물건에 25%의 이익을 붙여 정가를 정한 후 600원을 할인하여 판매한 가격(원)

$(x \times 1.25) - 600 = 1.25x - 600$

10%의 이익을 얻는 가격(원)

$x \times 1.1 = 1.1x$

따라서 아래와 같은 식을 얻을 수 있다.

$1.25x - 600 = 1.1x$, $1.25x - 1.1x = 600$, $0.15x = 600$, $15x = 60{,}000$, $x = 4{,}000(\text{원})$

24 ②

9와 12의 최소공배수를 구한다.

9를 소인수 분해 → $9 = 3 \times 3 = 3^2$

12를 소인수 분해 → $12 = 2 \times 2 \times 3 = 2^2 \times 3$

9와 12의 최소공배수는 두 수의 소인수를 모두 포함하는 가장 작은 수이다.

$2^2 \times 3^2 = 4 \times 9 = 36$

따라서 가로, 세로 36cm인 정사각형을 만들어야 한다.

이때, 가로 $36 \div 9 = 4$(줄), 세로 $36 \div 12 = 3$(줄)이 필요하다. 따라서 타일은 $4 \times 3 = 12$(개) 필요하다.

25 ④

현재 A의 나이를 x라 하면 여동생의 나이는 $x - 4$이다. 8년 전 A의 나이가 여동생 나이의 3배였다면 아래와 같이 식을 세울 수 있다.

$x - 8 = 3(x - 4 - 8)$, $x - 8 = 3(x - 12)$, $x - 8 = 3x - 36$, $36 - 8 = 3x - x$, $28 = 2x$, $x = 14$

따라서 현재 A의 나이는 14살이다.

26 ①

이 일의 양을 1이라고 하고 A가 혼자 할 때 걸리는 날을 x일, B가 혼자 할 때 걸리는 날을 y일이라고 가정한다. 그러면 A가 하루 동안 하는 일의 양은 $\frac{1}{x}$, B가 하루 동안 하는 일의 양은 $\frac{1}{y}$이다.

A와 B가 같이 일을 할 경우 12일 걸리는 작업이므로 $\frac{12}{x} + \frac{12}{y} = 1$이고, 사정상 A가 먼저 6일 동안 혼자서 일하고, 뒤이어 B가 혼자서 13일 동안 일을 하여 작업을 마치게 되었으므로 $\frac{6}{x} + \frac{13}{y} = 1$이다.

$\frac{12}{x} + \frac{12}{y} = 1$, $\frac{6}{x} + \frac{13}{y} = 1$에서 $\frac{12}{x} + \frac{12}{y} = \frac{6}{x} + \frac{13}{y}$을 얻을 수 있다.

$\frac{12}{x} + \frac{12}{y} = \frac{6}{x} + \frac{13}{y}$, $\frac{12}{x} - \frac{6}{x} = \frac{13}{y} - \frac{12}{y}$, $\frac{6}{x} = \frac{1}{y}$, $x = 6y$를 얻을 수 있다.

$\frac{12}{x} + \frac{12}{y} = 1$에 $x = 6y$를 대입하면 $\frac{12}{6y} + \frac{12}{y} = 1$, $\frac{2}{y} + \frac{12}{y} = 1$, $\frac{14}{y} = 1$, $y = 14$이다.

따라서 B 혼자서 하면 14일이 걸린다.

27 ④

무게의 비가 $3:2$인 두 종류의 배터리가 적재되어 있다. 그런데 처음에는 적재된 두 종류의 배터리의 무게가 같았다고 했다. 따라서 더 무거운 베터리와 더 가벼운 배터리의 수의 비는 거꾸로 $2:3$이다.

만약 더 무거운 배터리의 수를 x, 더 가벼운 배터리의 수를 y라 하면 $2:3 = x:y$, $3x = 2y$, $\frac{3}{2}x = y$를 얻을 수 있다. 각각 10개씩 뺐더니 그 무게의 비율이 $3:4$가 되었다고 했다. 이것을 이용해 식을 세워 본다.

총 무게는 배터리 1개의 무게에서 배터리 개수를 곱한 값이고, 이것이 $3:4$의 비율이다.

$3(x-10):2(y-10)=3:4$, $6(y-10)=12(x-10)$, $6y-60=12x-120$

$6y-60=12x-120$에 $\dfrac{3}{2}x=y$를 대입하면 아래와 같다.

$6\left(\dfrac{3}{2}x\right)-60=12x-120$, $9x-60=12x-120$, $120-60=12x-9x$, $60=3x$, $x=20$

따라서 $x=20$, $y=\dfrac{3}{2}x=\dfrac{3}{2}\times20=30$이 된다.

두 종류의 배터리를 모두 합하면 $20+30=50$(개)이다.

28 ③

파리는 서울보다 시차가 8시간 느리므로 파리에 현지 시간으로 오후 5시에 도착했을 때 우리나라 시각은 8시간 빠른 다음날 오전 1시다. 이것을 표로 나타내면 아래와 같다.

구분	서울	홍콩	파리
도착		오후 1시 30분	다음날 오전 1시
출발	오전 11시	오후 3시	

따라서 서울에서 오전 11시에 출발해서 다음날 오전 1시에 도착했으므로 총 14시간이 걸렸다.

29 ③

서로 다른 수학책 5권에서 3권을 구입하는 경우의 수는 $_5C_3=\dfrac{5\times4\times3}{3\times2\times1}=10$(가지)이다.

서로 다른 영어책 3권에서 2권을 구입하는 경우의 수는 $_3C_2=\dfrac{3\times2}{2\times1}=3$(가지)이다.

이때 수학책끼리 이웃하지 않으려면 수학책과 수학책 사이에 반드시 영어책이 위치해야 한다. 따라서 아래와 같이 위치가 고정된다.

첫 번째	두 번째	세 번째	네 번째	다섯 번째
수학책	영어책	수학책	영어책	수학책
3가지	2가지	2가지	1가지	1가지

이때 첫 번째 자리에는 수학책 3권 중 1권이 올 수 있다. 두 번째 자리에는 영어책 2권 중 1권이 올 수 있다. 세 번째 자리에는 남은 수학책 2권 중 1권이 올 수 있다. 네 번째 자리에는 남은 영어책 1권이 오고, 마지막 자리에도 남은 수학책 1권이 온다.

책을 꽂는 경우를 정리하여 식으로 만들면 $3\times2\times2\times1\times1=12$(가지)이다.

따라서 모든 경우의 수는 $10\times3\times12=30\times12=360$(가지)이다.

30 ①

A와 B 중 한 명이라도 당첨될 확률은 '전체 확률 1에서 A와 B 모두 당첨되지 않을 확률'이다.

A가 당첨되지 않을 확률은 $1-\dfrac{1}{5}=\dfrac{4}{5}$, B가 당첨되지 않을 확률을 x라 하면 아래와 같이 식을 세울 수 있다.

$1-\left(\dfrac{4}{5}\times x\right)=\dfrac{7}{15}$ → $1-\dfrac{4}{5}x=\dfrac{7}{15}$, $1-\dfrac{7}{15}=\dfrac{4}{5}x$, $\dfrac{8}{15}=\dfrac{4}{5}x$, $\dfrac{8}{15}\times\dfrac{5}{4}=x$, $x=\dfrac{2}{3}$

B가 당첨되지 않을 확률이 $\frac{2}{3}$이므로 당첨될 확률은 $1-\frac{2}{3}=\frac{1}{3}$이다.

31 ①

① ×

미혼모와 미혼부의 차이를 계산해본다.

(단위: 명)

구분	2018년	2019년	2020년	2021년	2022년
미혼모	21,254	20,761	20,572	20,345	20,131
미혼부	7,768	7,082	6,673	6,307	5,889
차이	13,486	13,679	13,899	14,038	14,242

따라서 미혼모와 미혼부의 차이는 매년 감소하고 있지 않다.

②, ③ ○

표를 통해 확인할 수 있다.

④ ○

매년 미혼모와 미혼부의 수가 줄었으니, 그 합도 매년 줄었다.

32 ③

2021년 미혼 부모의 수는 $20,345+6,307=26,652$(명)이다.

2022년 미혼 부모의 수는 $20,131+5,889=26,020$(명)이다.

따라서 평균은 $\frac{26,652+26,020}{2}=\frac{52,672}{2}=26,336$(명)이다.

33 ①

2022년 우리나라 사업체 수는 614(만 개)이고, 종사자 수는 2,521(만 명)이다. 따라서 아래와 같이 계산할 수 있다.

$\frac{2,521}{614}=4.1058\cdots\fallingdotseq 4.1$(명)

34 ④

④ ○

개인사업체의 종사자 수는 887(만 명)이고, 회사 이외법인 종사자 수는 437(만 명)이다.

$437\times2=874$(만 명)이므로 개인사업체의 종사자 수는 회사이외법인 종사자 수의 2배 이상이다.

① ×

회사법인의 수는 93만 개이고, 비법인단체의 수는 10만 개다. 따라서 차이는 83만 개로 80만 개 이상이다.

② ×

개인사업체 수는 484만 개이고, 종사자 수는 887만 명이다. 개인사업체의 종사자 수가 2명 이상이 되려면 $484 \times 2 = 968$(만 명) 이상 종사자가 있어야 한다. 따라서 개인사업체의 평균 종사자 수는 2명 이하이다.

③ ×

비법인단체의 사업체 수는 10(만 개)이고, 종사자 수는 83(만 명)이다. 따라서 평균 종사자 수는 8.3명이다. 비법인단체의 평균 종사자 수는 8명 이상이다.

35 ②

2022년 전체 사업체 중 개인사업체의 비율을 계산한다.

$$\frac{484}{614} \times 100 = 78.827 \cdots ≒ 78.8\%$$

36 ②

② ×

2022년 비경상 소득은 2,220(천 원)이고, 2021년 비경상 소득은 2,105(천 원)이다.

따라서 차이는 $2,220 - 2,105 = 115$(천 원), 즉 115,000원이다.

①, ③ ○

표를 통해 확인할 수 있다.

④ ○

농업 소득이 가장 높은 해는 2021년이고, 이전 소득은 14,810(천 원)으로, 즉 1,481만 원이다.

따라서 1,500만 원을 넘지 못한다.

37 ①

3년간 이전 소득은 각각 14,265(천 원), 14,810(천 원), 15,245(천 원)이다. 3년간 비경상 소득은 각각 2,335(천 원), 2,105(천 원), 2,220(천 원)이다.

2020년부터 2022년까지 3년간 이전 소득과 비경상 소득의 차의 합을 계산하면

$(14,265 - 2,335) + (14,810 - 2,105) + (15,245 - 2,220)$

$= 11,930 + 12,705 + 13,025 = 37,660$(천 원) → 37,660,000원

38 ④

• 2018년 남자와 여자의 신체활동 실천율의 차이: $48.7 - 41.1 = 7.6\%$
• 2019년 남자와 여자의 신체활동 실천율의 차이: $50.3 - 41.0 = 9.3\%$
• 2020년 남자와 여자의 신체활동 실천율의 차이: $47.1 - 40.8 = 6.3\%$
• 2021년 남자와 여자의 신체활동 실천율의 차이: $47.4 - 42.3 = 5.1\%$

39 ①

① ×

60대 신체활동 실천율이 40% 이상인 해는 2020년이다. 이때 30대의 실천율은 47.1%이고, 50대의 실천율은 39.9%이다. 차이는 47.1 − 39.9 = 7.2%p이다.

② ○

남자의 실천율이 50% 이상인 해는 2019년이고, 이때 실천율은 19~29세 다음으로 30대가 높다.

③ ○

2018년, 2020년에는 60대의 실천율이 50대보다 더 높았다.

④ ○

2019년, 2020년이 해당한다.

40 ②

4년간 우리나라 유산소 신체활동 실천율의 평균을 계산한다.

$$\frac{44.9 + 45.6 + 44.0 + 44.9}{4} = \frac{179.4}{4} = 44.85\%$$

				II 추리 정답					
01	02	03	04	05	06	07	08	09	10
②	①	④	③	②	①	②	②	③	④
11	12	13	14	15	16	17	18	19	20
①	②	③	④	③	①	②	④	①	②
21	22	23	24	25	26	27	28	29	30
④	③	①	①	①	③	③	①	④	①
31	32	33	34	35	36	37	38	39	40
③	②	①	③	②	③	④	③	①	③

01 ②

+2, +6, +10, +14, …로 증가하는 수열이다.

	+2		+6		+10		+14		+18		+22	
3	→	5	→	11	→	21	→	35	→	53	→	75

02 ①

×5, ×4, ×3, ×2, …로 증가하는 수열이다.

	×5		×4		×3		×2		×1		×0	
3	→	15	→	60	→	180	→	360	→	360	→	0

03 ④

×5, ×3이 반복되는 수열이다.

	×5		×3		×5		×3		×5		×3	
2	→	10	→	30	→	150	→	450	→	2,250	→	6,750

04 ③

앞에 세 항의 합으로 이루어진 수열이다.

					1+1+3				3+5+9			
1	→	1	→	3	→	5	→	9	→	17	→	31
					1+3+5				5+9+17			

05 ②

×5, −100이 반복되는 수열이다.

	×5		−100		×5		−100		×5		−100	
50	→	250	→	150	→	750	→	650	→	3,250	→	3,150

06 ①

×2, +3, ×4, +5, ×6, +7으로 증가하는 수열이다.

	×2		+3		×4		+5		×6		+7	
1	→	2	→	5	→	20	→	25	→	150	→	157

07 ②

+3, +5, +7, +9, +11, …로 증가하는 수열이다.

	+3		+5		+7		+9		+11		+13	
20	→	23	→	28	→	35	→	44	→	55	→	68

08 ②

−8, +1, −7, +2, −6, +3, …으로 증가하는 수열이다.

	−8		+1		−7		+2		−6		+3	
23	→	15	→	16	→	9	→	11	→	5	→	8

09 ③

×2, ×(−3), ×4, ×(−5), …로 증가하는 수열이다.

	×2		×(−3)		×4		×(−5)		×6		×(−7)	
1	→	2	→	−6	→	−24	→	120	→	720	→	−5,040

10 ④

아래와 같이 증가하는 수열이다.

		+5		+10		+15		+20		+25		
	+1		+6		+16		+31		+51		+76	
12	→	13	→	19	→	35	→	66	→	117	→	193

11 ①

+2, −4, +6, −8, +10, −12로 증가하는 수열이다.

A	B	C	D	E	F	G	H	I	J	K	L	M
1	2	3	4	5	6	7	8	9	10	11	12	13
N	O	P	Q	R	S	T	U	V	W	X	Y	Z
14	15	16	17	18	19	20	21	22	23	24	25	26

$$M(13) \xrightarrow{+2} O(15) \xrightarrow{-4} K(11) \xrightarrow{+6} Q(17) \xrightarrow{-8} I(9) \xrightarrow{+10} S(19) \xrightarrow{-12} G(7)$$

12 ②

+4, ÷2가 반복되는 수열이다.

$$L(12) \xrightarrow{+4} P(16) \xrightarrow{÷2} H(8) \xrightarrow{+4} L(12) \xrightarrow{÷2} F(6) \xrightarrow{+4} J(10) \xrightarrow{÷2} E(5)$$

13 ③

+1, +4, +7, +10, +13, +16으로 증가하는 수열이다.

$$A(1) \xrightarrow{+1} B(2) \xrightarrow{+4} F(6) \xrightarrow{+7} M(13) \xrightarrow{+10} W(23) \xrightarrow{+13} J(36) \xrightarrow{+16} Z(52)$$

14 ④

+3, −1이 반복되는 수열이다.

가	나	다	라	마	바	사	아	자	차	카	타	파	하
ㄱ	ㄴ	ㄷ	ㄹ	ㅁ	ㅂ	ㅅ	ㅇ	ㅈ	ㅊ	ㅋ	ㅌ	ㅍ	ㅎ
1	2	3	4	5	6	7	8	9	10	11	12	13	14

$$다(3) \xrightarrow{+3} 바(6) \xrightarrow{-1} 마(5) \xrightarrow{+3} 아(8) \xrightarrow{-1} 사(7) \xrightarrow{+3} 차(10) \xrightarrow{-1} 자(9)$$

15 ③

−5, +4, −5, +3, −5, +2로 증가하는 수열이다.

$$자(9) \xrightarrow{-5} 라(4) \xrightarrow{+4} 아(8) \xrightarrow{-5} 다(3) \xrightarrow{+3} 바(6) \xrightarrow{-5} 가(1) \xrightarrow{+2} 다(3)$$

16 ①
아래의 규칙을 따른다.

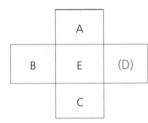

$A \times C = E \rightarrow 12 \times 3 = 36$

$B \times D = E \rightarrow 4 \times 9 = 36$

---

17 ②
아래의 규칙을 따른다.

$A^E = C \rightarrow 3^3 = 27$

$B^E = D \rightarrow 2^3 = 8$

---

18 ④
아래의 규칙을 따른다.

$A + E = C \rightarrow 3 + 5 = 8$

$B + E = D \rightarrow 63 + 5 = 68$

---

19 ①
아래의 규칙을 따른다.

$B - E = D \rightarrow 4 - 5 = -1$

$A - E = C \rightarrow 2 - 5 = -3$

20 ②

아래의 규칙을 따른다.

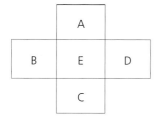

$A \div E = C \rightarrow 10 \div 2 = 5$

$B \div E = D \rightarrow 12 \div 2 = 6$

21 ④

아래와 같이 명제를 연결할 수 있다.

명제1	3시가 되면 2시가 되지 않는다.	A(3시) → B(2시×)
명제2	2시가 되지 않으면 4시가 된다. [대우] 4시가 되지 않으면 2시가 된다.	B(2시×) → C(4시)
명제3	4시가 되면 7시가 된다.	C(4시) → D(7시)
결론	3시가 되면 7시가 된다. [대우] 7시가 되지 않으면 3시가 되지 않는다.	A(3시) → B(2시×) → C(4시) → D(7시)

22 ③

아래와 같이 명제를 연결할 수 있다.

명제1	서울에 살면 부산에 산다.	A(서울) → B(부산)
명제2	부산에 살면 광주에 산다.	B(부산) → C(광주)
명제3	광주에 살면 전주에 살지 않는다. [대우] 전주에 살면 광주에 살지 않는다.	C(광주) → D(전주×)
결론	서울에 살면 전주에 살지 않는다.	A(서울) → B(부산) → C(광주) → D(전주×)

23 ①

아래와 같이 명제를 연결할 수 있다.

명제1	고추가 매우면 레몬은 시지 않다.	A(고추) → B(레몬×)
명제2	레몬이 시지 않으면 소금은 짜다.	B(레몬×) → C(소금)
명제3	소금이 짜면 설탕은 달지 않다. [대우] 설탕이 달면 소금은 짜지 않다.	C(소금) → D(설탕×)
결론	고추가 매우면 설탕은 달지 않다.	A(고추) → B(레몬×) → C(소금) → D(설탕×)

24 ①

아래와 같이 명제를 연결할 수 있다.

명제1	파랑을 좋아하면 빨강을 좋아하지 않는다.	A(파랑) → B(빨강×)
명제2	빨강을 좋아하지 않으면 노랑을 좋아하지 않는다. [대우] 노랑을 좋아하면 빨강을 좋아한다.	B(빨강×) → C(노랑×)
명제3	노랑을 좋아하지 않으면 초록을 좋아한다.	C(노랑×) → D(초록)
결론	파랑을 좋아하면 초록을 좋아한다.	A(파랑) → B(빨강×) → C(노랑×) → D(초록)

따라서 참이다.

25 ①

아래와 같이 명제를 연결할 수 있다.

명제1	빨강을 좋아하지 않으면 노랑을 좋아하지 않는다. [대우] 노랑을 좋아하면 빨강을 좋아한다.	A(빨강×) → B(노랑×)
명제2	노랑을 좋아하지 않으면 초록을 좋아한다.	B(노랑×) → C(초록)
명제3	초록을 좋아하면 보라를 좋아한다.	C(초록) → D(보라)
결론	빨강을 좋아하지 않으면 보라를 좋아한다.	A(빨강×) → B(노랑×) → C(초록) → D(보라)

따라서 참이다.

26 ③

아래와 같이 명제를 연결할 수 있다.

명제1	노랑을 좋아하지 않으면 초록을 좋아한다.	A(노랑×) → B(초록)
명제2	초록을 좋아하면 보라를 좋아한다.	B(초록) → C(보라)
결론	노랑을 좋아하지 않으면 보라를 좋아한다.	A(노랑×) → B(초록) → C(보라)

'노랑을 좋아하지 않으면 보라를 좋아한다.'가 참일 때, 그 역인 '보라를 좋아하면 노랑을 좋아하지 않는다.'는 참일 수도 있고, 거짓일 수도 있다. 따라서 진위를 판별할 수 없다.

27 ③

아래와 같이 표를 그려서 조건을 연결해본다.
• 점수가 80점 이상인 사람은 C, D, E이다.
• 점수가 90점 이상인 사람은 유일하게 D이다.

위 정보를 통해서 90점 이상은 D, 90점 미만 80점 이상은 C, E, 80점 미만은 A, B인 것을 알 수 있다. 따라서 1등은 D이고 2, 3등은 C, E이고, 4, 5등은 A, B이다.

1등	2등	3등	4등	5등
D	C, E		A, B	

• 점수가 높은 순서로 나열하면 C의 바로 앞은 E이고, 바로 뒤는 A이다.

따라서 E - C - A는 서로 순위가 붙어 있다.

1등	2등	3등	4등	5등
D	E	C	A	B

위와 같은 경우로 고정할 수 있다.

따라서 옳은 것은 ③이다.

28 ①

아래와 같이 표를 그려서 조건을 연결해본다.

5층	
4층	
3층	
2층	E
1층	F

• 가장 아래 층에는 F가 살고, 그 위 층에는 E가 산다.
따라서 F는 1층에 살고, E는 2층에 산다.

5층	
4층	A
3층	
2층	E
1층	F

• 짝수층에 사는 사람은 A와 E이고, 서로 다른 층에 산다.
따라서 A는 남은 짝수 층인 4층에 산다.

5층	
4층	A
3층	C, D
2층	E
1층	F

• A와 E 사이 층에는 C와 D가 산다.
따라서 3층에는 C와 D가 산다.

5층	B
4층	A
3층	C, D
2층	E
1층	F

• B가 사는 층에는 B만 혼자 산다.
따라서 남은 5층에는 B가 산다.

29 ④

아래와 같이 표를 그려서 조건을 연결해본다.

	A	
빈	F	

- A의 맞은 편에는 F가 앉아 있고, F의 왼쪽에는 빈의자가 있다.
  A를 기준으로 맞은 편에는 F가 앉아 있고, 왼쪽에는 빈의자가 있다.

E	A	
빈		
빈	F	

- E의 오른쪽에는 빈의자가 있고, 빈의자끼리는 붙어 있다.
  빈의자끼리 붙어 있으므로 남은 빈의자의 자리가 고정되고 E의 자리도 한 곳으로 고정된다.

E	A	D
빈		C
빈	F	B

- C의 오른쪽에는 D가, 왼쪽에는 B가 앉아 있다.
  이제 남은 3자리에 앉은 사람을 고정할 수 있다.
  따라서 옳은 것은 ④이다.

---

30 ①

아래와 같이 표를 그려서 조건을 연결해본다.

401			402
301			302
201	A	E	202
101			102

- A는 201호에 살고, E와 같은 층에 산다.
- C, E, F, H의 끝자리 호수는 같다.
  따라서 C, E, F, H의 끝자리 호수는 2이고, 남은 A, B, D, G의 끝자리 호수는 1이다.

401			402
301	B	H	302
201	A	E	202
101			102

- B는 3층에 살고, H와 같은 층에 산다.
  B는 301호, H는 302호로 고정할 수 있다.

401	D, G	C, F	402
301	B	H	302
201	A	E	202
101	D, G	C, F	102

남은 사람을 정리하면 왼쪽과 같다.

401	G	F	402
301	B	H	302
201	A	E	202
101	D	C	102

401	D	C	402
301	B	H	302
201	A	E	202
101	G	F	102

• C와 D는 같은 층에 산다. 이때 2가지 경우가 생긴다.

G와 F는 2가지 경우 모두 같은 층에 산다. 따라서 참이다.

31 ③

D는 1층 또는 4층에 산다. 따라서 진위를 판별할 수 없다.

32 ②

C가 4층에 살지 않으면 C와 D는 1층에 살고 이때 F는 4층에 산다. 따라서 거짓이다.

33 ①

피벗 조건은 'A의 경력은 3년이다.'이다. 먼저 표를 만들어 고정하고 시작한다.

경력 연차	1	2	3	4	5	6
사원			A			

B는 보다 2년 경력이 많기 때문에 B의 경력은 5년이 된다.

경력 연차	1	2	3	4	5	6
사원			A		B	

F는 C보다 경력이 1년 더 많다고 하였는데 현재 표에서 1년 간격으로 넣을 수 있는 자리는 1연차와 2연차 밖에 없다. 따라서 자리가 확정된다.

경력 연차	1	2	3	4	5	6
사원	C	F	A		B	

따라서 가능한 경우는 아래와 같다.

경력 연차	1	2	3	4	5	6
사원	C	F	A	D, E	B	D, E

표를 통해 C의 경력이 가장 적은 것을 확인할 수 있다.

34 ③

경력이 가장 많은 사람은 D와 E 중 한 명이다. 따라서 진위를 파악할 수 없다.

35 ②

F의 경력은 2년차이고, B의 경력은 5년차이므로 거짓이다.

36 ③

B의 경력은 5년차이고, E의 경력은 4년차 또는 6년차이다. 따라서 진위를 파악할 수 없다.

37 ④

C와 E의 진술을 먼저 놓고 풀면 유리하다. 둘 중 1명은 반드시 거짓이므로 최소한 A, B, D의 진술은 모두 참이다.

구분	A	B	C	D	E
진실	○	○	×	○	
토핑	게살	새우		페페로니 or 버섯	

이때 A의 토핑은 게살이므로 C의 진술은 거짓이 된다. 따라서 E의 진술은 참이 되고 C의 토핑은 페페로니이다.

구분	A	B	C	D	E
진실	○	○	×	○	○
토핑	게살	새우	페페로니	버섯	없음

위의 상황으로 유일하게 확정된다.
E는 혼자서 토핑을 추가하지 않았다.

38 ③

거짓말을 한 사람은 C이다.

39 ①

게살을 토핑으로 추가한 사람은 A이다.

40 ③

페페로니를 토핑으로 추가한 사람 C이다.

Ⅲ 지각 정답									
01	02	03	04	05	06	07	08	09	10
②	①	②	①	①	③	④	②	①	④
11	12	13	14	15	16	17	18	19	20
③	②	②	①	④	①	④	③	①	④
21	22	23	24	25	26	27	28	29	30
④	②	③	④	①	①	③	③	②	①
31	32	33	34	35	36	37	38	39	40
④	④	①	③	②	①	②	④	③	②

01 ②

주어진 문자 배열의 좌와 우는 다르다.

ⅫⅥⅤⅣⅥⅦⅨⅣⅧⅡⅡ – ⅫⅥⅤⅣⅥⅥⅨⅣⅧⅡⅡ

02 ①

주어진 문자 배열의 좌와 우는 같다.

03 ②

주어진 문자 배열의 좌와 우는 다르다.

ぢふなぎずづつぬびび – ぢふなぎずつつぬびび

04 ①

좌우가 서로 같은 것은 ①이다.

② ⅡⅢⅣⅤⅥⅡⅢⅣ – ⅡⅢⅣⅤⅤⅡⅢⅣ

③ ⅧⅨⅩⅪⅨⅧⅦⅤ – ⅧⅨⅨⅪⅨⅧⅦⅤ

④ ⅪⅩⅫⅪⅩⅢⅩⅪ – ⅪⅩⅩⅪⅩⅢⅩⅪ

05 ①

좌우가 서로 같은 것은 ①이다.

② ★☆★○◎◇●○ – ★☆★◎◇◎●○

③ ◎●◇◎◇♦●○ – ◎●◇○◇♦●○

④ ◎☆★○☆♦□◎ – ◎☆☆○☆♦□◎

06 ③

좌우가 서로 같은 것은 ③이다.

① 4353454354 – 4353454554

② 4541123556 – 4541133556

④ 1289004421 – 1288004421

07 ④

서로 같은 것은 ④이다.

① 5625462346554656

② 5625442546554656

③ 5625462546534656

08 ②

서로 같은 것은 ②이다.

① SADFASDFFSADJFPSAF

③ SADEASDFPSADJFPSAF

④ SADFASDFPSADJFFSAF

09 ①

서로 같은 것은 ①이다.

② づすしちちぢにさぎくっ

③ づすすちぢひにさぎくっ

④ づすしちぢひにぎぎくっ

10 ④

개수를 세어 보면 아래와 같다.

003240732102603023083

11 ③

개수를 세어 보면 아래와 같다.

◇◆□◆●◎◆○★◆◆○●◎◆

12 ②

개수를 세어 보면 아래와 같다.

へねぬつねずねぢじねびね

13 ②

32,111은 ② 12,435~34,567 안에 속한다.

14 ①

67,389는 ① 56,334~73,333 안에 속한다.

15 ④

파도는 ④ 쿠~호 안에 속한다.

가	나	다	라	마	바	사	아	자	차	카	타	파	하

16 ①

층별로 세어보면 아래와 같다.

   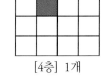

[1층] 10개   [2층] 5개   [3층] 2개   [4층] 1개

따라서 총 18개이다.

17 ④

다른 블록과 2개의 면이 접촉하는 블록은 아래와 같다.

따라서 4개이다.

18 ③

색칠한 블록을 기준으로 보았을 때 접촉하고 있는 면은 윗면, 왼쪽 면, 아랫면 총 3개의 면이다.

따라서 3개이다.

19 ①

층별로 세어보면 아래와 같다.

[1층] 11개　　　　[2층] 5개　　　　[3층] 2개　　　　[4층] 1개

따라서 총 19개이다.

20 ④

다른 블록과 2개의 면이 접촉하는 블록은 아래와 같다.

따라서 6개이다.

21 ④

직육면체 모양으로 블록을 채우려면 층별로 흰 공백을 채우면 된다.

[1층] +5개　　　　[2층] +11개　　　　[3층] +14개　　　　[4층] +15개

따라서 45개이다.

22 ②

층별로 세어보면 아래와 같다.

[1층] 11개　　　　[2층] 4개　　　　[3층] 1개　　　　[4층] 1개

따라서 총 17개이다.

23 ③

색칠한 블록을 기준으로 보았을 때 접촉하고 있는 면은 뒷면, 왼쪽 면, 앞면 총 3개의 면이다.

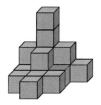

따라서 3개이다.

24 ④

직육면체 모양으로 블록을 채우려면 층별로 흰 공백을 채우면 된다.

[1층] +5개   [2층] +12개   [3층] +15개   [4층] +15개

따라서 47개이다.

25 ①

①은 주어진 도형을 시계 방향으로 180도 회전시킨 같은 도형이다.
각각 다른 부분을 찾아보면 아래와 같다.

②   ③   ④

26 ①

①은 주어진 도형을 반시계 방향으로 90도 회전시킨 같은 도형이다.
각각 다른 부분을 찾아보면 아래와 같다.

②   ③   ④

27 ③

③은 주어진 도형을 시계 방향으로 90도 회전시킨 같은 도형이다.
각각 다른 부분을 찾아보면 아래와 같다.

①    ② 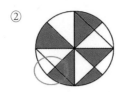   ④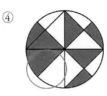

28 ③

③은 주어진 도형을 반시계 방향으로 90도 회전시킨 같은 도형이다.
각각 다른 부분을 찾아보면 아래와 같다.

① 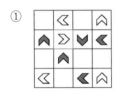   ②    ④

29 ②

②는 주어진 도형을 시계 방향으로 180도 회전시킨 같은 도형이다.
각각 다른 부분을 찾아보면 아래와 같다.

①    ③    ④

30 ①

모양이 다른 1개는 ①이다.

①    [비교]

②를 기준으로 ③은 반시계 방향으로 90도 회전, ④는 180도 회전한 모양이다.

31 ④

모양이 다른 1개는 ④이다.

④ 　　　[비교]

①을 기준으로 ②는 반시계 방향으로 90도 회전, ③은 180도 회전한 모양이다.

32 ④

모양이 다른 1개는 ④이다.

④ 　　　[비교]

①을 기준으로 ②는 시계 방향으로 90도 회전, ③은 180도 회전한 모양이다.

33 ①

모양이 다른 1개는 ①이다.

① 　　　[비교]

②를 기준으로 ③은 시계 방향으로 90도 회전, ④는 180도 회전한 모양이다.

34 ③

모양이 다른 1개는 ③이다.

③ 　　　[비교]

①을 기준으로 ②는 180도 회전, ④는 반시계 방향 90도 회전한 모양이다.

35 ②

완성된 그림은 아래와 같다.

따라서 답은 ②이다.

36 ①

완성된 그림은 아래와 같다.

따라서 답은 ①이다.

37 ②

완성된 그림은 아래와 같다.

따라서 답은 ②이다.

38 ④

완성된 그림은 아래와 같다.

따라서 답은 ④이다.

39 ③

완성된 그림은 아래와 같다.

따라서 답은 ③이다.

40 ②

완성된 그림은 아래와 같다.

따라서 답은 ②이다.

정답과 해설 실전 모의고사 5회

					I 수리 정답				
01	**02**	**03**	**04**	**05**	**06**	**07**	**08**	**09**	**10**
④	②	②	④	③	④	①	③	④	①
11	**12**	**13**	**14**	**15**	**16**	**17**	**18**	**19**	**20**
②	①	②	②	②	③	②	①	④	④
21	**22**	**23**	**24**	**25**	**26**	**27**	**28**	**29**	**30**
④	③	③	④	③	①	③	①	②	①
31	**32**	**33**	**34**	**35**	**36**	**37**	**38**	**39**	**40**
①	④	①	②	③	②	①	①	③	④

01 ④

계산하면 아래와 같다.

$288 + 233 + 297 = 521 + 297 = 818$

따라서 답은 ④이다.

02 ②

계산하면 아래와 같다.

$342 - 273 + 601 = 69 + 601 = 670$

따라서 답은 ②이다.

03 ②

계산하면 아래와 같다.

$717 - 232 - 112 = 485 - 112 = 373$

따라서 답은 ②이다.

04 ④

계산하면 아래와 같다.

$(44 - 21) \times 5 \div 2 = 23 \times 5 \div 2 = 115 \div 2 = 57.5$

따라서 답은 ④이다.

05 ③

계산하면 아래와 같다.

$(3 \times 12 + 2) \div 2 = (36 + 2) \div 2 = 38 \div 2 = 19$

따라서 답은 ③이다.

06 ④

계산하면 아래와 같다.

$7.5 \div 0.5 \times 8 = 15 \times 8 = 120$

따라서 답은 ④이다.

07 ①

계산하면 아래와 같다.

$3.3 \times 5 - 3 = 16.5 - 3 = 13.5$

따라서 답은 ①이다.

08 ③

계산하면 아래와 같다.

$$\frac{5}{9} \div \frac{7}{6} + \frac{3}{10} = \frac{5}{9} \times \frac{6}{7} + \frac{3}{10} = \frac{5 \times 6}{9 \times 7} + \frac{3}{10} = \frac{10}{21} + \frac{3}{10} = \frac{100}{210} + \frac{63}{210} = \frac{163}{210}$$

따라서 답은 ③이다.

09 ④

계산하면 아래와 같다.

$$\left(5 - \frac{4}{3}\right) \times 6 = \left(\frac{15}{3} - \frac{4}{3}\right) \times 6 = \frac{11}{3} \times 6 = 22$$

따라서 답은 ④이다.

10 ①

계산하면 아래와 같다.

$$\frac{\sqrt{4}^2}{3} \times \sqrt{5}^2 = \frac{4}{3} \times 5 = \frac{4 \times 5}{3} = \frac{20}{3}$$

따라서 답은 ①이다.

11 ②

통분을 활용한다.

A: $\dfrac{1}{6}$ → $a_1 \times b_2 = 1 \times 17 = 17$

B: $\dfrac{3}{17}$ → $a_2 \times b_1 = 6 \times 3 = 18$

따라서 A 〈 B이다.

---

12 ①

직접 계산해본다.

A: $\dfrac{7}{4} = 7 \div 4 = 1.75$

B: 1.6

따라서 A 〉 B이다.

---

13 ②

직접 계산해본다.

A: $\dfrac{5^3}{2^2} = \dfrac{5 \times 5 \times 5}{2 \times 2} = \dfrac{125}{4}$ → $a_1 \times b_2 = 125 \times 3 = 375$

B: $\dfrac{2^7}{3} = \dfrac{2 \times 2 \times 2 \times 2 \times 2 \times 2 \times 2}{3} = \dfrac{128}{3}$ → $a_2 \times b_1 = 4 \times 128 = 512$

따라서 A 〈 B이다.

---

14 ②

계산하면 아래와 같다.

12 ◇ 24 = (12 + 24) ÷ 2 = 36 ÷ 2 = 18

따라서 답은 ②이다.

---

15 ②

계산하면 아래와 같다.

7 ◎ 8 = 3 × 7 + 2 × 8 = 21 + 16 = 37

따라서 답은 ②이다.

---

16 ③

계산하면 아래와 같다.

5 ◎ 6 ◇ 10 = (3 × 5 + 2 × 6) ◇ 10 = (15 + 12) ◇ 10 = 27 ◇ 10
= (27 + 10) ÷ 2 = 37 ÷ 2 = 18.5

따라서 답은 ③이다.

---

17 ②

계산하면 아래와 같다.

$650 \times 0.25 = 162.5$

18 ①

계산하면 아래와 같다.

$380 \times 0.45 = 171$

---

19 ④

계산하면 아래와 같다.

$180 \times 0.325 = 58.5(\text{cm})$

---

20 ④

계산하면 아래와 같다.

$25,000 \times (1-0.3) = 25,000 \times 0.7 = 17,500(\text{원})$

---

21 ④

먼저, 설탕의 양을 계산한다.

25%의 설탕물 200g에 든 설탕의 양 → $0.25 \times 200 = 50(\text{g})$

x%의 설탕물 300g에 든 설탕의 양 → $0.01 \times x \times 300 = 3x(\text{g})$

그러면 총 500g의 설탕물에 $(50+3x)$g의 설탕이 들어 있다.

$\text{농도} = \dfrac{(\text{용질의 양})}{(\text{용액의 양})} \times 100 \rightarrow 28 = \dfrac{50+3x}{500} \times 100,\ 28 = \dfrac{50+3x}{5},\ 28 \times 5 = 50 + 3x$

$140 = 50 + 3x,\ 140 - 50 = 3x,\ 90 = 3x,\ x = 30$

---

22 ③

평지를 $x$km, 경사길을 $y$km라 하면 등산로의 길이는 $(x+y)$km이다.

등산을 하는데 평지에서 시속 8km의 속력으로, 오르막에서 시속 4km의 속력으로 갔더니 정상까지 1시간 30분이 걸렸으므로 아래와 같은 식을 만들 수 있다.

$\dfrac{x}{8} + \dfrac{y}{4} = \dfrac{3}{2} \rightarrow x + 2y = 12,\ 4x + 8y = 48 \ ---- \ ㉠$

또한 반대로 내려는 데는 내리막에서 시속 12km, 평지에서 시속 9km의 속력으로 55분이 걸렸다.

$\dfrac{x}{9} + \dfrac{y}{12} = \dfrac{55}{60} \rightarrow \dfrac{x}{9} + \dfrac{y}{12} = \dfrac{11}{12},\ 4x + 3y = 33 \ ---- \ ㉡$

두 식을 연립(㉠ - ㉡)하면 아래와 같다.

$5y = 15,\ y = 3$

따라서 $x = 6$이다.

등산로의 길이는 $6 + 3 = 9(\text{km})$이다.

23 ③

제품을 35개 판매한 총금액이 420,000원이면 1개당 정가를 구할 수 있다.

$\dfrac{420,000}{35} = \dfrac{84,000}{7} = 12,000(원)$

원가에 20%의 이윤을 붙여 그것을 정가로 했다.

(원가) $\times 1.2 = 12,000$

따라서 원가는 10,000원이다.

24 ④

9, 12, 15의 최소공배수를 구한다.

9를 소인수 분해 → $9 = 3 \times 3 = 3^2$

12를 소인수 분해 → $12 = 2 \times 2 \times 3 = 2^2 \times 3$

15를 소인수 분해 → $15 = 3 \times 5$

9, 12, 15의 최소공배수는 세 수의 소인수를 모두 포함하는 가장 작은 수이다.

$2^2 \times 3^2 \times 5 = 4 \times 9 \times 5 = 36 \times 5 = 180$

따라서 톱니가 180번 움직이면 세 톱니바퀴가 서로 처음으로 맞물린다. 이때 톱니 B는 톱니가 9개이므로 $180 \div 9 = 20(번)$ 회전한다.

25 ③

동생의 나이를 x라 하면 형의 나이는 $3x$가 되고 아래와 같이 식을 세울 수 있다.

$3x + 12 : x + 12 = 3 : 2$ ← (내항의 곱) = (외항의 곱)

$(x+12) \times 3 = (3x+12) \times 2$, $3x + 36 = 6x + 24$, $36 - 24 = 6x - 3x$, $12 = 3x$, $x = 4$

따라서 현재 동생의 나이는 4살이고, 형의 나이는 12살이다.

26 ①

이 일의 양을 1이라 하면 A가 하루에 하는 일의 양은 $\dfrac{1}{10}$, B가 하루에 하는 일의 양은 $\dfrac{1}{15}$이다. A가 혼자서 8일 일하면 $\dfrac{8}{10} = \dfrac{4}{5}$를 일한 것이다. 따라서 B는 나머지 $\dfrac{1}{5}$을 하면 된다.

$\dfrac{x}{15} = \dfrac{1}{5}$, $5x = 15$, $x = 3$

따라서 B는 3일 동안 나머지 일을 하였다.

27 ③

십의 자리 숫자를 x, 일의 자리 숫자를 y라고 하면 이 수는 $10x + y$로 표현할 수 있다.

이 정수는 각 자리 수의 합의 3배와 같기 때문에 $10x + y = 3(x + y)$를 얻을 수 있다.

또한, 각 자리 수에 2를 곱하여 더한 값은 이 정수보다 9가 작기 때문에 $10x + y = 2x + 2y + 9$이다.

$10x + y = 3(x+y) \rightarrow 10x + y = 3x + 3y$, $10x - 3x = 3y - y$, $7x = 2y$, $\dfrac{7}{2}x = y$

$10x + y = 2x + 2y + 9 \rightarrow 10x - 2x + y - 2y = 9$, $8x - y = 9$

$8x - y = 9$에 $\dfrac{7}{2}x = y$를 대입하면 $8x - \dfrac{7}{2}x = 9$, $\dfrac{16}{2}x - \dfrac{7}{2}x = 9$, $\dfrac{9}{2}x = 9$, $x = 2$이다.

따라서 $\dfrac{7}{2}x = y$에서 $y = 7$이다.

십의 자리는 2, 일의 자리는 7인 자연수 27을 구할 수 있다.

이 정수의 일의 자리 숫자에서 십의 자리 숫자를 뺀 값은 $7 - 2 = 5$이다.

28 ①

주간에 방문객을 x명, 야간 방문객을 y명이라 하면 $3.5x + 2.5y = 390$(만 원), $x + y = 120$ 두 식을 얻을 수 있다.

$x + y = 120 \rightarrow y = 120 - x$ ---- ㉠

$3.5x + 2.5y = 390$ ---- ㉡

㉡에 ㉠을 대입하면 $3.5x + 2.5(120 - x) = 390$, $3.5x + 300 - 2.5x = 390$, $x = 390 - 300$, $x = 90$

$x + y = 120$에서 $y = 30$을 구할 수 있다.

따라서 야간 입장객의 수는 30명이다.

29 ②

원순열 공식을 이용한다.

서로 다른 n개를 원형으로 배열하는 경우의 수는 $\dfrac{n!}{n} = (n-1)!$이다.

재무팀 4명이 원형의 탁자에 둘러앉는 경우의 수는 $(4-1)! = 3! = 6$(가지)

재무팀 사이사이의 4개의 자리에 총무팀 1명이 앉는 경우의 수는 $_4C_1 = 4$(가지)

이때 총무팀 1명의 자리가 결정되면 나머지 총무팀 1명의 자리는 마주 보는 자리에 고정된다.

따라서 구하는 경우의 수는 $6 \times 4 = 24$(가지)이다.

30 ①

주사위를 던질 때 3의 배수일 확률은 3, 6이 나올 때이므로 $\dfrac{2}{6} = \dfrac{1}{3}$이다.

동전을 던질 때 앞면이 나올 확률은 앞과 뒤 두 가지 중 한 가지이기 때문에 $\dfrac{1}{2}$이다.

따라서 주사위와 동전을 각각 두 번씩 던질 때, 주사위는 두 번 다 3의 배수, 동전은 모두 다 앞면이 나올 확률은 $\dfrac{1}{3} \times \dfrac{1}{3} \times \dfrac{1}{2} \times \dfrac{1}{2} = \dfrac{1}{9} \times \dfrac{1}{4} = \dfrac{1}{36}$이다.

31 ①

그래프를 보면 소비자물가 지수가 5월 111.13에서 6월 111.12로 감소한 것을 알 수 있다.

32 ④

④ ×

소비자물가 지수는 2020년을 기준시점 100으로 놓고 계산한 수치로 2023년 9월 소비자물가 지수는 112를 넘지 않기 때문에 2023년 9월 소비자물가 지수는 2020년 기준 13% 이상 증가하지 않았다.

① ○

소비자 물가 지수가 112 이상인 달은 8월과 9월로 2번 있다.

② ○

소비자물가 지수는 2020년을 기준시점 100으로 놓고 계산한 수치로 2023년 5월 소비자물가 지수는 111을 넘기 때문에 2023년 5월 소비자물가 지수는 2020년 기준 11% 이상 증가했다.

③ ○

소비자물가 지수는 2020년을 기준시점 100으로 놓고 계산한 수치로 2023년 8월 소비자물가 지수는 112를 넘기 때문에 2023년 8월 소비자물가 지수는 2020년 기준 12% 이상 증가했다.

33 ①

- 2021년 참돔, 가자미류, 숭어류의 총 생산금액: $838 + 670 + 895 = 2{,}403$(억 원)
- 2022년 참돔, 가자미류, 숭어류의 총 생산금액: $1{,}023 + 923 + 868 = 2{,}814$(억 원)

평균을 계산하면 아래와 같다.

$$\frac{2{,}403 + 2{,}814}{2} = \frac{5{,}217}{2} = 2{,}608.5 (억 \ 원)$$

34 ②

② ○

2022년 생산금액이 1,000억 원 이상인 어종은 넙치류, 조피볼락, 참돔이고 2021년 비중의 합은 $54.9 + 18.2 + 7.0 = 80.1\%$이다.

① ×

2021년 생산금액이 세 번째로 높은 어종은 숭어류이고, 2022년 총생산의 6.8%의 비중을 차지했다.

③ ×

참돔은 해당하지 않는다.

④ ×

2021년 비중이 두 번째로 작은 어종은 기타 어종으로 생산금액은 832억 원이다.

35 ③

2021년 비중이 7% 이하의 어종들은 참돔, 가자미류, 기타 어종이다. 총 생산금액은 아래와 같다.

$838 + 670 + 832 = 2{,}340$(억 원)

36 ②

2020년부터 2022년까지 우리나라 어가 소득의 평균을 구해본다.

$$\frac{53,190+52,390+52,910}{3}=\frac{158,490}{3}=52,830(천\ 원) \rightarrow 5,283만\ 원$$

37 ①

① ×

2020년 이전 소득은 14,330(천 원)이고, 2021년 어업 외 소득은 14,315(천 원)이다. 따라서 2020년 이전 소득은 2021년 어업 외 소득보다 높다.

② ○

2022년 어업 소득은 20,720(천 원)이고, 2020년 어업 소득은 22,720(천 원)이다.

③ ○

2021년 이전 소득은 15,710(천 원)이고, 2022년 어업 외 소득은 12,685(천 원)이다.

④ ○

2021년 어업 소득은 19,675(천 원)이고, 2022년 이전 소득은 17,130(천 원)이다.

38 ①

2018년 우리나라 전체 인구가 5,000만 명이라고 가정하고 비만 인구를 계산하면 아래와 같다.

$5,000 \times 0.35 = 1,750(만\ 명)$

39 ③

③ ×

70세 이상에서는 오히려 비만 유병률이 낮아진다.

① ○

남자의 비만 유병률이 45% 이상인 해는 2020년이고, 50대의 비만 유병률도 40.2%로 40% 이상이다.

② ○

여자의 비만 유병률이 28% 이하인 해는 2019년이고, 30대의 비만 유병률도 34.9%로 35% 이하이다.

④ ○

표를 통해 확인할 수 있다.

40 ④

2018년부터 2021년까지 4년간 전체 비만 유병률의 평균을 계산하면 아래와 같다.

$$\frac{35.0+34.4+38.4+37.2}{4}=\frac{145}{4}=36.25\%$$

II 추리 정답									
01	**02**	**03**	**04**	**05**	**06**	**07**	**08**	**09**	**10**
②	③	①	③	①	①	④	①	④	②
11	**12**	**13**	**14**	**15**	**16**	**17**	**18**	**19**	**20**
④	③	②	①	③	①	①	④	③	②
21	**22**	**23**	**24**	**25**	**26**	**27**	**28**	**29**	**30**
①	④	②	②	②	①	③	①	④	①
31	**32**	**33**	**34**	**35**	**36**	**37**	**38**	**39**	**40**
③	②	④	④	④	③	①	②	④	②

01 ②

+30, −13이 반복되는 수열이다.

	+30		−13		+30		−13		+30		−13	
17	→	47	→	34	→	64	→	51	→	81	→	68

02 ③

×7, ×2가 반복되는 수열이다.

	×7		×2		×7		×2		×7		×2	
1	→	7	→	14	→	98	→	196	→	1,372	→	2,744

03 ①

+5, +12가 반복되는 수열이다.

	+5		+12		+5		+12		+5		+12	
3	→	8	→	20	→	25	→	37	→	42	→	54

04 ③

+1, +3, +5, +7, +9, …로 증가하는 수열이다.

	+1		+3		+5		+7		+9		+11	
201	→	202	→	205	→	210	→	217	→	226	→	237

05 ①

×1, +2, ×3, +4, ×5, +6, …으로 증가하는 수열이다.

	×1		+2		×3		+4		×5		+6	
3	→	3	→	5	→	15	→	19	→	95	→	101	

06 ①

×3, −6, ×3, +6, …이 반복되는 수열이다.

	×3		-6		×3		+6		×3		-6	
4	→	12	→	6	→	18	→	24	→	72	→	66	

07 ④

아래와 같이 증가하는 수열이다.

	+5	+3	+8	+4	+12	+5	+17	+6	+23	+7	+30	
12	→	17	→	25	→	37	→	54	→	77	→ 107

08 ①

×10, ÷5, ×20, ÷5, ×30, ÷5가 반복되는 수열이다.

	×10		÷5		×20		÷5		×30		÷5	
2	→	20	→	4	→	80	→	16	→	480	→	96	

09 ④

+2, ×3, −4, ×3, +8, ×3이 반복되는 수열이다.

	+2		×3		-4		×3		+8		×3	
6	→	8	→	24	→	20	→	60	→	68	→	204	

10 ②

아래와 같이 증가하는 수열이다.

	+1	+1	+2	+3	+5	+5	+10	+7	+17	+9	+26	
11	→	12	→	14	→	19	→	29	→	46	→ 72

11 ④

-3, -2로 반복되는 수열이다.

A	B	C	D	E	F	G	H	I	J	K	L	M
1	2	3	4	5	6	7	8	9	10	11	12	13
N	O	P	Q	R	S	T	U	V	W	X	Y	Z
14	15	16	17	18	19	20	21	22	23	24	25	26

$$V(22) \xrightarrow{-3} S(19) \xrightarrow{-2} Q(17) \xrightarrow{-3} N(14) \xrightarrow{-2} L(12) \xrightarrow{-3} I(9) \xrightarrow{-2} G(7)$$

12 ③

-2, +3, -4, +5, -6, +7로 증가하는 수열이다.

$$I(9) \xrightarrow{-2} G(7) \xrightarrow{+3} J(10) \xrightarrow{-4} F(6) \xrightarrow{+5} K(11) \xrightarrow{-6} E(5) \xrightarrow{+7} L(12)$$

13 ②

-7, +4로 반복되는 수열이다.

$$R(18) \xrightarrow{-7} K(11) \xrightarrow{+4} O(15) \xrightarrow{-7} H(8) \xrightarrow{+4} L(12) \xrightarrow{-7} E(5) \xrightarrow{+4} I(9)$$

14 ①

+2, -3으로 반복되는 수열이다.

가	나	다	라	마	바	사	아	자	차	카	타	파	하
ㄱ	ㄴ	ㄷ	ㄹ	ㅁ	ㅂ	ㅅ	ㅇ	ㅈ	ㅊ	ㅋ	ㅌ	ㅍ	ㅎ
1	2	3	4	5	6	7	8	9	10	11	12	13	14

$$타(12) \xrightarrow{+2} 하(14) \xrightarrow{-3} 카(11) \xrightarrow{+2} 파(13) \xrightarrow{-3} 차(10) \xrightarrow{+2} 타(12) \xrightarrow{-3} 자(9)$$

15 ③

-3, -1로 반복되는 수열이다.

$$하(14) \xrightarrow{-3} 카(11) \xrightarrow{-1} 차(10) \xrightarrow{-3} 사(7) \xrightarrow{-1} 바(6) \xrightarrow{-3} 다(3) \xrightarrow{-1} 나(2)$$

16 ①

아래의 규칙을 따른다.

```
        ┌─────┐
        │  A  │
   ┌────┼─────┼────┐
   │ B  │  E  │ D  │
   └────┼─────┼────┘
        │  C  │
        └─────┘
```

$A + B + C + D = E$

$\rightarrow 1 + 3 + 3 + (?) = 10$

$(?) = 3$

---

17 ①

아래의 규칙을 따른다.

```
        ┌─────┐
        │  A  │
   ┌────┼─────┼────┐
   │ B  │  E  │ D  │
   └────┼─────┼────┘
        │  C  │
        └─────┘
```

$(A + C) - (B + D) = E$

$\rightarrow (17 + 4) - ((?) + 8) = 10$

$(?) = 3$

---

18 ④

아래의 규칙을 따른다.

```
        ┌─────┐
        │  A  │
   ┌────┼─────┼────┐
   │ B  │  E  │ D  │
   └────┼─────┼────┘
        │  C  │
        └─────┘
```

$(A \times C) + (B \times D) = E$

$\rightarrow (3 \times 8) + (2 \times 2) = (?)$

$(?) = 28$

---

19 ③

아래의 규칙을 따른다.

```
        ┌─────┐
        │  A  │
   ┌────┼─────┼────┐
   │ B  │  E  │ D  │
   └────┼─────┼────┘
        │  C  │
        └─────┘
```

$(A + B) - (C + D) = E$

$\rightarrow (19 + 1) - (5 + 5) = (?)$

$(?) = 10$

20 ②

아래의 규칙을 따른다.

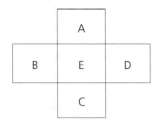

$$2(A + B + C + D) = E$$
$$\rightarrow 2(3 + 7 + 5 + (?)) = 38$$
$$(?) = 4$$

21 ①

아래와 같이 명제를 연결할 수 있다.

명제1	개미가 보이면 빈대가 보인다.	A(개미) → B(빈대)
명제2	빈대가 보이면 매미가 보이지 않는다.	B(빈대) → C(매미×)
명제3	매미가 보이지 않으면 여치가 보인다. [대우] 여치가 보이지 않으면 매미가 보인다.	C(매미×) → D(여치)
결론	개미가 보이면 여치가 보인다.	A(개미) → B(빈대) → C(매미×) → D(여치)

22 ④

아래와 같이 명제를 연결할 수 있다.

명제1	봄이 오면 겨울이 오지 않는다.	A(봄) → B(겨울×)
명제2	겨울이 오지 않으면 가을이 온다. [대우] 가을이 오지 않으면 겨울이 온다.	B(겨울×) → C(가을)
명제3	가을이 오면 여름이 오지 않는다.	C(가을) → D(여름×)
결론	봄이 오면 여름이 오지 않는다.	A(봄) → B(겨울×) → C(가을) → D(여름×)

23 ②

아래와 같이 명제를 연결할 수 있다.

명제1	원을 좋아하면 세모를 좋아한다.	A(원) → B(세모)
명제2	세모를 좋아하면 네모를 좋아하지 않는다.	B(세모) → C(네모×)
명제3	네모를 좋아하지 않으면 별을 좋아하지 않는다. [대우] 별을 좋아하면 네모를 좋아한다.	C(네모×) → D(별×)
결론	원을 좋아하면 별을 좋아하지 않는다. [대우] 별을 좋아하면 원을 좋아하지 않는다.	A(원) → B(세모) → C(네모×) → D(별×)

24 ②

아래와 같이 명제를 연결할 수 있다.

명제1	중국에 있지 않으면 대만에 있다.	A(중국×) → B(대만)
명제2	중국에 있지 않으면 홍콩에 있다. [대만] 홍콩에 있지 않으면 중국에 있다.	A(중국×) → C(홍콩)
결론	중국에 있지 않으면 대만에 있고 홍콩에 있다.	A(중국×) → B(대만) AND C(홍콩)

따라서 거짓이다.

25 ②

아래와 같이 명제를 연결할 수 있다.

명제1	한국에 있으면 중국에 있지 않다.	A(한국) → B(중국×)
명제2	중국에 있지 않으면 홍콩에 있다. [대우] 홍콩에 있지 않으면 중국에 있다.	B(중국×) → C(홍콩)
명제3	홍콩에 있으면 일본에 있지 않다.	C(홍콩) → D(일본×)
결론	한국에 있으면 일본에 있지 않다.	A(한국) → B(중국×) → C(홍콩) → D(일본×)

따라서 거짓이다.

26 ①

아래와 같이 명제를 연결할 수 있다.

명제1	한국에 있으면 중국에 있지 않다.	A(한국) → B(중국×)
명제2	중국에 있지 않으면 대만에 있다.	B(중국×) → C(대만)
명제3	대만에 있으면 몽골에 있다. [대우] 몽골에 있지 않으면 대만에 있지 않다.	C(대만) → D(몽골)
결론	한국에 있으면 몽골에 있다.	A(한국) → B(중국×) → C(대만) → D(몽골)

따라서 참이다.

27 ③

아래와 같이 표를 그려서 조건을 연결해본다.
- C는 6개를 하였고, E는 D보다 더 많이 했다.
- 5개 이상한 사람은 총 3명이다.
- A는 10개 이상하였고, B는 7개 이상하였다.

조건을 종합해보면 5개 이상 한 사람은 3명이다. 그런데 그 중 A는 유일하게 10개 이상, B는 10개 이하 7개 이상, C는 6개로 5개 이상한 사람은 A, B, C 3명으로 판단할 수 있다. 따라서 1등, 2등, 3등을 고정할 수 있다. 남은 4등, 5등은 E와 D인데 E는 D보다 더 많이 했으므로 4등은 E, 5등은 D이다.

1등	2등	3등	4등	5등
A	B	C	E	D

따라서 옳은 것은 ③이다.

28 ①

아래와 같이 표를 그려서 조건을 연결해본다.

5층	A
4층	
3층	C
2층	
1층	

• A는 가장 높은 층에 살고 밑에 밑에 층에 C가 산다.
  가장 높은 5층에는 A가 살고 밑에 밑에 층인 3층에는 C가 산다.

5층	A
4층	
3층	C
2층	B
1층	D

• D와 B는 각각 1층 아니면 2층에 살고, B의 바로 위 층에는 C가 산다.
  B의 바로 위 층에 C가 살기 때문에 B는 2층에 산다.
  또한 B가 2층에 살기 때문에 D는 1층에 산다.

5층	A
4층	E
3층	C
2층	B
1층	D

따라서 남은 4층에는 E가 산다.

29 ④

아래와 같이 표를 그려서 조건을 연결해본다.

C	A	빈

• A의 오른쪽 자리에는 C가 있고, 왼쪽 자리에는 빈 의자가 있다.
  A를 고정하면 오른쪽과 왼쪽 자리를 C와 빈자리로 배치할 수 있다.

C	A	빈
빈		B

• C와 B는 마주 보고 앉아 있으며 빈의자끼리는 서로 맞은 편에 있다.
  위 조건에 따라 B와 나머지 빈의자의 자리를 유추할 수 있다.

C	A	빈
D		E
빈	F	B

- D의 옆자리에는 C가 있고, D의 맞은 편에는 E가 앉아 있다.

 위 조건에서 D와 E의 위치를 고정할 수 있다.

 남은 한 자리는 F가 들어간다.

따라서 옳은 것은 ④이다.

30 ①

아래와 같이 표를 그려서 조건을 연결해본다.

- B와 C는 마주보고 앉아 있고, C의 양 옆에는 A와 H가 앉아 있다.

	B	
A	C	H

	B	
H	C	A

두 가지 경우를 그릴 수 있다.

- F와 G는 서로 마주보고 앉아 있고, F는 A의 옆에 앉아 있다.

D, E	B	D, E
F		G
A	C	H

D, E	B	D, E
G		F
H	C	A

F와 G가 마주보고 앉을 수 있는 자리는
한 곳 밖에 없다.
남은 두 자리에는 D, E가 올 수 있다.

따라서 가능한 모든 경우를 그려보면 아래와 같다.

D	B	E
F	경우1	G
A	C	H

E	B	D
F	경우2	G
A	C	H

D	B	E
G	경우3	F
H	C	A

E	B	D
G	경우4	F
H	C	A

4가지 경우 모두 E와 A는 붙어서 앉지 않으므로 참이다.

31 ③

D와 F는 경우1, 경우4는 같이 붙어서 앉지만, 경우2, 경우3은 같이 붙어서 앉지 않는다. 따라서 경우에 따라 다르므로 진위를 판별할 수 없다.

32 ②

E와 G가 같이 붙어서 앉는 경우는 경우1, 경우4이고, 이때 E와 B는 붙어서 앉았다. 따라서 거짓이다.

33 ④

아래 두 정보를 통해 가이드가 앉은 열에는 A, B, F가 앉은 것을 알 수 있다.
• A는 가이드가 앉은 열에 앉았고, 바로 뒷자리에 있는 B와 수다를 떨고 있다.
• D는 F의 바로 오른쪽에 앉아서 서로 사진을 열심히 찍고 있다.
따라서 2가지 경우가 가능하다.

운전석	입구
가이드	
A	
B	
F	D

(경우1)

운전석	입구
가이드	
F	D
A	
B	

(경우2)

• D의 앞에 앞에는 G가 앉아 있고 같은 열에 앉아서 머리가 보일 듯 말 듯하다.
위 정보를 통해 (경우2)는 G가 입구에 앉아야 하기 때문에 성립이 안 된다.

운전석	입구
가이드	
A	G
B	
F	D

남은 인원을 배치하면 가능한 경우는 총 2가지이다.

운전석	입구
가이드	C
A	G
B	E
F	D

운전석	입구
가이드	E
A	G
B	C
F	D

A의 옆자리에 앉는 사람은 항상 G이다.

---

34 ④

두 가지 경우에서 D의 앞에 앉을 수 있는 사람은 C와 E이다.

---

35 ④

두 가지 경우에서 뒷자리에 앉는 두 명은 항상 D와 F이다.

---

36 ③

B의 옆에 C가 앉을 때는 두 번째 경우이고 이때 가이드 옆에는 E가 앉는다.

---

37 ①

B는 혼자 다른 지역에서 근무한다고 했으므로 이 말이 진실이면 B는 평택에서 근무한다.
그런데 C는 A가 평택에서 근무한다고 했으므로 둘 중 최소한 한 명은 거짓을 말하고 있다.
만약 B와 C가 모두 거짓일 때를 생각해본다. 이때 나머지 사람의 말은 모두 진실이다.

그런데 이 경우는 모순이 생긴다.

A	B	C	D	E
진실	거짓	거짓	진실	진실
수원			수원	수원

A, D, E의 말이 진실이 되는데, A는 E와 같은 지역에 있다고 했고, E는 서울에서 근무하고 있지 않다고 했으므로 A와 E는 함께 수원에서 근무해야만 한다. 그런데 D도 수원에서 근무하고 있다고 했으므로 셋 중 하나는 반드시 거짓이다. 따라서 B와 C가 모두 거짓인 경우는 성립하지 않는다.

만약 B가 거짓이고, C가 진실인 경우는 아래와 같이 나타낼 수 있다.

A	B	C	D	E
거짓	거짓	진실	진실	진실
평택	서울	서울	수원	수원

만약 C가 거짓이고, B가 진실인 경우는 3가지가 가능하다.

A	B	C	D	E
진실	진실	거짓	거짓	진실
수원	평택	서울	서울	수원

A	B	C	D	E
진실	진실	거짓	진실	거짓
서울	평택	수원	수원	서울

A	B	C	D	E
거짓	진실	거짓	진실	진실
서울	평택	서울	수원	수원

따라서 총 4가지 경우가 가능하다.

위 경우들에서 C가 진실을 말할 때 거짓을 말한 사람은 A와 B이다.

38 ②

D가 서울에서 근무할 때, 평택에서 근무하는 사람은 B이다.

39 ④

A와 C가 거짓을 말할 때, 수원에서 근무하는 사람은 D와 E이다.

40 ②

C와 E가 거짓을 말할 때, 서울에서 근무하는 사람은 A와 E이다.

III 지각 정답									
01	**02**	**03**	**04**	**05**	**06**	**07**	**08**	**09**	**10**
①	②	①	③	①	②	②	②	④	①
11	**12**	**13**	**14**	**15**	**16**	**17**	**18**	**19**	**20**
④	③	④	①	③	②	②	③	②	②
21	**22**	**23**	**24**	**25**	**26**	**27**	**28**	**29**	**30**
④	③	③	②	④	①	②	④	①	③
31	**32**	**33**	**34**	**35**	**36**	**37**	**38**	**39**	**40**
②	②	④	④	③	④	④	③	②	①

01 ①

주어진 문자 배열의 좌와 우는 같다.

02 ②

주어진 문자 배열의 좌와 우는 다르다.
3432435564322 － 3432435664322

03 ①

주어진 문자 배열의 좌와 우는 같다.

04 ③

좌우가 서로 다른 것은 ③이다.
32846752434 － 32846732434

05 ①

좌우가 서로 다른 것은 ①이다.
ㄷㄱㄷㅈㄴㅇㅁㅅ － ㄷㄱㄹㅈㄴㅇㅁㅅ

06 ②

좌우가 서로 다른 것은 ②이다.
DFSADFDSGHH － DFSADEDSGHH

07 ②

다른 하나는 ②이다.

947562845537281919

08 ②

다른 하나는 ②이다.

ㄴㅁㄹㅇㄴㄴㅁㄴㅇㄹㄴㄴㄴㄷㄹ

09 ④

다른 하나는 ④이다.

ERASDFGRSDLFUADS

10 ①

개수를 세어 보면 아래와 같다.

ㄴㄹㅇㅁㄴㅇㄹㅈㅍㄴㅇㅁㄹㅎㅇㅁㄴ

11 ④

개수를 세어 보면 아래와 같다.

32532532453255456436 5

12 ③

개수를 세어 보면 아래와 같다.

SADFDFDFDGARDGDDD

13 ④

76,344는 ④ 56,333~87,999 안에 속한다.

14 ①

91,234는 ① 89,123~95,321 안에 속한다.

15 ③

Korea는 ③ Jo~Rg 안에 속한다.

A	B	C	D	E	F	G	H	I	J	K	L	M
N	O	P	Q	R	S	T	U	V	W	X	Y	Z

16 ②

층별로 세어보면 아래와 같다.

[1층] 11개   [2층] 6개   [3층] 1개

따라서 총 18개이다.

17 ②

오직 한 개의 면만 접하는 블록은 아래와 같다.

따라서 1개이다.

18 ③

색칠한 블록을 기준으로 보았을 때 접촉하고 있는 면은 뒷면, 오른쪽 면, 앞면 3개의 면이다.

따라서 3개이다.

19 ②

층별로 세어보면 아래와 같다.

[1층] 11개   [2층] 8개   [3층] 2개   [4층] 1개

따라서 총 22개이다.

20 ②

2층에 있는 블록 중 다른 블록과 2개의 면이 접촉하는 블록은 아래와 같다.

따라서 2개이다.

21 ④

직육면체 모양으로 블록을 채우려면 층별로 흰 공백을 채우면 된다.

[1층] +1   [2층] +4   [3층] +10   [4층] +11개

따라서 26개이다.

22 ③

층별로 세어보면 아래와 같다.

[1층] 14개   [2층] 13개   [3층] 10개   [4층] 3개

따라서 총 40개이다.

23 ③

색칠한 블록을 기준으로 보았을 때 접촉하고 있는 면은 뒷면, 오른쪽 면, 왼쪽 면, 아랫면 총 4개의 면
이다.

따라서 4개이다.

24 ②

직육면체 모양으로 블록을 채우려면 층별로 흰 공백을 채우면 된다.

[1층] +2개

[2층] +3개

[3층] +6개

[4층] +13개

따라서 24개이다.

25 ④

④는 주어진 도형을 시계 방향으로 90도 회전시킨 같은 도형이다.

각각 다른 부분을 찾아보면 아래와 같다.

①

②

③

26 ①

①은 주어진 도형을 시계 방향으로 180도 회전시킨 같은 도형이다.

각각 다른 부분을 찾아보면 아래와 같다.

②

③

④

27 ②

②는 주어진 도형을 반시계 방향으로 90도 회전시킨 같은 도형이다.

각각 다른 부분을 찾아보면 아래와 같다.

①

③

④

28 ④

④는 주어진 도형을 시계 방향으로 90도 회전시킨 같은 도형이다.

각각 다른 부분을 찾아보면 아래와 같다.

① 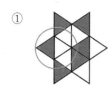   ②    ③

29 ①

①은 주어진 도형을 반시계 방향으로 90도 회전시킨 같은 도형이다.

각각 다른 부분을 찾아보면 아래와 같다.

②    ③    ④

30 ③

모양이 다른 1개는 ③이다.

③   [비교]

①을 기준으로 ②는 반시계 방향으로 90도 회전, ④는 180도 회전한 모양이다.

31 ②

모양이 다른 1개는 ②이다.

②   [비교]

①을 기준으로 ③은 반시계 방향으로 90도 회전, ④는 180도 회전한 모양이다.

32 ②

모양이 다른 1개는 ②이다.

② 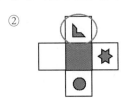   [비교]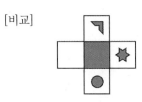

①을 기준으로 ③은 반시계 방향으로 90도 회전, ④는 180도 회전한 모양이다.

33 ④

모양이 다른 1개는 ④이다.

④   [비교]

①을 기준으로 ②는 반시계 방향으로 90도 회전, ③은 시계 방향으로 90도 회전한 모양이다.

34 ④

모양이 다른 1개는 ④이다.

④    [비교]

①을 기준으로 ②는 반시계 방향으로 90도 회전, ③은 180도 회전한 모양이다.

35 ③

완성된 그림은 아래와 같다.

따라서 답은 ③이다.

36 ④

완성된 그림은 아래와 같다.

따라서 답은 ④이다.

37 ④

완성된 그림은 아래와 같다.

따라서 답은 ④이다.

38 ③

완성된 그림은 아래와 같다.

따라서 답은 ③이다.

39 ②

완성된 그림은 아래와 같다.

따라서 답은 ②이다.

40 ①

완성된 그림은 아래와 같다.

따라서 답은 ①이다.

집중하여 학습하시느라 고생하셨습니다.

감사합니다.

삼성직무적성검사
GSAT 5급 고졸채용

지은이 e북혁명 취업연구소
펴낸이 정규도
펴낸곳 (주)다락원

초판1쇄 발행 2025년 3월 28일

기획 권혁주, 김태광
편집 이후춘, 배상혁

디자인 하태호, 홍수미

☜다락원 경기도 파주시 문발로 211
내용문의: (02)736-2031 내선 288
구입문의: (02)736-2031 내선 250~252
Fax: (02)732-2037
출판등록 1977년 9월 16일 제406-2008-000007호

ISBN 978-89-277-7466-2 13320

● 다락원 원큐패스 카페(http://cafe.naver.com/1qpass)를 방문하시면 각종 시험에 관
   한 최신 정보와 자료를 얻을 수 있습니다.